聞き書き 震災体験

東北大学 90人が語る3.11

とうしんろく 東北大学震災体験記録プロジェクト［編］
高倉浩樹・木村敏明［監修］

新泉社

聞き書き　震災体験——東北大学　90人が語る3・11◉目次

Ⅰ　「とうしんろく」とは

Ⅱ　記憶と体験の記録

一　学部生・院生

Ⅲ　「とうしんろく」運営ボランティアの声

❖装幀——犬塚勝一

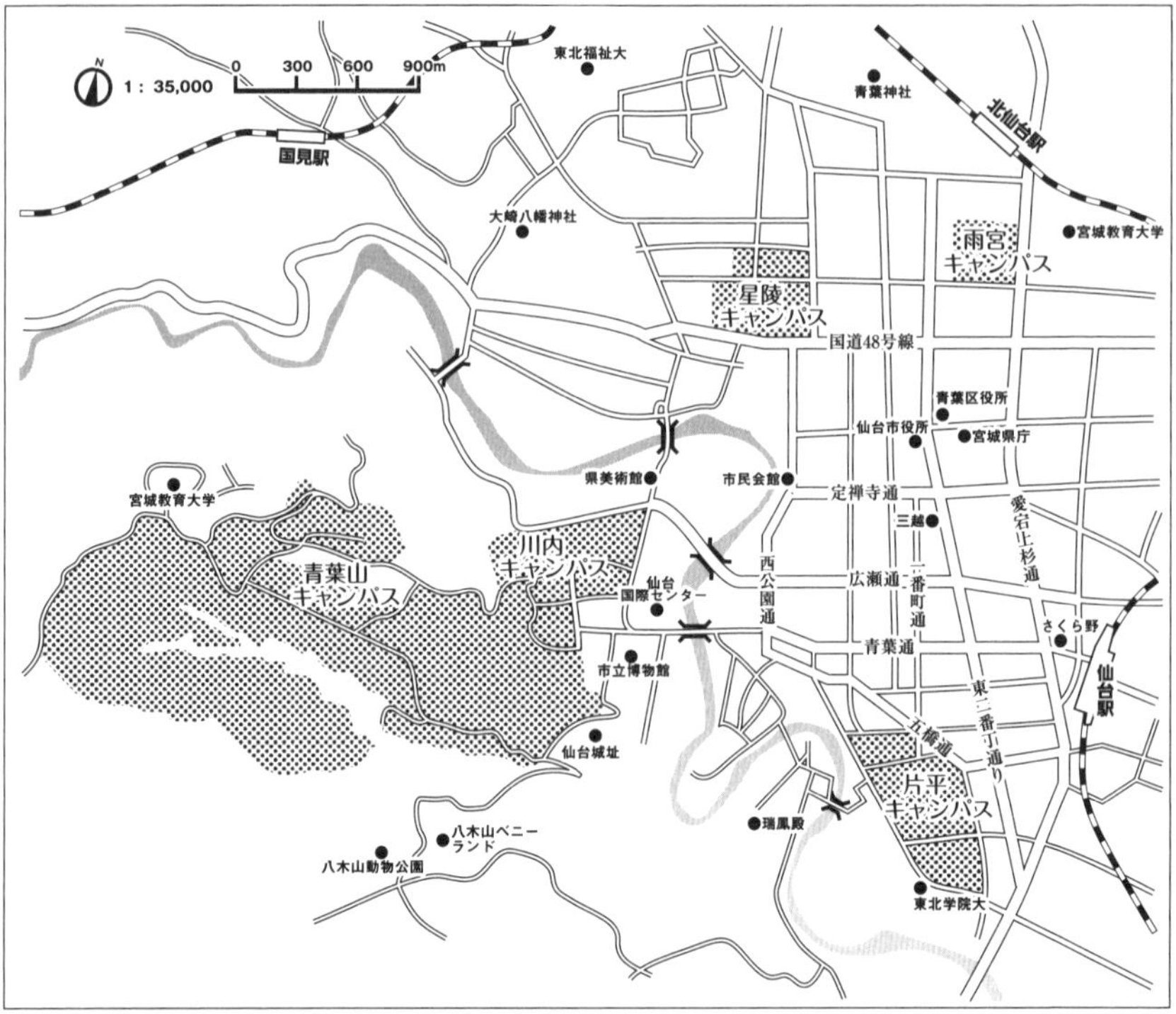

仙台市内の東北大学キャンパスマップ（片平，川内，青葉山，星陵，雨宮）

制作：木村浩平（東北大学文学部文化人類学研究室学部生）

左ページの図面は，「とうしんろく（東北大学震災体験記録プロジェクト）」と，
東北大学防災科学研究拠点の「みちのく震録伝（東日本大震災アーカイブプロジェクト）」の
コラボレーション企画で作成されました．
地図を構成する各データの出典と提供は以下のとおりです．

津波高：東北地方太平洋沖地震津波合同調査グループ
浸水域：株式会社パスコ
震度階：気象庁
市区町村界：ESRI ジャパン株式会社

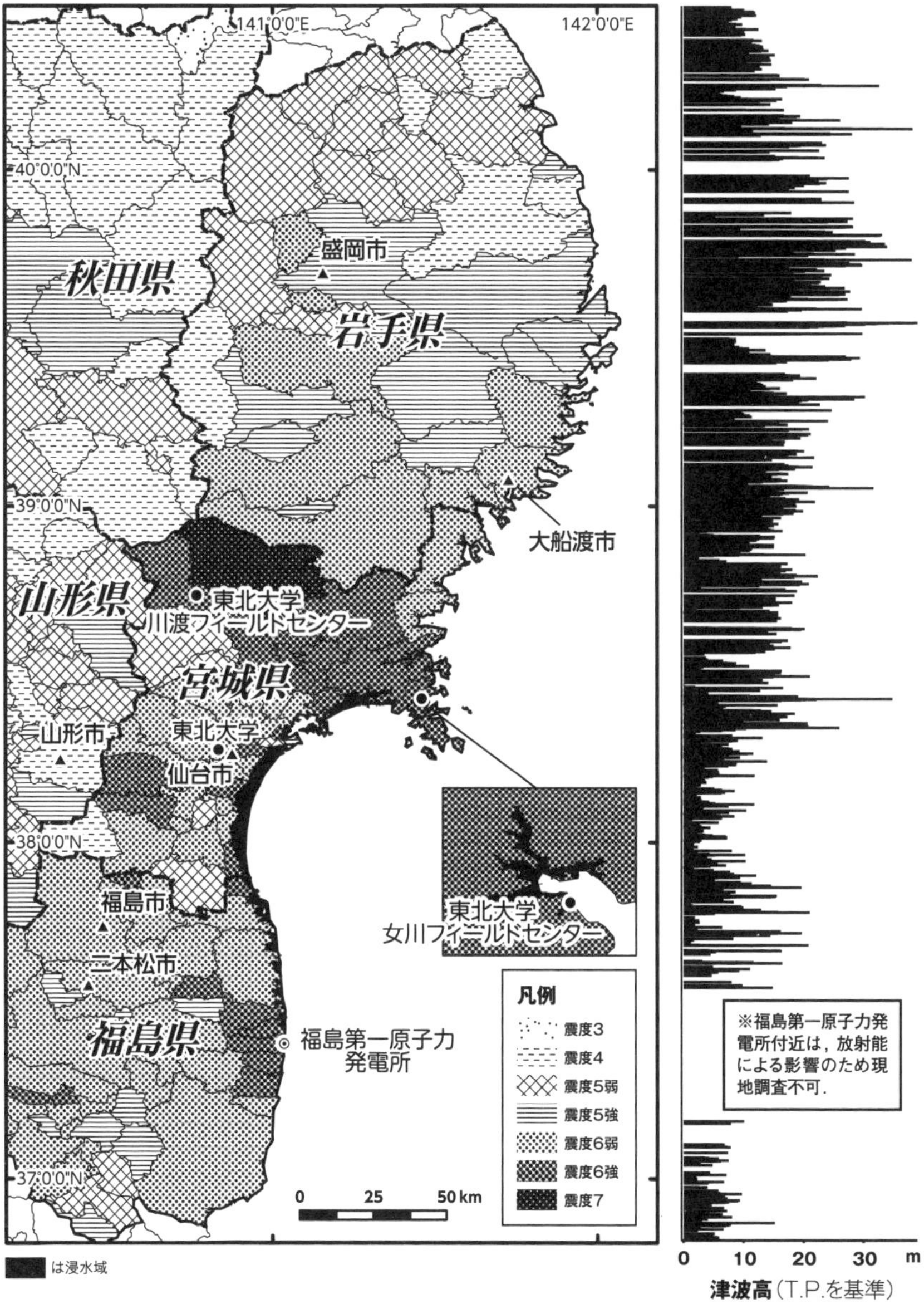

2011 年 3 月 11 日に発生した東北地方太平洋沖地震の震度と津波高の分布図

東日本大震災関連　主な出来事
2011年3月9日～5月9日

◉**三月九日（水）**

・**一一時四五分頃**　三陸沖を震源とするマグニチュード七・三の地震が発生し、宮城県北部で震度五弱を観測。

◉**三月一一日（金）**

・**一四時四六分頃**　三陸沖を震源とする観測史上国内最大規模のマグニチュード八・八（発表当初）の巨大地震「東北地方太平洋沖地震」が発生。宮城県北部で震度七を観測。東北電力女川《おながわ》原発、東京電力福島第一原発、同第二原発など、一一基の原発が自動停止。

・**一四時四九分**　気象庁が青森県から千葉県にかけての太平洋沿岸に大津波警報を発令。

・**一五時一五分頃**　茨城県沖を震源とするマグニチュード七・四の地震発生。茨城県の鉾田《ほこた》で震度六弱。

・**一五時一八～五〇分**　宮古、釜石、大船渡、石巻、女川、相馬など広範囲にわたり津波の最大波が来襲。場所によっては波高一〇メートル以上、最大遡上高（浸水高）四〇・五メートルにおよんだ。津波に襲われた福島第一原発で全交流電源喪失。最大遡上高（浸水高）が一三・八メートルに達した女川原発においても、外部電源五系統のうち四系統が遮断し、非常用発電機の浸水による機能喪失、冷却系への海水侵入、タービン建屋地下の火災などの深刻な事態が次々と発生。

・**一五時四四分**　東北六県で約四六五万戸が停電。

・**一九時三分**　福島第一原発について、政府が初の「原子力緊急事態宣言」を発令。

・**二一時二三分**　総理大臣が、福島第一原発の半径三キロメートル圏の住民に避難を指示、三～一〇キロ圏の住民に屋内退避を指示。

◉**三月一二日（土）**

・**三時五九分**　新潟県中越地方を震源とするマグニチュード六・七の地震発生。長野県北部で震度六強を観測。四時三二分、五時四二分にも震度六弱の余震。

・**五時四四分**　総理大臣の避難指示、福島第一原発の半径一〇キロ圏に拡大。

・**七時四五分**　福島第二原発についても「原子力緊急事態宣言」発令（冷却機能の喪失）。福島第二原発の半径三キロ圏からの避難、三〜一〇キロ圏の屋内退避を総理大臣が指示（一七時三九分に半径一〇キロ圏まで避難指示が拡大）。

・**一五時三六分**　福島第一原発一号機で水素爆発が発生し、建屋が大破。官房長官による発表は一七時四七分。

・**一八時二五分**　総理大臣の避難指示、福島第一原発の半径二〇キロ圏に拡大。

◉三月一三日（日）

・**一二時五五分**　気象庁が三月一一日の本震（東北地方太平洋沖地震）のマグニチュードを八・八から九・〇に修正。

◉三月一四日（月）

・仙台市地下鉄南北線、台原《だいのはら》〜富沢間で部分運行再開。

・**一一時一分**　福島第一原発三号機が爆発。建屋を大破し、黒いきのこ雲が発生して大量の放射性物質が大気中に放出。

◉三月一五日（火）

・**六時一〇分**　福島第一原発二号機で爆発が発生し、格納容器を損傷。五分後には四号機も爆発。

・**九時三八分**　福島第一原発四号機で火災発生。

・**一一時六分**　福島第一原発の半径二〇〜三〇キロ圏内の屋内退避を総理大臣が指示。

◉三月一六日（水）

・**五時四五分**　福島第一原発四号機で火災発生。

・新宿〜仙台間のＪＲ高速バスが運行再開。ただし一日二便に限られ、予約困難な状況。

・津波の襲来により水没し、使用不能となっていた仙台空港で、三〇〇〇メートル滑走路のうち約一五〇〇メートルの瓦礫撤去作業が終了し、米軍機の強行着陸による救援物資の搬送が可能な状態に。

◉三月一七日（木）

・**九時四八分**　陸上自衛隊のヘリコプターが福島第一原発三号機に散水を開始。この日の夕刻以降、自衛隊や東京消防庁の放水車による放水始まる。

・午後、仙台港の高松埠頭が使用再開され、食料、水、毛布などの救援物資を積んだ「海翔丸」が入港。

・仙台港地区にある製油所からの灯油、軽油の供給が翌朝から開始されると発表。

◉三月一九日（土）

・石巻～仙台間の高速バスが運行再開。当面、一日四往復。

・**二一時四八分**　横浜港に隣接するＪＲ根岸線根岸駅を三月一八日一九時四四分に出発した臨時の石油貨物列車の第一便が、日本海側から青森を経由し、二六時間四分かけて盛岡貨物ターミナルに到着。タンクローリー四〇台分のガソリン、灯油が被災地に届く。

◉三月二一日（月）

・塩釜港（宮城県塩竈市）にガソリンなど約二〇〇〇キロリットルの石油製品を積んだタンカーが入港。東北の太平洋岸へのタンカーの着岸は、これが震災後初。この後、週末頃からはガソリンなどの燃料不足の問題が徐々に解消に向かい始める。

◉三月二二日（火）

・緊急車両に通行が限定されていた東北自動車道の宇都宮～一関間、仙台北部道路、仙台南部道路などで、大型車の通行制限が解除。東北道の一関以北は一般車両の通行規制についても解除。

・東北新幹線の盛岡～新青森間が運行再開（東京～那須塩原間は三月一五日から運行再開）。那須塩原～盛岡間の復旧には一か月以上かかるとの発表。

◉三月二三日（水）

・仙台市ガス局が、市内の災害拠点病院二か所への都市ガス供給を再開。一般家庭については、泉区の一部を皮切りに翌日から段階的に供給再開し、四月一六日までにほぼ全域で復旧。港工場（宮城野区）が被災したためＬＮＧからのガス製造ができなくなったが、損傷が少なかった新潟～仙台間のパイプラインから供給される天然ガスを利用。

◉三月二四日（木）

・東北、山形、磐越各自動車道および仙台北部道路、仙台南部道路などで一般車両の通行規制が解除。

◉三月二八日（月）

・ＪＲ仙石線のあおば通～小鶴新田間が運行再開。立入禁止だった仙台駅の一部が利用可能に。

◉三月三一日（木）

・JR東北本線の仙台～岩切間が運行再開。山形新幹線の福島～新庄間も運行再開し、同区間を含めた奥羽本線が全面復旧。

◉四月二日（土）

・JR東北本線の岩沼～仙台間が運行再開（実際には岩沼～名取間は翌日に延期）。四月五日には岩切～松島間、岩切～利府間も運行再開。

◉四月四日（月）

・JR仙山線の仙台～愛子《あやし》間が運行再開。同線の全線復旧は四月二三日。

◉四月七日（木）

・JR東北本線の福島～岩沼間が運行再開。東北新幹線の一ノ関～盛岡間も運行再開。

・**二三時三二分頃**　宮城県沖を震源とするマグニチュード七・一の強い地震が発生し、宮城県北部と中部で震度六強を観測。女川原発では一時間二〇分にわたり燃料貯蔵プールの冷却機能が停止し、青森県の東北電力東通《ひがしどおり》原発でも非常用発電機が一時間にわたって作動せず、冷却機能を一時喪失。復旧工事を進めていた各地のライフラインや鉄道、道路などは再び大きな損傷を受けたほか、東北全域で大規模停電し、ガス漏れや火災なども発生。復旧していた東北新幹線の一ノ関～新青森間も損傷を受け、再び運行中止。スプリンクラーが作動した仙台駅は水浸しで立入禁止に。

◉四月一一日（月）

・**一七時一六分**　福島県浜通り南部を震源とするマグニチュード七・〇、震度六弱の直下型の強い余震が発生。福島県いわき市を中心に、土砂崩れや地盤の崩壊などの甚大な被害が新たに生じた。さらに翌一二日にも、福島県中通りを震源にマグニチュード六・四、震度六弱の余震が発生。この二日連続の余震で、いわき市などでは局所的に震度六強ないし七相当のきわめて激しい揺れに襲われたとみられる。

◉四月一二日（火）

・東北新幹線の那須塩原～福島間が復旧し、東京～福島間での運転を再開。福島～仙台間の在来線乗り継ぎにより、東京～仙台間が鉄路で結ばれる。

◉四月一三日（水）

・仙台空港が運用再開し、羽田および伊丹との間に一日計六往復の臨時便運航を開始。

◉四月一七日（日）

・JR東北本線の黒磯～安積永盛《あさかながもり》（福島県郡山市）間が運行再開。これにより東京圏～仙台間の在来線が復旧し、直通の貨物輸送が再開。

◉四月二一日（木）

・四月七日の余震の影響による再運休区間も含めてJR東北本線の全線が復旧。

◉四月二五日（月）

・東北新幹線の福島～仙台間が復旧し、東京～仙台間での運転を再開。

◉四月二九日（金）

・東北新幹線の仙台～一ノ関間が復旧し、東京～新青森間の全線での運転を再開。

・仙台市地下鉄南北線の泉中央～台原間が復旧し、予定より一か月早く全線再開。

◉五月六日（金）

・東北大学の全学部で一か月遅れの入学式と新入生オリエンテーションを実施。

◉五月九日（月）

・東北大学の全学部で新学期の授業開始。

＊　河北新報社編『河北新報　特別縮刷版　3・11　東日本大震災1カ月の記録』（竹書房、二〇一一年六月）、共同通信社編『特別報道写真集　東日本大震災』（河北新報出版センター、二〇一一年四月）、河北新報社編『東日本大震災全記録』（河北新報出版センター、二〇一一年八月）、福島民報社編『東日本大震災　ふくしまの30日』（二〇一一年四月）、いわき民報社編『東日本大震災特別報道写真集』（二〇一一年七月）、『アエラ臨時増刊　原発と日本人　100人の証言』（朝日新聞出版、二〇一一年五月）、『アエラムック　震災と鉄道　全記録』（朝日新聞出版、二〇一一年九月）のほか、新聞・雑誌等の報道記事を参照し、編集部作成。

Ⅰ

「とうしんろく」とは

一　「とうしんろく」の経験

——個人的・主観的な体験と記憶の価値

高倉浩樹
（とうしんろく共同世話人・東北アジア研究センター准教授）

本書は、「東北大学震災体験記録プロジェクト（とうしんろく）」の活動報告と、その中で集められた震災体験の聞き書きの記録である。

プロジェクトを実行したのは教員と学生からなる比較的メンバーシップがゆるやかな自主的グループで、主に昼休みや夕方に、集まってくれた参加者が自己紹介をしながら自身の体験を語るというかたちでグループ・セッションを開催した。一対一の面談という形式で話を聞かせてもらった場合もある。

こうした活動をとおして目指したのは、東北大学に関わる多様な人々が、二〇一一年三月一一日午後二時四六分に発生した東北地方太平洋沖地震にどのような状況で遭遇し、その後いかなる過程を経て大学に戻ってきたのかについて、それぞれの個人の体験を聞き取り、記録し、共有するということであった。ここで念頭に置いているのは、学生、教員、職員、そして大学生協などの関連施設で働く人々や、何らかの大学の業務を支援するかたちで関わっている業者の方々、さらにこの日にたまたま東北大学に来ていた訪問者である。

二〇一一年五月から一〇月にかけて、さまざまな立場にある多くの個人から話を聞いていたが、その数は一〇〇名近くになり、その聞き書きの分量は四〇〇字詰め原稿用紙にして六〇〇枚を超えた。もちろん、さらにセッションや面談を続けていくことは可能だし、その必要もあるかもしれない。とはいえ、自分たちで集めてきた震災体験の記録が増えるにつれて、この活動に参加してくれた人はもちろんのこと、参加していない、あるいはそもそも活動の存在を知らないという人々に対しても、被災の記憶を共有できるかたちにする必要があるという確信を、われわれは抱くようになった。本書をまとめることとなったのは、このような経緯からである。

大地震や津波は自然現象の一種であるが、その内包される力が極端なかたちで現出することに特徴がある。当然のことだが、自然の力がどんなに大きくとも、人がいなければ、村や町がなければ、災害とはならない。災害化するのは、自然の外力《ハザード》が人間の暮らしと遭遇するときである。すなわち、災害とは社会システムや文化的価値の文脈の中にこそ、その姿を現すのである。このプロジェクトを立ち上げたのは、その諸文脈を含んだ個人的で主観的な体験と記憶こそ残すべき価値があると考えたからである。

普遍的なものさしで計量化できる自然の外力は、社会的地位や経済状況、年齢や性差、さらにそのときにどこで何をしていたのかなどによってその影響力が変わってくる。地震の大きさは客観的に評価できるし、社会的条件やある種の個人属性に応じて、被災の実態を平均化して説明することも可能であろう。しかし、被災を理解する際に重要なのは、個人的で主観的なかたちで吐露される経験に枚挙的に出会うことを積み重ねていくことだと思う。

被災の過程を細かく分類し、さまざまな条件に応じてどのような行動が見られたのか、さらにそれを踏まえてどのような対応が好ましいものであるのかを政策提言することも重要であろう。しかしその前にまず、個人の体験がどのようなものであったのか、同じ人間として向き合いながら聞き、理解に努めるということが行われなければならない。それは時間もかかることだが、一人ひとりと出会うことによって初めて可能となるのである。それゆえに、どのような状態の中で大地震に遭遇し、いかにしてその後の過程を生き延びてきたのかを相互に語り合う場をつくることを、われわれは目指したのである。

このプロジェクトの特徴は、いうまでもないことだが、東北大学という場を中心にしていることだ。今は自らの隣にいる同僚や学生は、一見、震災以前と同じようなかたちで日常生活を送っている。しかし、震災後休むことなく対策に従事した人、一時的に仙台から避難した人、あるいは外国で地震を知った人など、彼らはそれぞれさまざまな苦難を経て、現在、大学にいる。どのように「3・11」を経験し、いかなるかたちで大学に戻ってきたのか、そこに至る個々人の多様な過程を展望することで、大学という一つのコミュニティにとっての被災体験のあり方の全体像に近づくことができるのではないかと考えた。経験を記録し、共有するかたちにしていくことは、何よりわれわれ自身にとっての「災害」の内実と、そこから復興していく実態を、内部の視点から明らかにすることになるのではないかと考えたのである。

このプロジェクトをとおしてわれわれが知ったのは、大学という場に実に多様な人々が集っているという、ある意味では当たり前の事実であった。東北大学の学生総数は一万六〇〇〇人、教員三〇〇〇人、職員三〇〇〇人である。キャンパスは五つに分かれ、一〇学部と五つの独立研究科、三つの専門職大学院がある。さらに研究所や研究センター、図書館や史料館、病院などの施設があることを考慮すれば、文系から理系にわたる数多くの研究分野で学び研究する学生と教員がいることはすぐに想像できよう。そしてこの制度的な多様性があるという事実は、専門分野や職種ごとに日常の活動が大きく異なる大学人が、諸々に異なる条件において被災しうるということを示している。

春休みだったこともあり、学生は帰省中だったり、卒業旅行中だったりした場合もある。実家で津波に遭遇した人もいる。震災後、避難してきた親戚や友人との共同生活を送った人もいた。留学生がどのような思いで故国に帰国していったか、あるいは大学にとどまるという意志を固めたのか、それらは決してひとくくりにまとめることはできないし、類別すべきでもない。さらにいえば、教員は学生の安否確認と同時に、例えば人の親としてどのように対応したのか、海外出張中の教員は彼の地でどのように情報を得て、大学に戻っていったのか、それらはきわめて多面的で、かつ複合的な過程である。

しかし正直なところ、われわれが最も驚いたのは、大学職員や業者の人たちの体験であった。地震との遭遇時の条件は学生や教員とそれほど変わらない。しかし、その後の対応は、大学業務を復旧させるための懸命な働きであった。子どもを実家に疎開させ復旧業務にかかわった職員の経験、そして図書館の職員がどのような思いで書棚と学習机を整えようとしていたか、また施設部という文字どおり復旧部署に勤める職員の日常業務のすさまじさなどは、互いに語るという場がなければおそらく知ることはできなかったと思う。さらに、宮城県北部の内陸部にある川渡《かわたび》フィールドセンター（元農場）には牛飼育専門の技術職員がいる。また、津波で全壊した女川《おながわ》のフィールドセンター（元水産実験所）には臨海実習船があるが、その船長も大学職員なのである。地震直後に、牛の心配と飼料の確保に奔走する、実習船を守るために津波に向かって外洋に出ていく、こうした対応もまた大学の中の同僚が経験したことなのだ。実際のところ、聞き取りがおよばなかった学部や研究科、病院などの学内組織は多い。それゆえに、私の想像を超える職務はさらに多岐におよぶであろう。とはいえ、われわれが授業をし、あるいは研究をする環境は、これほどまでにさまざまな職種があり、多くの人々の使命感と努力に支えられているということを、私は恥ずかしながらこれまできちんと認識してこなかった。

もう一つ重要なのは、正規職員と非常勤職員といった雇用身分の違いである。この違いも、被災後にどのように職場復帰するかをめぐって、それぞれの個人の意志決定に影響をおよぼした。一年ごとに雇用契約を更新しているある非常勤職員が、「震災があって仕事がどうなるかわからないのに雇用が継続されたので助かった」とこぼした一言を強く覚えている。大学はたしかに高等教育と研究を営むという社会的使命を帯びた組織であるのだが、同時に雇用機関という意味で社会的存在であることを考えさせられたからである。また大学生協の職員の方々は、大学人はもちろんのこと地域に暮らす人々に対して食料や日常品を提供していた。さらに業者の方々の大学業務支援に対する熱い思いとその実践を知ることができた。

おそらく、われわれのプロジェクトにおいて、調査者と被災者という区分は相互に入れ替え可能である。グループ・セッションという方法自体が、そうした区別を絶対視させるものではない。自らの被災体験を語り、参加者がそれを聴く。これを交替で実践することで、ある種の癒しや共鳴性が生まれるのではないかと思ったからである。また私個人の考えでは、被害の度合いによって「被災者」であるかないかを区分するのには疑問があった。そもそも自分を「被災者」として認識するという観点、「被災者」である自分を受け入れる観点から、自らの経験をとらえることが出発点となると考えたのである。とはいえ、聞き取りをした中にも、自分を「被災者」と呼ぶことを憚《はばか》ると語った人もいた。私自身は、「被災者」「被災地」という概念は、絶対的な側面を持っていることも事実だが、同時に相対的なものでもあると考えている。とりわけ「3・11」に関する限り、それぞれの「被災地」や「被災者」の立場において、記録を残しておかなければならないと考えている。

読者の中には、激甚な被災地ではない場所での被災体験は、記録に残すべき価値があるのかと疑問に思われる方もいるかもしれない。実際のところ、大学においてはほとんど被災らしい被災をしていない人もいるし、一方でつらく悲しい目に遭った人もいる。亡くなった方もいるのだ。重要なのは、そうした中で生き残ったさまざまな人々が、いかに大学という場の中で日常を取り戻そうとしているかという事実を記録化することだと私は考える。

たしかに、激甚被災の地域コミュニティがどのように復興していくのかということはきわめて重要である。と同時に、現代社会は多くの社会的結節点が多重に重なり合うかたちで構成されているのも事実である。大学という学びの場、仕事の場は、それぞれ遠隔に暮らす人々が一定の目的を持って自発的に特定の場所に集うことによって成立する実践的なコミュニティでもある。この点でわれわれの記録のプロジェクトは、現代社会に典型的な組織＝コミュニティにとっての被災体験、つまりどのくらい多様な被災経験をもつ構成員が集まっているのか、そして彼らはいかにその組織に戻ってきたのかという社会的事実を解明しようとするものなのでもある。

　語られた記憶は、被災という困難との対峙と、それをいかに乗り越えたのかという点でまとめられている傾向がある。本来の記憶はそこまでポジティブなものだけではないだろう。その意味では、この報告書が提示しているのは東北大学人の被災体験のある部分でしかないことも事実である。そもそも自らが語るということに抵抗感があり、このプロジェクトの存在は知っていたものの、参加をためらわれた方がいたことも側聞している。また、グループ・セッションに参加した人の中でも、聴くだけという方もおられた。さらにいえば、被災体験を語っていただいた人の中には公開を見送られた方もあった。記憶を記録してみたものの、それを読み返すということ自体に心理的負担があったためである。このことは震災の恐ろしさが現在も継続していることを示している。過ぎ去った出来事として「3・11」を振り返ることが難しい中で、今を生き続けている方が存在することも事実なのである。そのような点を留意された上で、この報告集を読んでいただきたいと思う。部分的な真実であったとしても、いやむしろ部分的な真実しか提示しえない点にこそ、意義があると私は考える。個人が抱える一つひとつの記憶と出会えるかどうかは偶然でしかなく、われわれの記録はそのような条件の中で紡がれてきたものなのである。

二　「とうしんろく」の活動——活動の方法とひろがり

高倉浩樹

1　藤棚の下でのはじまり

「とうしんろく」が動き出したのは、二〇一一年五月一〇日の昼休みだった。まだいくぶん肌寒い時期だったが、東北大学川内キャンパス内にある萩ホール前の緑地の藤棚の下に、大学人の被災体験を記録することに関心を持っていた有志が集まったのである。文学研究科宗教学研究室の教員の木村敏明さん、同じ研究室の専門研究員である滝澤克彦さん、文学部の文化人類学研究室の学部生の関美菜子さん、そして私である。呼びかけたのは私であったが、大学内の被災体験の聞き取りをするということ以外はとくに具体的なことは決めていなかったので、取り組みの是非も含めてそれぞれが自由な立場で話をした。

その中で、自分たちの身の回りにいる同級生や同僚が、「どのようにして3・11を経験し、それに対応しながら、大学に戻ってきたのか」について記録していくことが必要だという結論に至った。また、昼休みや放課後を利用してお互いが話をし、話を聞くというグループ・セッションの場を設けることが確認された。さらにこの会合で私が最も重要だと思っていたのは、プロジェクトの名称を決めることだった。研究室の調査研究活動ではないゆえにこそ、名前をつくることで実体化させようと考えていたのである。ほどなく「東北大学震災体験記録プロジェクト」というのがふさわしいとなったが、これは活動内容を説明しているものの、名前として用いるのは長すぎる。一発で覚えられて印象に残る略称をつくりたいと思った。そんな中、学部生の関さんが「とうしんろく」という名前を提案したのだった。

グループとなって被災体験や苦悩を互いに語り合うこと——こうした方法はしばしば臨床心理学や精神医療の一環として行われている。治療者と被治療者という役割分担のもとでの情報伝達ではなく、お互いが対等な立場で話をすることで、自身の状況理解を深める効果があるといわれている。「とうしんろく」の目的は記録とその共有であるが、このような相互の語らいというかたちを導入したのは、調査者が一方的に話を聞くというかたちを取りたくはなかったからである。さらにいえば、相互に語らい合うことである種の癒しのような効果があるかもしれないと思ったからにほかならない。

資料１　「とうしんろく」への参加を呼びかけるポスター

五月一六日（月）からの最初の一週間目は、準備期間として先の四人が自らの知り合いに声をかけて集まることから始まった。このような取り組みに関心があるかどうかを聞いたり、議論したり、さらにとにかくグループで話をしてみようとなったのである。このときの会合はとても盛り上がり、関係する人々の間で情報交換するためのメーリングリストを開設することや、活動の広報と記録を兼ねてブログを立ち上げることも決まった。さらに翌週からは週に一、二度、昼休みに文学部棟の教室に集まるということも定めて、ポスターやチラシ（資料1）を作り、動きだしたのだった。

2　出張セッションのきっかけ

当初考えていたのは、震災体験を語らうための場を設け、そこに人が来るように広報するという戦略だった。要するに、記憶を共有するための場としてグループ・セッションを設けようと思ったのである。ところが、実際にやってみると、昼休みに行う場合は時間的な短さというネックがあるし、そもそも見知らぬ相手に自分の体験をいきなり語るということはなかなかできるものではない。最初に集まった人は、みんなが友達の友達といったつながりであったため、そこまでは感じなかったが、セッションを何度か繰り返し、顔見知りの話がひととおり終わると、次への広がりが何となく難しいと感じ始めた。すると、その矢先だった。突如、出張セッションをしてほしいという要望があったのだ。知り合いだった工学研究科の今村文彦さん（津波工学、教授）に「とうしんろく」の活動を伝えたところ、大変賛同してくれ、さらに工学研究科の自分の研究室で出張セッションを開いてくれないかと提案されたのである。

六月初旬に青葉山キャンパスの今村研究室で出張セッションを実施した。そこでは教員や研究員さらに学生を含めて二〇名近くが待っていた。出張した「とうしんろく」側の三人は、教員・学生を三つのグループに分けて話を聞くことになった。時間は約一時間ほどだったので、一人ひとりから長くは聞くことはできなかったが、思わぬ発見もあった。ある意味では当たり前のことだが、被災の体験は、自らの仲間の間でこそ話がしやすいということである。そして日頃、日常をともにしている仲間であってもその経験は多岐に富んでいる。それゆえに相互に関心を確認しあいながら、話が深まっていくことを実感したのだった。

今思うと、この出張セッションという方法は、「とうしんろく」の活動において大変重要な契機となった。昼休みの通常のセッションも継続的な場という意味で重要だったが、出張セッションを開くと、そこに集まった人々の間では単なる知り合いという以上の共感性のようなものが醸成され、さまざまなかたちで話が展開したからである。とくに夕方に行われた場合は話が盛り上がり、一人で一時間半近く語る人もあったほどだった。こうした聞き取りの内容の充実化という以外にも、実務面での重要性があった。先にも述べたが、東北大学は仙台市内で五つのキャンパスに分かれている。「とうしんろく」を始めた主要メンバーは文系学部の集まる川内キャンパスなので、他の研究科や研究所の話を聞きたいとなれば必然的に出張セッションをする必要があったからだ。

3 臨機応変な運営

初めは、教員でもある高倉と木村で、司会と記録係を交替しながら昼休みセッションを繰り返した。会場に人が集まると、司会が「とうしんろく」のちらし（資料2）を配布し、簡単に趣旨説明をし、さらにざっと自己紹介を行う。その後で、誰かの話が始まるのだった。昼休みは一時間しかないので、仮に六〜七人集まっても実際に話を聞くのは三〜四人程度だった。

記録係はセッションの場にノートパソコンを持ち込んで、その場で聞きながら、文字どおり速記録をつくった。話者となった人には、「フェイスシート」と名づけた簡単な登録カードに記入してもらった（資料3）。セッショ

「とうしんろく」トークセッションのしおり

(0527 修正版)

ごあいさつ

ようこそ「とうしんろく」トークセッションへ。

「とうしんろく」(東北大学震災体験記録プロジェクト) とは、東北大学に関わるさまざまな人々がどのような形で被災し、現在までの時間を過ごしてきたのかを語り合い、記録し、後世に伝えていくことをめざすプロジェクトです。5月になって授業も再開し、私たちは再びこのキャンパスに集い、以前と変わらない日常がとりもどされつつあるようにも見えます。しかしこの数か月私たちは、震災という非日常的事態に否応なく向き合い、その中で自分なりに考え、判断し対応してきました。これらの個別的経験をこの時期に語り合い、記録することは私たち自身にとっても、そして社会的にも大きな意義をもつと考えます。「とうしんろく」では当面今回のようなトークセッションを週二回開催し、より多くの、多様な方々の経験をうかがっていきたいと考えています。どうぞ今後とも「とうしんろく」へのご協力をよろしくお願いいたします。

◆トークセッションについて

「とうしんろく」トークセッションでは、東北大学に関わりを持つみなさんが今回の震災にどのように出会い、直接・間接にその影響を受けながらどのように生き、何を考えたかを気楽にお話しいただければと思います。みなさんの体験を自由に語っていただいてかまいませんが、ひとつの目安として次のようなテーマをあげておきます。また、わたしたちの共通項である「東北大学」が、具体的にはその人脈や制度などがあなたの行動に与えた影響について触れていただくと、わたしたちが体験を共有する手がかりとなるのではないかと思います。無理のない範囲で言及していただけますとうれしく思います。

1. 地震にあったときの状況、行動。
2. 寝場所、水、食料をどう確保したか。ライフラインの状況。
3. (避難・移動をした方) いつ、どこへ、どんな手段で。
4. 役に立ったもの、役に立たなかったもの。
5. 東北大学 (仙台) へ戻ってきた時期、経緯。
6. その他、経験したこと、気づいたこと。

◆フェイスシート提出のお願い

私たちは今日お話しいただいたような震災体験をより多く、より広範な人々と共有できるような形で記録・公開することが社会的に大きな意義をもつと考えています。公開の方法については目下模索中ですが、ウェブサイトや最終的には出版といった形を考えております。配布のフェイスシートは、その作業を確実におこなうためのものですので、記入へのご協力よろしくお願いいたします。

1. お名前、所属、連絡先等を、可能な範囲でご記入ください。なお、ご協力いただいた方の個人情報は、厳重に管理し、ご本人の同意がない限り第三者には提供いたしません。また、公開にあたっては原則的に匿名とし、個人が特定されないよう配慮いたします。
2. 公開の可否について、欄の□にチェックをいれてください。なお、公開する場合には改めてご連絡を差し上げ、原稿のチェックをお願いいたしますので必ず連絡先をご記入ください。

連絡先　高倉浩樹 (東北アジア研究センター教員)、木村敏明 (文学研究科教員)
HP: http://toushinroku.blog.fc2.com/　E-Mail: toushinroku@gmail.com

資料2　「とうしんろく」トークセッションのしおり

年　月　日

ふりがな			
名前	（男　女）		
所属			
出身地		年齢	
連絡先	TEL　（　　） Email		
震災時にいた場所			
地震発生後、 最初に食べたもの			
原稿公開の可否	＊お名前は実名では公開いたしません		

資料３　参加者に記入してもらうフェイスシート

○○様　同報：○○さん（共同速記者）・木村さん・高倉さん（世話人）

昨日は、とうしんろく（東北大学震災体験記録プロジェクト）のトークセッションで体験をお話しいただきありがとうございました。その時にもお話ししましたが、われわれはそれぞれ個人の経験を記録として収集することも行っています。そこで是非、話されたことを文章化していただきたいのです。添付は、トークセッションのときの速記録です。それらを使いながら編集の方お願いします。もちろんこの速記録をつかわず自分で文章を作っていただいても構いません。

書き直しに際しては、なるべく関係ない人が読んでもわかるように前後の文脈を明示してください。日にちなどはできれば順序立ててお書きくださいますようお願いいたします。文中の人名につきましては、特に必要な場合を除いてイニシャルなどを用いて記載してください。書き直してもらったものについては、そのままでは公開しません。公開に際しては、別途相談します。現時点はあくまでも生の記録資料の収集に貢献するという形でお願いしたいのでよろしくお願いします。できれば２週間程度で書き直し分をお送りいただければ幸いです。

なお、とうしんろくの hp は以下です。ブログで活動状況がわかるようになっています。
http://toushinroku.blog.fc2.com/

なおもし、とうしんろくの運営やトークセッションにお手伝いいただける場合、連絡いただければ幸いです。

資料４　セッション終了後，話者に送付する手紙の雛形

ンの場で記録した速記録は、その後に簡単な校正をした後、話者自身に確認してもらうことにした（資料４）。電子ファイルを渡しているので、本人に書き加えてもらった場合もある。本書で紹介する聞き書きは、そうしたものである。

セッションを繰り返す中で、次第に積極的に関わる研究員や学生も出てきた。徐々にその人たちに司会や記録係をしてもらうようになった。こうした中で、司会を行った人はセッションの報告を書くこととし（資料５）、また記録の際にもどのようなかたちでファイルを保存するか、ファイル名も含めて細かい決まりをつくることに

とうしんろくトークセッション報告

（司会者用）

司会担当：
セッション日時：
セッション場所：

参加者：
　他　　人

話者（トーク順）：
①
②
③
④
⑤
⑥

概要および感想：

（文責：

資料５　司会者が記入するトークセッションのレポート

とうしんろく ML

差出人：高倉 浩樹 <h...@m.tohoku.ac.jp>
日付：2011 年 7 月 22 日(金) 午前 11:44
件名：備忘録ファイル名

各位
備忘録です。
ファイルの数が膨大になってきたのでファイル名を保存するときに以下のようなルールを設けています。
この形式を使ってファイル名を保存してください。

・セッション報告
日付 session_report　〔例：110623session_report〕

・セッションの記録（複数の話者の記録が入っているもの）
日付_rep_記録者　〔例：110610_rep_kimura〕（＝110610 のセッションで、報告者は木村）

・速記録（話題提供者に送るときのファイル名）
日付_話題提供者名〔例：110714_Hino〕（＝110714 のセッションで火野（仮名）さんの速記録）

・本人確認済みのファイル名
日付_話題提供者名_v2　〔例：110714_Hino_v2〕（＝110714 のセッションで火野（仮名）の速記録で本人の編集済み版）

資料６　保存ファイル名についての取り決め

した（資料6）。

それ以外にも参加者たちは、自らができる役割分担を自ら考え、積極的に実施するようになった。その一つはロゴマークである。これは文学部の学部生の中村智恵美さんによってデザインされた。彼女は友人の誘いで「とうしんろく」に参加し、自らの体験を語ってくれた後で、ロゴマークを制作してくれたのである。

六月半ばを越える頃から、昼休みのセッションは週一回、文学部棟一階の談話スペースで実施し、週に一度ぐらい不定期の出張セッションを開催するというかたちが定着してきた。大学にかかわる業者の人々も聞き取りの対象に含めたため、約束の日時を決めて大学に来てもらって行う面談セッションという新しいやり方も加わった。七月末まではこうした三通りのセッションを併用するかたちで活動が行われた。大学が夏休みに入ったこともあり、八月以降は出張セッションと面談セッションだけで進められるようになった。

六月一五日、八月九日と、おおよそ二か月に一度は夕方から運営会議を行った。普段の連絡はメーリングリストと週一回の昼休みセッションだけであるため、聞き取りの数が増えるにつれて、自分たちがどのくらいの人と出会っているのか、活動の全体像が見えにくくなっていたからである。また、次はどのような方向に向かっていくべきか、顔を突き合わせて話をする必要があったからである。

「とうしんろく」は明確な指令系統を持たない組織であるが、その活動を行っていく上で、メーリングリストはもとより、ブログがとても役立った。昼休みセッションにしても、出張セッションにしても、とにかくセッションの場を設けるたびに、その報告をブログに掲載するようにしたからである。それで毎回出席していないメンバーでも、どのような活動が行われているかが一目瞭然となった。ブログの記録は外部への広報という効果もあるが、ゆるやかなメンバーシップの態勢にあっては、自分たちのための記録という意味が大きかったと思う。

4　記憶と記録の共有について

このようにして五月後半から一〇月までの約半年間、「とうしんろく」はセッションを設けて、大学人の記憶を記録してきた。実施されたセッションの総数は二九回である。出張セッションは、川内キャンパスの各研究室をはじめとして、片平キャンパス、青葉山キャンパス、さらに農学研究科の川渡《かわたび》フィールドセンターと女川《おながわ》フィールドセンターで行った。聞き取りを行った人数は八九人となる。準備期間のときには、記録を取ってはいなかったものの、一〇人ほどから話を聞いていたため、全体としては一〇〇名近い人から話を聞いたことになる。話を語ってくれた人々の属性やその特徴については次章に譲るが、聞き取りの人数が増えていくにつれて問題になったのは、いかにして「記憶を共有するか」であった。実際に、六月の終わり時点ぐらいから、急激に採録数が増えてくると、世話人自身も含めて、担当しなかったセッションの聞き取りの話の把握は、時間的にもそして量的にも難しくなっていったのである。

当初は、パソコンに入力した文章を打ち出して、関係した研究室や昼休みセッションの参加者への閲覧というかたちでの「共有」を考えていたものの、そのような方法ではとても読み切れない分量が蓄積されていった。最終的な分量は四〇〇字詰め原稿用紙にして六〇〇枚を超えるほどだったからである。聞き取りの記録は、人によって短かったり長かったりとさまざまである。これは単に話の長短だけではない。速記録を話者に確認してもらう方法はすでに記したが、その際に加筆も可能とした。それゆえに、人によってはそのときには話をしなかったようなことも含めて文章を書いてくれた人がいるからである。そんなふうに記録が増えてくると、本というかたちで読めるようにしない限り、本当の意味で「共有」はできない。そう考えた結果が本書の制作だったのである。

三　「とうしんろく」の話者——話者の属性や体験の特徴

木村敏明
（とうしんろく共同世話人・文学研究科准教授）

この本には東北大学に関わるさまざまな人々の震災体験が収録されている。この章ではそのさまざまな人々のプロフィールを整理して、以下の体験談を理解する助けとしたい。幸い、私たちはトークセッションに参加し体験談を語ってくれた人々に「フェイスシート」を記入してもらっていた。ここではそれを統計的に整理して話し手たちの属性を示してみたい。ただし、私たちのプロジェクトは統計的分析を目的としてはおらず、以下のデータはせいぜい「東北大学関係者」という無表情なひとくくりから、体験談の個別性の世界への橋渡しの役割を果たすにすぎないことは一言お断りしておく。

1　性別、年齢、身分

性別に関しては、男性五八名女性三四名で、男性が多い（図1）。東北大学の女子学生の割合[1]（二四％）、女性教員の割合[2]（八・二％）といった大学組織自体の傾向が反映したと思われる。年齢では二十代と三十代で過半数を占めた（図2）。

プロジェクトでは多様な視点からの体験談を聞くことを心がけた。身分の項目にはその努力が反映されていると言える。とくに、声のかけやすい日本人学生ばかりに話者が集中しないよう配慮したつもりである。その結果、

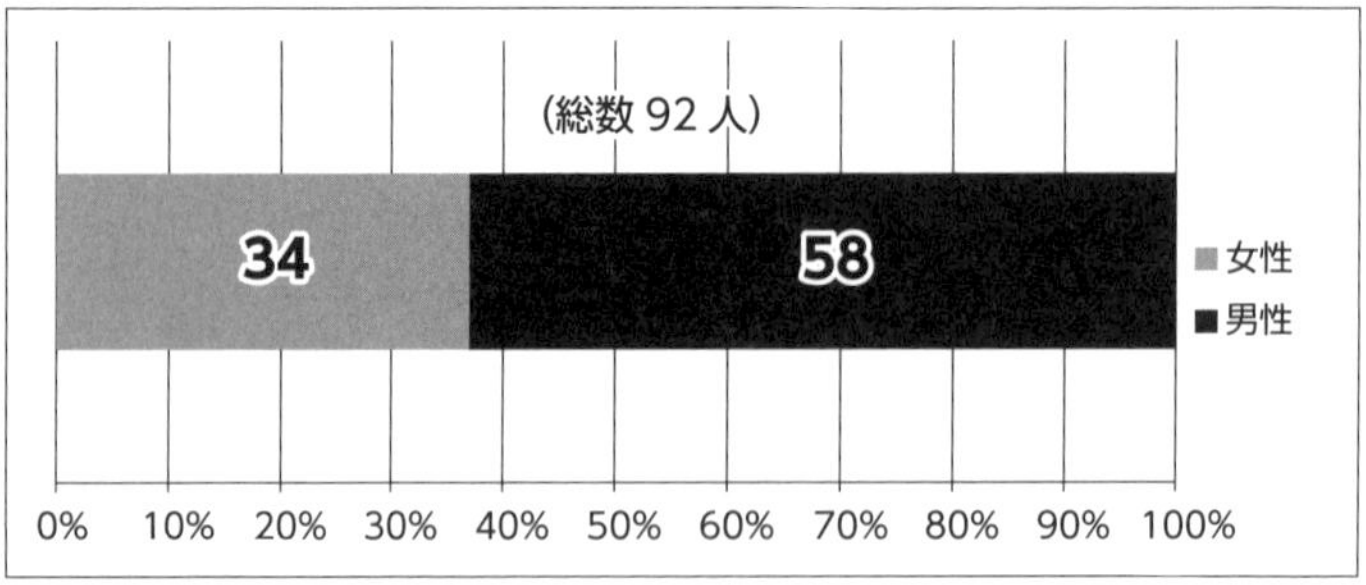

図１　男女比

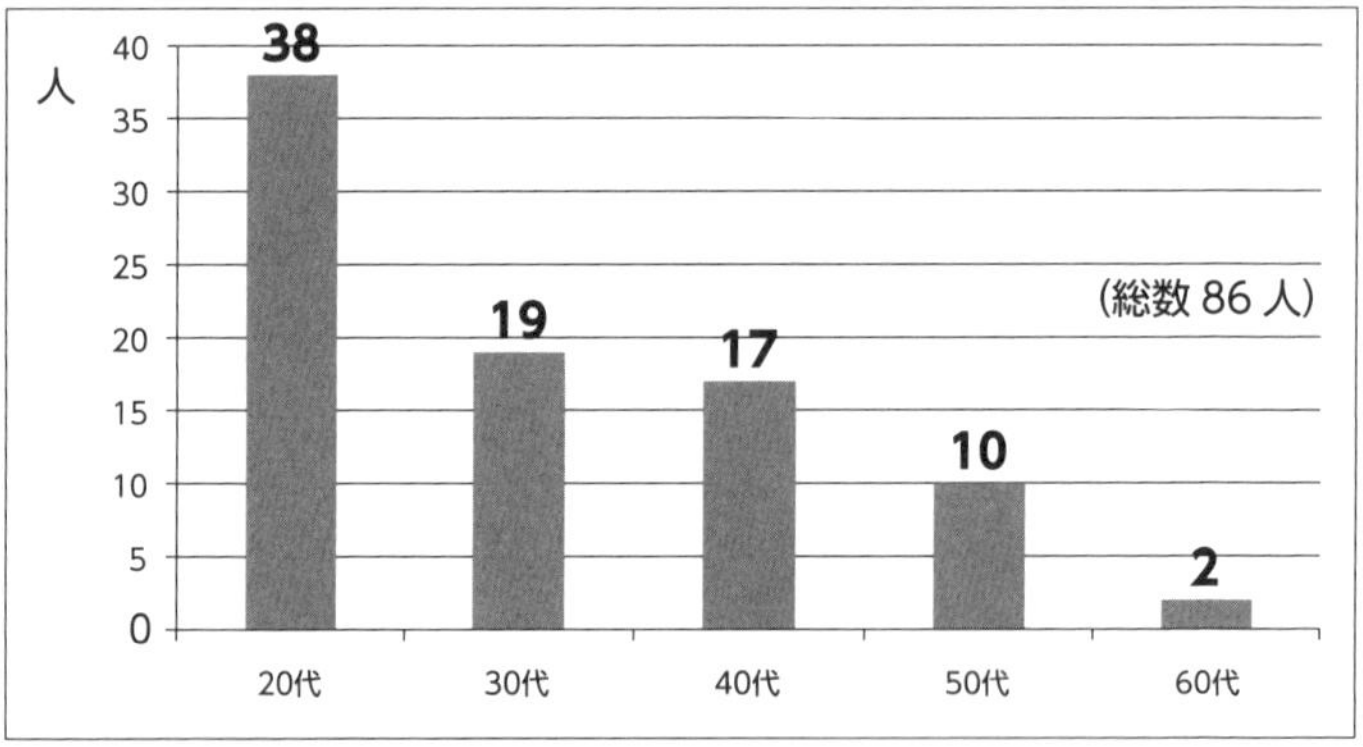

図２　年齢構成

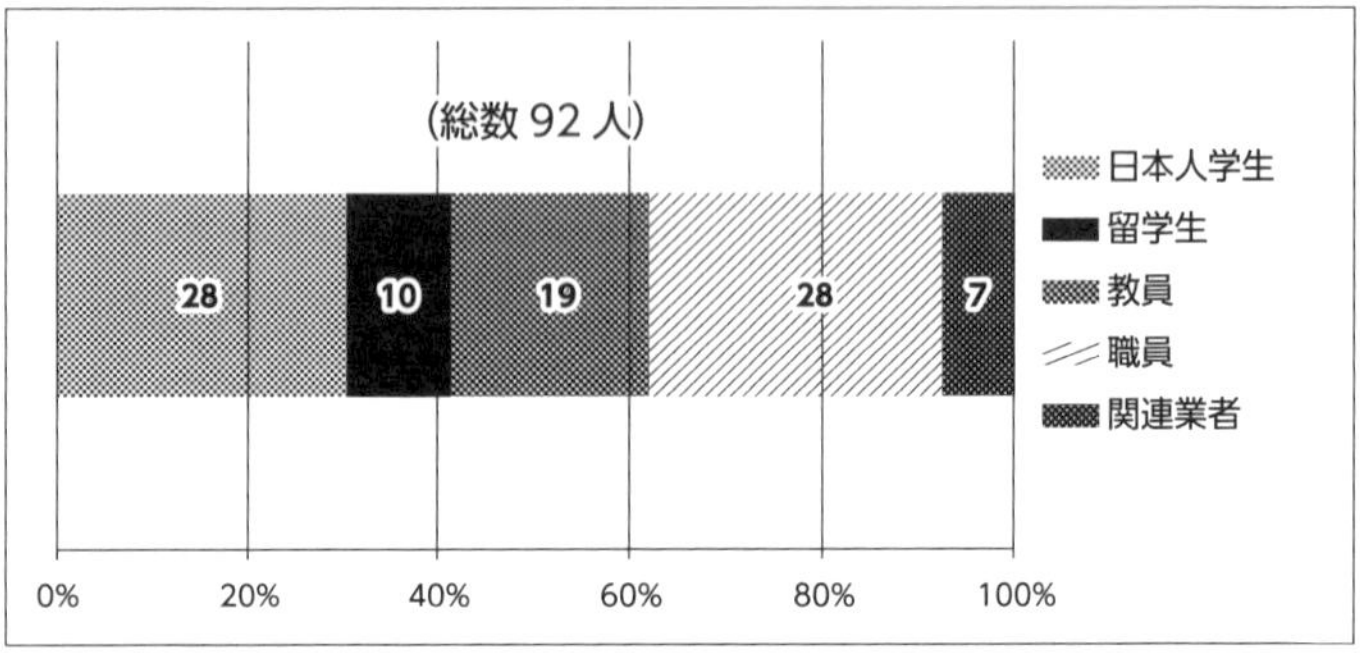

図３　身分構成

日本人学生（学部学生・大学院生）は全体の三分の一以下にとどまっている（図3）。留学生の被災体験はむしろ積極的に集めた。その成否は、被災地と出身国の間で身を処することを強いられた彼らの体験談を読んでいただければ、自ずと明らかであろう。大学職員や関連業者も同様である。大学職員には、各学部や本部の事務職員のほか、図書館、農場、水産試験場などで働く方々も含まれている。東北大学の被災から復興への道のりを記録するためには、職員の視点からの談話が不可欠だと考えたからである。また、関連業者には、大学生協の職員、清掃業者、印刷業者、イベント企画業者など、大学に出入りしている多様な職種の方々に、多くの場合はこちらから依頼してお話しいただいた。

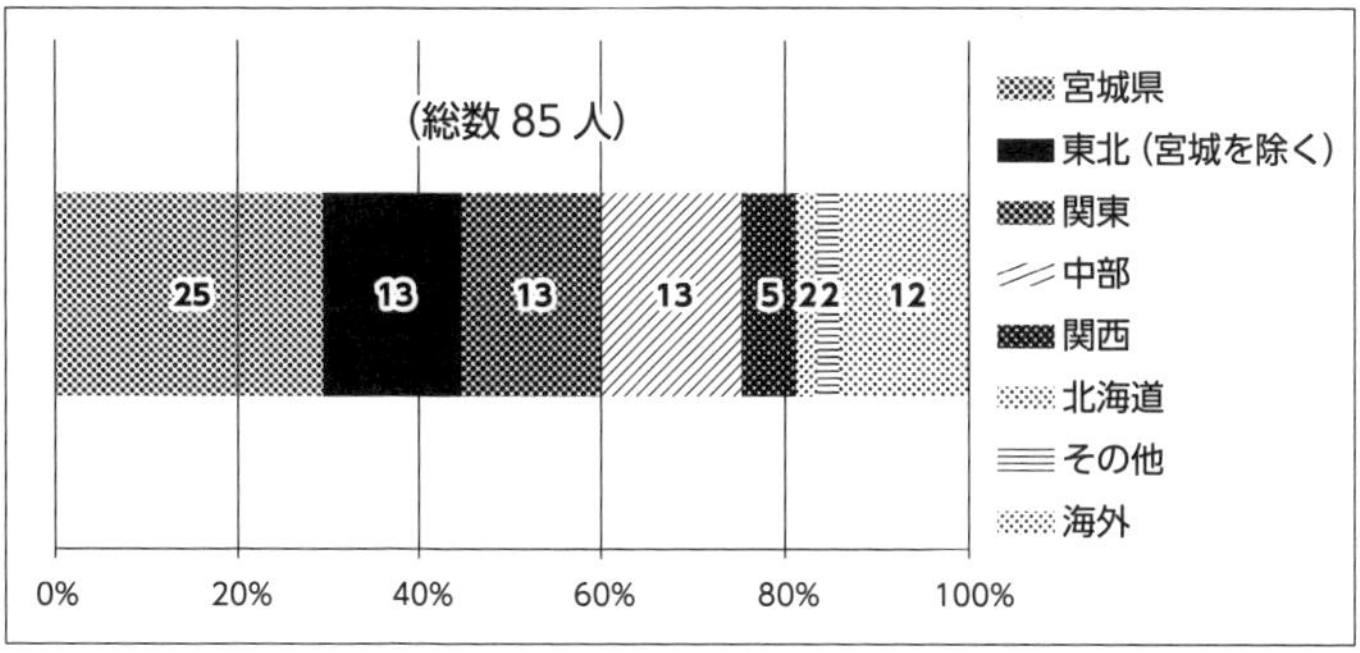

図4　出身地

2　出身地、被災場所

談話者のうち宮城県出身者は約四分の一であった（図4）。東北地方というくくりでみても半数に満たない。これも東北大学という組織がもつ多様性の反映とみることができるだろう。このことが談話者たちの震災体験に一定の影響をおよぼしたことは疑いない。とりわけ学生や独身者の多くにとってみれば、勉学や仕事の場と「実家」が別の場所にあるということになり、地震直後からそことどうやって連絡を取り、そこへどう移動するかが大きな関心事となっていたことは、体験談を読んでいただければ明らかである。留学生であれば、さらにその二つの場が国境をまたぎ、国家や文化の壁が姿を現す。こうして本書の体験談の多くは、地震で引き裂かれた二つの場をめぐる

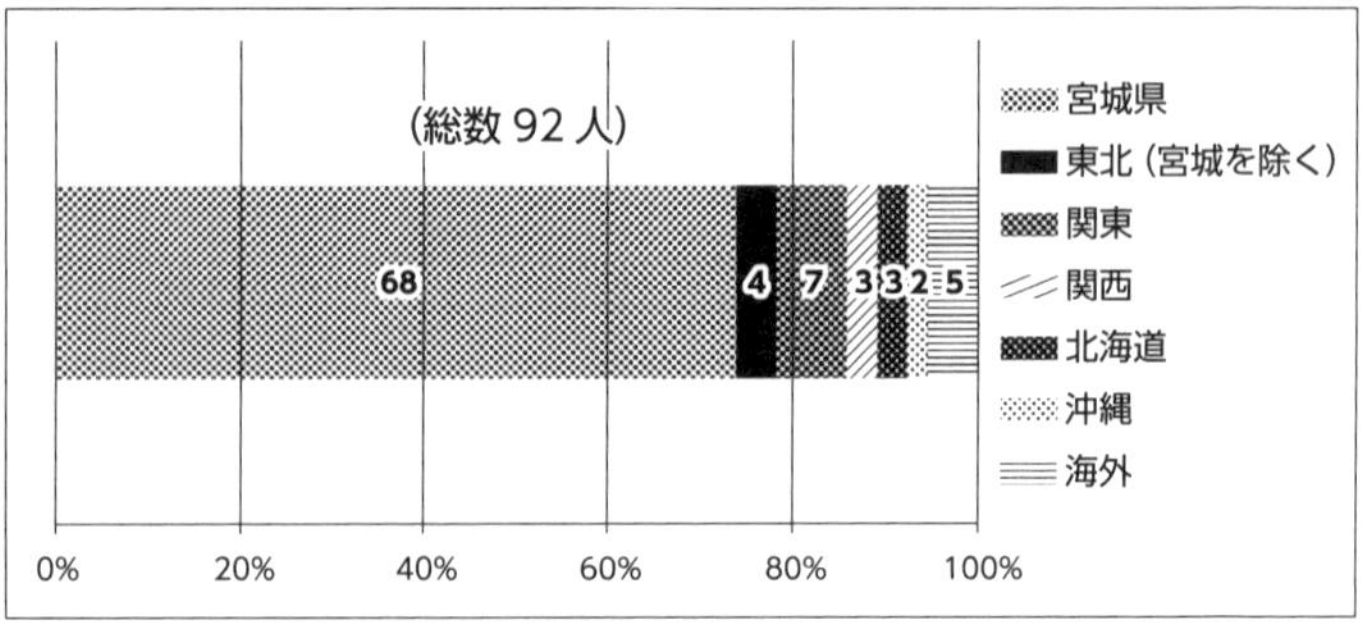

図5　震災時にいた場所

物語として読むこともできるであろう。

談話者の七割以上が仙台を中心とした宮城県で被災している（図5）。被災した学生には研究やアルバイトなどの都合で仙台近辺にいた者が多く、家族のいない仙台でいかに生き抜き、またいかに仙台を脱出して実家へと戻るかということが大きな課題となった。

一方、春休み期間中ということもあり、教員や学生の中には旅行や出張などで仙台を離れていた者も少なくなかった。東北や関東の出張先で地震を経験した教員もいたし、より遠い北海道や沖縄にいて突然飛び込んできた東北地方大地震の知らせに驚いた者もいた。五名の東北大学関係者はちょうどそのとき海外に出張中であった。現地のテレビで次々に映し出される東北地方の惨状。仙台へ戻るべきかどうか。戻るとしたらどうやって。彼らの体験もまた、東北大学関係者の震災体験記録の重要な一コマである。

3　震災後最初に食べたもの

私たちは、トークセッションで記入してもらう「フェイスシート」に「地震発生後、最初に食べたものは」という項目を設けてみた。地震の発生は午後三時になろうとしている頃で、その日の夕食をどうするかは、いわば仙台で生き抜くための最初の「試練」であったように思う。被災後のライフラインが停止した街で利用できる資源や人脈を頼って生活の基盤を確立するための第一歩であったとも言える。

結果を見ると、やはりパンや菓子類など調理する必要のないものを食べて済ませた人が多かったことがわかる（図6）。夕方、家への帰り道、開いているコンビニを探してそれらを入手した話もしばしば耳にした。少なからぬ数のコンビニやスーパーが震災後、停電の中でいち早く店を開けて食料や電池などを供給し、多くの学生たちに食べ物と安心を与えたことも記録し伝えるべきことの一つである。学生の中には避難所に泊まった者も多い。電気やガスが止まり、食料の備蓄もさほどないアパートで一人夜を過ごすより、大勢の人がいる宿泊所を選んだのであろう。そこで菓子パンやおにぎりなどの食料を得ることができたという話もあった。もっとも、「若いから」という理由で食料の配給を断られた学生もいたようである。

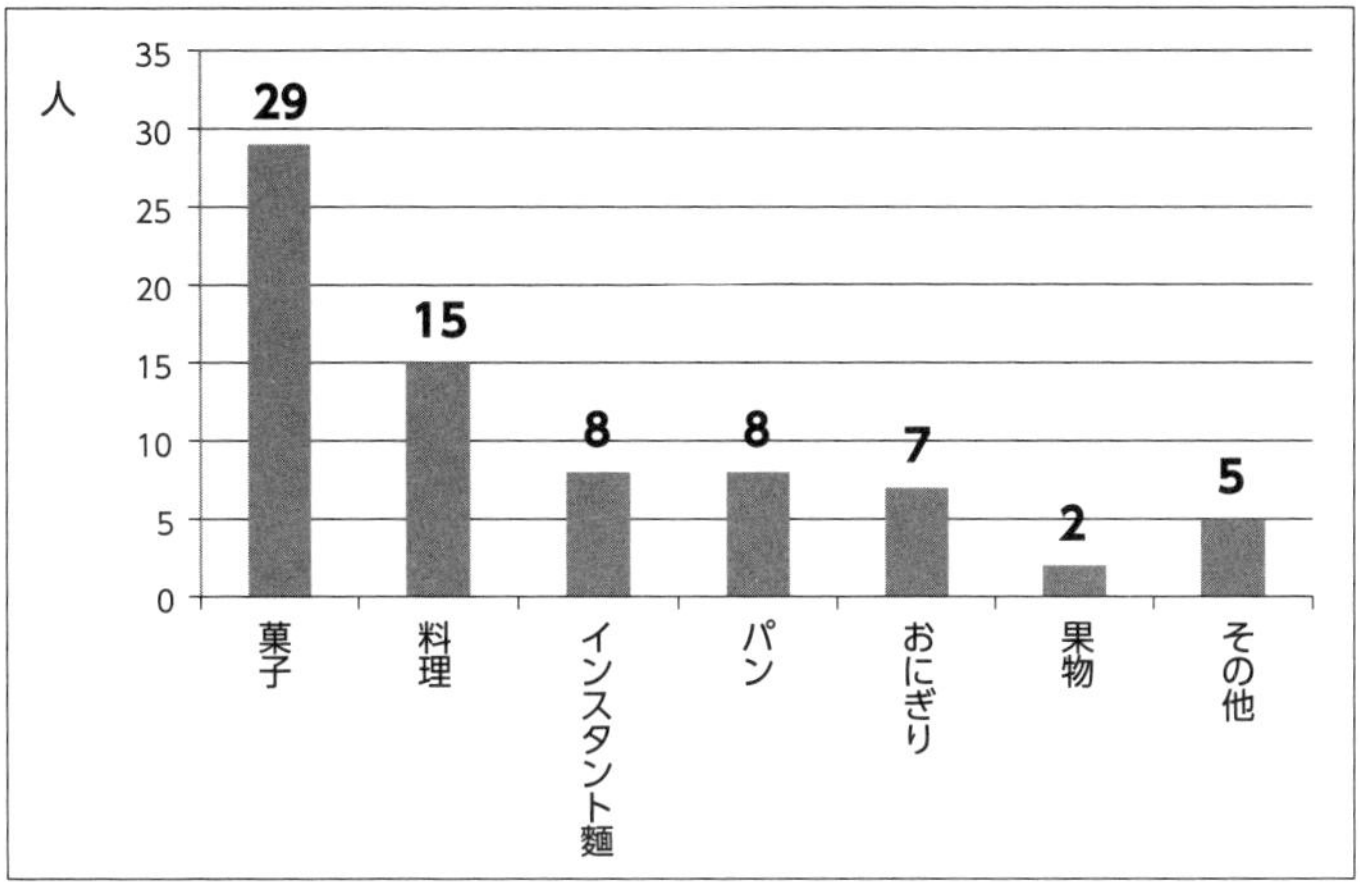

図6　震災後最初に食べたもの

震災時に東北もしくは関東地方にいた語り手に限定し，「震災後最初に食べたもの」欄に記入された食品を筆者が上記のカテゴリーに分類して集計した．食べたものが複数のカテゴリーにわたる場合は両方にカウントしてある．

　一方で、インスタント麺やごはんなど、少なくともお湯を沸かして調理する必要のある食事をとった人も意外に多かった。それらの人々は、かろうじて残ったライフライン、カセットコンロや灯油ストーブを活用し、工夫して食事を作っていた。そのような工夫も本書の読みどころの一つであろう。

＊

　以上、いくつかの数字をあげながら、本書に登場する語り手たちの横顔を概観し、その多様な背景と多彩な震災体験の一端をご覧いただいた。このような多様な人々の目に、あの震災とそれに翻弄された東北大学という組織はどのように映ったのか。あの日々を東北大学の学生たちは、教員たちは、職員たちは、関連業者たちは何を感じ、何を考え、何をして生き抜いたのか。ここで私たちは俯瞰する鳥の視点をいったん捨て、大地に降りて個々の語り手の言葉に耳を傾けねばならないだろう。

（1） *Tohoku University Fact Book 2011*（International Affairs Department Tohoku University, 2011）より。
（2）「国立大学の女性比率一覧」東北大学男女共同参画委員会（http://www.bureau.tohoku.ac.jp/danjyo/H20kokuritsu.pdf）より。

Ⅱ　記憶と体験の記録

〔凡例〕

・文……文学部　文学研究科
・教……教育学部　教育学研究科
・法……法学部　法学研究科　法科大学院
・経……経済学部　経済学研究科
・薬……薬学部　薬学研究科
・工……工学部　工学研究科
・農……農学部　農学研究科
・環境……環境科学研究科
・通研……電気通信研究所
・東北アジア研……東北アジア研究センター
・（　）内の日付は聞き取り実施日

一　学部生・院生

一―一　大学内（仙台市内および川渡農場）で被災

「大丈夫」という言葉に、こんなにも幅があるのかと痛感した

文・学部生・女

（二〇一一・五・二〇）

地震のときは、東北大学川内北キャンパスのマルチメディア棟四階で、授業を受けていた。九日にも地震があったので、みんな「またか」という感じでしばらくそのままでいたが、揺れはひどくなる一方で、あわてて机の下にもぐった。壁一面がガラス張りの教室全体がギシギシと鳴り、ビルが今にもぺしゃんこに潰れてしまうのではと怖かった。「死ぬんじゃないか」と本気で思った。

揺れが一度収まったところで、階段を使って外へ。すぐに携帯電話でツイッターとフェイスブックにアクセス。そこで仙台駅の新幹線ホーム損壊の写真を見た。とりあえず、自分が無事だというメッセージを流す。岩手県盛岡市の家族には電話がつながらず。父と兄とはなんとかメールで連絡を取ることができた。姉とは連絡が取れなかったが、姉は病院勤務なので大丈夫だろうと思った。母の安否だけが心配だった。

外に出てほっとしたのと、興奮していたせいで、「怖かった～」「もうやだ～」とみんな半泣き半笑い状態だった。翌日には副代表を務めていたサークルのミーティングの予定があったが、そんな余裕はないだろうと思い、メーリングリストを利用してミーティング中止の呼びかけと、メンバーの安否確認を行った。

その後は、同じ授業を受けていた研究室の先輩とともに、川内南キャンパスにある文学研究科研究棟に向かう。川内北・南の間の交差点の信号が消え、扇坂が車であふれ返っていた。先輩が、「こういうとき、交通整理できるスキルがあればな」とつぶやいた。図書館前で、サークルの後輩に出会う。彼は地震のとき、図書館にいたらしく、「やばいっすよ、本がダーッと落ちてきて、俺ら本を踏みながら出てきちゃいました」と話していた。話

もそこそこに後輩と別れ、研究棟の近くで、研究室の准教授の先生や、助手さん、院生の先輩方と会う。地震直後、とっさに撮ったという研究室の様子をデジカメで見せてもらう。研究室は七階だったこともあり、本棚や机が倒れ、ひどいありさまだった。こういうときでも記録を取るという習慣が徹底していることに驚いた。

雪の中、帰宅方向が同じ助手さんと歩いて自宅に戻る。一人でいるのも心細かったので、とても心強かった。帰宅途中に通った尚絅《しょうけい》学院高校の前では、高校の先生方が交通整理をしていた。途中で、准教授の奥様にばったり出会う。先生が無事であることを伝え、別れる。国道四八号線は、緊急車両のためにスペースを空けることができないほどたくさんの車で埋まっていた。自宅のマンション前で助手さんと別れ、マンションに入るも、防火扉が閉まっていて、なかなか自室にはたどり着けなかった。自宅に着くと、食器や本が床に落ちていたが、壊れたものは何もなかった。雪でずぶぬれになったので、早々に着替え、大きめのバッグに食べ物やら何やらを詰め込んだところで、やっと一息をついた。テーブルの前に座り込んで、ふと窓の外を見ると、雪はもうやんでいて、夕暮れ間近の空がきれいに見えた。ほんの数時間前に起きたことが現実のこととは、とても思えなかった。そのときやっと、地震が起きてから、初めて一人になったことに気がつき、心細くなった。

近くのなじみのイタリアンレストランに行き、レストランの奥さんと抱き合って互いの無事を喜んだ。ラジオを聞きながらしばらくレストランの食器の片づけを手伝っていたが、余震のたびにあわてて外に出た。暗くなってきて、レストランのマスターも奥さんも帰るというので、そこで別れることに。マスターがペットボトルのお茶を二本ほどくださって、なんだか泣きそうになった。

その日は、近くの八幡小学校で一晩過ごした。体育館に入ると、たまたま知り合いがいたので、一緒にいさせてもらうことに。薄暗い体育館で、ときどき誰かのラジオから緊急地震速報が鳴り響く。体育館には灯油式の照明があった。体育館の中には数百人がいて、二、三時間おきに換気をしていた。ひどく寒かったことを覚えている。知り合いと、楽観的におしゃべりをしていたときに、ラジオからいっせいに「仙台市若林区荒浜で遺体が数百体見つかる」というニュースが流れ、全体の空気が一気に変わった瞬間は忘れられない。その晩はとにかくその日のことをノートに書きつけていた。記録しておかなくちゃ、書かなくちゃと、なぜかひたすら思っていた。地震直後の記録を取っていた研究室の方々と自分もそう変わらないか、とも思った。

翌日は、一度自宅に戻り、大学や友人宅、アルバイト先のある仙台市青葉区国分町を歩き回る。前日の雪が嘘のように穏やかな青空が広がっていた。アーケード街では、ほとんどの店のショーウィンドウがひび割れていた。昼間からバーベキューをしている店もあった。公衆電話が無料で使えたので、そこから再度実家に電話するもつながらず。電話の順番待ちの列には、大学の後期入試を受けに来たらしい親子連れもいた。

その後、数日間はサークルの仲間と自宅で生活した。住んでいるマンションは、プロパンガスで、電気も翌日には復旧。水道もほとんど問題なく使うことができた。一二日の夜、部屋の中で何人かでロウソクを囲みながら寒さで震えていたときに、「ジー」という音がし始め、外が明るくなってきたような気がしたので、電気をつけてみると、問題なくついた。みんなで歓声をあげ、ハイタッチした。すぐにごはんを炊いて、みんなで分け合って食べた。あったかいごはんがこんなに美味しいと思ったのは久々だった。食材は、数人で手分けしていろいろなところで買い集めた上、山形に実家のある友人が、親御さんと一緒に車一台分の食材を運んできてくれたので、食べ物にも困らず。友人が持ち込んだＤＳかＰＳＰ（携帯型ゲーム機）に、テレビを見られる機能があってだいぶ役に立った。

地元の人たちとはメールで連絡を取り合っていたが、初めて電話で盛岡にいる先輩の肉声を聞いたときには、ほっとしてひどく泣いてしまった。盛岡が大丈夫だということは頭ではわかっていた。泣きながら電話を切ると、そばにいた友人がものすごく話しかけにくそうな様子で、私に「大丈夫？」と尋ねてきた。私の地元が岩手県で、被害の大きい地域だったので、訃報が入ったのかと思ったらしい。私の直接の知り合いで亡くなった人はいなかったが、知り合いのご家族や親戚が亡くなったという話は、数えきれないほど聞いた。

当時、仙台市内で電気・ガス・水道が揃っている家は少なかったので、地元から仙台に来ている中学や高校時代の友人、サークルのメンバーにメールで連絡して、自宅を開放した。連絡がついた母親からも、「こういうときにケチケチしてはダメ。公共料金とかお金のことはこっちでどうとでもなるから、ちゃんと周りの人を助けてあげなさい。仙台の方が大変なんだろうし、あなたの家は今ずいぶん恵まれているんだから」と再三言われていた。集まっていたサークルメンバーのうち、女の子は私の家、男の子は近くの別のメンバーの家に寝泊まりし、ごはんのときには私の家に集まる、というような状況。みんないろいろな情報網を駆使して情報を集めており、私の家は常に数人がいるような状態だったので、一種の情報交換の場のようになっていた。しかし、時間が経つにつれ、自分の居住スペースに入れ替わり立ち替わりいろいろな人が入ってくることに精神的に参ってしまい、周りにいらだちをぶつけてしまうこともあった。そんな折、自宅にあったプロジェクターで、夜にみんなで映画を観たときには、だいぶ緊張がほぐれた。『ナイト・ミュージアム』を観ながら、久々に声をあげて笑った。みんな精神的にしんどい状況で、娯楽にも飢えていたのだと思う。

一三日か一四日に大学から授業延期の通知が出たので、一五日に地元の友人たちとともに盛岡へ帰ることに。青葉区役所前からバスに乗ったときは、ほっとして気が抜けたが、バスの窓から、定禅寺《じょうぜんじ》通りから青葉通りのダイエーまで店に入る順番待ちの人の列ができているのを目にしたときには唖然とした。山形県山形市、酒田市、秋田県大館《おおだて》市を経由して、バスと電車を乗り継いで盛岡へ。山形から酒田行きのバスに乗ったとき、雪が降った。山形や秋田は、同じ東北とは思えないほど平和だった。電車の中で、中年の女性たちが計画停電について話していたり、高校生たちがにぎやかに騒いでいたりしたが、すべてどこか遠くの出来事のようだった。大館に一泊し、結局三〇時間かけて盛岡まで帰る。メールやフェイスブック経由で、私自身や東北大学に留学中の友人たちの安否確認の連絡が何十件も来ていたので、道中はずっと携帯電話で情報を入手したり発信したりしていた。一時期は首都圏や西日本、海外の友人たちの方が、パニック状態だったような気もする。こちらでは、食料の確保やライフライン、移動手段について考えるのに精一杯で、地震や津波、原発事故の規模や状況を落ち着いて考える時間もなかったが、リアルタイムで津波や原発の爆発の様子をテレビで見ていて、しかも仙台の地理に疎い人からすれば、仙台は壊滅したと思ったに違いない。震災から数日は、直接被害を受けた人も大変だったが、渦中にいない人の方も、嫌な想像ばかりしてしまって相当怖かったのではないかと思う。

盛岡に着くと、母が車で迎えに来た。パーカーやジャージを着こんで、荷物の詰まったショルダーバッグを抱えた私を見て、母は「疎開してきたみたいだね」と笑った。なんだかほっとした。実家では、スカイプなどで国内外の友人と連絡を取り合っていたが、来る日も来る日も、見るもの聞くもの何もかもが震災関連の情報で参ってしまい、数日間ほぼずっと無気力状態で眠り続けていたときもあった。

私以外の家族は仕事があったため、買い出しなどには私が並んだ。行列待ちの間に、後ろに並んだおばあさんに飴をもらったり、他の人と話したりした。「仙台から来たんです」と言うと、誰もかれもが「大変だったでしょう」「大丈夫だった?」と言った。でも、私は物理的にはある程度、仙台でも生活できていて、津波に遭ったわけでもないので、なんと言っていいのかわからなかった。「大丈夫」という言葉に、こんなにも幅があるのかと痛感した。

久々に実家で長期間を過ごし、母と遠くまで自転車で買い出しに行ったり、父と晩酌したり、子どものときのように姉と二人同じ部屋に寝たり、地震の影響で地元に戻ってきた中学・高校時代の友人と会ったりしていたが、きっともうこんなに長く盛岡に戻ることはないと思っていたので、不思議だった。姉は病院勤務で、早朝に出勤し夜には疲労困憊で帰ってきて、すぐ眠ってしまうことが多かったが、姉も私もお互いがよい話し相手になっていて、その点はだいぶ救われた。岩手県沿岸部の病院が機能しなくなってしまったこともあって、内陸の盛岡の病院はたいそう忙しかったようだ。


仙台へは四月上旬、アルバイト先の再開と、夏にある短期留学プログラムの面接があるのをきっかけに帰ってきた。盛岡からは母が車で送ってくれた。東北自動車道も開通したとはいえ、まだひび割れや隆起がひどい状況だった。強風の日でもあり、途中、自衛隊車両が横転しているのを見て、不安になった。大学入学を機に、仙台で一人暮らしを始めたときも、母に車で仙台に送ってもらったのを思い出したが、そのときと同じくらい不安な気持ちだった。

四月七日の夜中に大きな余震が起きたときは、自宅に一人でおり、パソコンで、スカイプのグループ通話で仙台・関東・関西をつないで、先輩・後輩と話している最中だった。仙台で、ものすごい揺れが始まり、そのあと関東の先輩も「揺れてる、揺れてる」と話していたところ、関西の先輩からはのんきな様子で「こっち全然揺れてへん」とコメントがあったので、こっちはこんなに怖い思いをしているのに! と少し憤慨した。今思うと、地震のときの仙台・関東・関西の様子を同時に知ることができたのは、貴重な体験だった。

東北大が空間放射線量を測定し、毎日公表していることを知って以降はかなり安心できた

文・院生・男

（二〇一一・七・一）

地震のときは、東北大学川内南キャンパスにある図書館と文学研究科研究棟の間の駐車スペースにいた。外にいたので、それほど怖さはなかった。研究室に急いで戻ると、建物の前にたくさん人が集まっていた。その中で、隣の研究室のある先生が閉じこめられて大変だというのを耳にした。みんな顔がこわばっており、とても怖い思いをしたことがうかがえた。地震後一〇～二〇分ぐらいはメールが可能だったので、実家や友人、同居人にメールをした。南キャンパスの萩ホール前に集まるよう文学部事務から指示があり、そこで研究室のメンバー全員の無事が確認できた。

その後、仙台市青葉区花京院の自宅に自転車で戻った。部屋の中は荒れていたが、一、二時間ぐらいで片づいた。幸い被害は少なく、皿が数枚割れたくらいだった。大事にしていたオーディオ機器が心配だったが、こちらも外観からして無事だった（もっとも、通電して確認できたのは数日後だが）。近所の小学校が避難所になっていたので、情報を聞こうと思って行ってみたが、避難所を運営する役所の人も「現在の状況はまったくわからない」と言っていた。そこでたまたま話しかけた若い男性は、「自分は宮城県多賀城市から来ているが、あちらはひどい状況になっているらしい。だが、電車が止まっていて帰れない」と、泣きそうな顔で話していた。ここにいたら気分が落ち込むし、風邪をうつされても嫌だと思い、避難所ではなく家で寝た。余震も多く、不安なことも多かったが、夜はしっかり眠ることができた。

自宅ではルームシェアしているが、同居人は二日間帰らなかった。あとで聞くと、仙台市宮城野区幸《さいわいちょう》町の知り合いのところにいて、その友人とともにそのまま避難所に二日間いたという。ただし、直接会えたのは三日目の夜だった。というのも、同居人は二日目にいったん家に戻ったらしいが、そのとき自分は学校にいたので、書き置きを残してまた出かけたためだ。

地震の翌日に自分の研究室に行ったら、誰もいなかった。上から人の声が聞こえたので行ってみると、心理学研究室にはたくさん人がいた。新聞やラジオ、食料など必要なものが揃っており、多くの人がここで生活してい

るようだった。新聞を見せてもらって初めて津波や原発のことを知り、震災の大きさを理解した。新聞を読んでいたら、知り合いの先生がアルコールランプでお湯を沸かし、夜食用カップラーメンを準備していた。「縁だから食べなさい」と言われ、とてもうれしかった。治安が悪くなるという噂があったため、女子生徒は昼間は研究室にいて、夜は大学の体育館（指定避難所）で寝ている、という話だった。

大学生協では、在庫の食料を売り出していた。そこでお菓子を入手できて、とてもありがたかった。支払いを手計算で行っていたために、スタッフの人はとても大変そうで、頭が下がる思いだった。自宅にピーナッツなどもあったので、電気が復旧するまでの三日間はそれらを食べて過ごした。夜は毎晩自宅で寝たが、古いマンションで壁が厚いようで、寒さを感じることはまったくなかった。余震はとても多く怖かったが、建物が崩れて生き埋めになることはあまり心配しなかった。というのも、壁のクラックはほとんどなく、また造りのしっかりしたマンションだったためだ。最上階に住んでいる大家が、安否確認に来たり、卵を分けてくれたりしたことも、安心して住む上で大きかった。風呂に水があり、またマンションは汲み上げ方式でしばらくの間は水道が使えたので、飲み水を貯めることができた。飢えることもとくになかった。夜は、空のツナ缶にサラダ油とティッシュの紙縒《こよ》りを入れて明かりにした。「火事にならないよう気をつけてね」と、大家に釘を刺されたが。

家にいてもできることがないので、地震後しばらくは学校に行って、研究室の片づけをするか本を読むかなどしていた。何人か後輩が来たので、話をしたりトランプをしたりしていた。

たしか三日目だったと思うが、仙台市青葉区五橋《いつつばし》に住む後輩が来て、「自宅に電気が来た」と言っていた。そこで、彼の家に行き、携帯電話の充電をさせてもらった。彼のマンションで電灯やテレビの明かりを見たとき、とてもほっとしたことを覚えている。携帯電話には何十通もメールや不在着信が来ていて驚いた。

その翌日に同居人が家に戻り、直後に自宅に電気がついた。夜一一時だったが、電気が戻ったことを同居人と手を叩いて喜び、お湯を沸かしてカップ焼きそばを食べた。

電気が戻った後は、同居人と食料を探して回った。とくに米をあちこち探して回ったが、米を買うどころか店の中に入るだけでも大変だった。青葉通りのダイエーに並ぶ人の列が仙台市役所まであったことを、よく覚えている。手分けをしてあちこち回っていると、仙台市宮城野区鶴ヶ谷団地のショッピングセンターに行った同居人から「米を売っている」という電話があり、急いで向かった。鶴ヶ谷は、団地に住んでいる人以外は店があることを知らないせいか、米以外にも食料があった。このときはまだ、鶴ヶ谷に電気は戻っていなかった。大手チェーンの店は停電するとレジが使えなくなって閉めるところが多かったが、鶴ヶ谷のショッピングセンターは個人商店なので、ちゃんと売ってくれていた。米は一人一〇キログラムまでしか買えなかったが、玄米は三〇キログラムまで売ってくれた。自宅に小型精米器があったので、それを買ってタクシーで戻った。米を入手した後は、お世話になった心理学研究室や、米がなくて困っている知り合いにおすそ分けをした。米を入手してからは心に余裕ができた。

原発の放射能漏れはかなり心配で、大分の実家や友人からは、帰宅した方がよいと頻繁に連絡があった。しかし、仙台を出るには山形・新潟経由で大変だし、途中で立ち往生したら悪夢だと思ったので、帰らなかった。また、東北大が空間放射線量を測定し、毎日インターネットで公表していることを知って以降は、かなり安心できた。何より、同居人がいてくれたことが大きかった。一人暮らしだったら、きっとすぐに山形経由で実家に帰ったと思う。帰ることをあきらめた後は、このような経験は今後の人生にはないだろうと思い、開き直ることにした。

家は二人暮らしなので広く、電気も早く戻ったため、何人か知り合いを泊めた。多いときには四人ぐらいがうちにいた。とくに仙台市太白《たいはく》区八木山の知り合いは、ひどい状況だったと話していた。交通は寸断され、電気も水もない。まさにボロボロの状態でうちに来た。話を聞いていると、同じ仙台市内でも被害に大きな差があり、八木山や泉区のようにライフラインが長く止まったところ、地盤がゆるくて揺れが大きかったところなど、いろいろあった。アルバイトをしていた不動産屋の入っているビルもひどい状態で、一時は居住不可を意味する「赤紙」を仙台市に貼られていた。一方、青葉区北山はあまり揺れなかったという。

同居人は一、二週間ぐらいしてからボランティアを始めた。自分は、アルバイトをしていた不動産屋の手伝いに行ったり、（甚大な津波被害を受けた）仙台市若林区荒浜の様子を自転車で見に行ったりした。不動産屋は米を買ったショッピングセンター内にあるが、鶴ヶ谷地域は地震の被害がひどく、自宅に住めなくなった人や、市営住宅を追い出された人がたくさん来ていた。お客の対応で、スタッフ全員とても忙しかった。自分はインターネットで紹介できる物件を探していたが、すでに借り手がついていたり、そもそも大家や業者と連絡がつかなかったりして、空き物件はほとんどなかった。

荒浜は、テレビで見るのと本物を見るのとでは全然違った。昔一度行ったことのある場所だったが、まったく原形をとどめていなかった。どうでもよいことだが、何台か野次馬とおぼしき車が来ていて、アニメのステッカーを側面に貼った車が一台駐車してあったことをよく覚えている。それを見て、「貴重なガソリンを使って野次馬に来るとは暇な連中だ」と思ったが、自分も同じ野次馬だから五十歩百歩か、とも思った。

一か月くらいすると、食料やガソリン不足も解消し、ほぼ普通の生活に戻ることができた。しかし、ガスは四月末くらいまで戻らず、風呂は我慢してお湯を浴びるだけの生活が長く続いた。同居人の彼女が車を持っているので、それで仙台市太白区西多賀の極楽湯（銭湯）に連れて行ってもらったときは、生き返る思いがした。

食料がまったくなかったので、家に帰ってからもひもじい思いをした

文・院生・男

（二〇一一・七・一）

自分は東北大学の大学院生であり、三月一一日の地震発生時は東北大学川内南キャンパスにある文学研究科研究棟七階の研究室にいた。同室には先輩のIさんと、同級生のS君がいた。三月に入ってから地震が頻発しており、この日も朝から小さな揺れを感じることがあった。そのため研究室では、S君と「最近、地震の日が続いているね」などと世間話をしていた。

最初に揺れを感じたときは、いつもの小さな地震だろうとあまり気に留めることはなかったが、突然、振動が今まで経験したことがないほど強くなり、大変なことになったと思った。揺れが続いている間は頭の中が真っ白になり、自分たちに何が起こっているのかよく理解できなかった。周りでは本棚から本が次々と飛び出し、机の上にあったパソコンやモニターが床へと叩きつけられていた。そこでようやく我に返り、避難訓練では地震発生

時に机の下へ隠れるよう指示されていたことを思い出して、隠れる場所を探した。しかし、机そのものが大きく揺れていて、隠れることはできなかった。建物が大きく軋《きし》みをあげ、このまま部屋にいたのでは崩落が起こって巻き込まれてしまうのではないかと感じたため、IさんとS君に「外へ出よう！」と声をかけて外へ出ることにした。揺れが収まらないうちに外へ出ると、ガラスなどの落下物で怪我をするかもしれないことはわかっていた。だが、そのときは理性よりも恐怖感の方が勝っていたので、そのような行動を選択したのだと思う。

　廊下に出ると、他の研究室の前に置かれていた本棚が倒れており、電気も消えていて、狭く薄暗い中で逃げ道を確保するのに苦労した。また、エレベーターがストップしていたので七階から一階に下りるのに階段を使ったが、壁には亀裂が走っており、天井からは小さな建材の破片が落ちてきたため、一刻も早く外に出たいという焦りを感じた。部屋を出て階段を下りるまではIさんと一緒にいたが、途中で見失ってしまい、残るS君についてもどこに行ったのかわからなかった。しかし、そのときは逃げるのに精一杯で、二人がどこに行ったのかを気にしている余裕もなかった。

　自分が川内南キャンパスの中庭に避難したときには人影はまばらだったが、しばらくすると次々と建物から人が出てきた。その中には避難時にはぐれたIさんやS君をはじめとする友人や知人の姿があった。そしてお互いの姿を確認すると、駆け寄って「無事に助かってよかったね」などと声をかけ合った。自分は普段はそれほどはしゃぐようなタイプではないが、そのときは気分が高揚していて大げさに騒ぎ立てていた覚えがある。また、中庭に出た直後に神奈川県横浜市に住む母から携帯電話へメールが届いた。その内容は、私の身が無事であるかを案じると同時に、今回の地震が震度七にまで達するほど強烈なものであったことを知らせるものであった。すぐに返信しようとしたがメールも電話も通じず、この後、家族と連絡を取り合えるようになるまで一週間ほどかかってしまった。

　中庭に出た後、三〇分ほどしてから川内南キャンパスにある東北大学萩ホールへと移動し、そこで仲間の間で点呼をとった後で自宅へと戻ることになった。帰路につく途中で、家の方角が同じである社会学研究室のS先生を偶然見つけた。お互い一人で帰るのは心細いということがわかったので、一緒に話をしながら歩くことにした。帰り道では、仙台青葉城の二の丸の塀が崩れており、大学と街の中心部をつなぐ広瀬川に架かる大橋の街灯が折れているのを見た。その光景を見て不意に、自分の住んでいる古くて小さなアパートが地震に耐えられたのか不安になった。それからは、「もし家が潰れていたらどこに行けばよいのだろうか」ということばかりを考えて歩いた。

家にたどり着くと、幸運なことに建物自体はほとんど被害を受けていなかった。しかし部屋に入ると、食器棚が倒れ、皿やグラスが割れて廊下に散乱していた。怪我をしないようにリビングへ入るためには、まずそれらを片づける必要があった。ようやく奥のリビングに入ると、天井近くまで届く高さの本棚四つがすべて倒れており、本が床一面に散らばっているのが目に入った。しかもその場所は、いつも自分が寝ているところであった。もし夜中に地震が起こっていたならば、自分は本棚の下敷きになり死んでいたかもしれない、そう思うとぞっとした。その間にも余震はたびたび発生しており、そのうちのいくつかはかなり強い揺れ方をしていた。そのような状況下で、備蓄もなく電気も水も来ていない家にいても不安が募るばかりだと思ったので、通帳やカードなど貴重品と現金を持って安全な建物へと避難することにした。荷物をまとめて外に出ると、偶然、町内会の人が見回りしているところに出くわした。その人からは、近くのK小学校が避難所となっているから、そこへ避難するとよいということを教えてもらった。自分の住んでいるO地区は観光名所のお寺が存在しており、そこに関連した行事や祭りが盛んに行われているため、普段から町内会活動が活発である。それが幸いして、このような有益な情報を得ることができた。K小学校へと避難する途中で、自分と同じように町内会の人に避難所の情報を教えてもらったという、東北大学法学部の学生と出会った。その人とはこれまでにまったく面識はなかったが、似たような境遇に置かれている者同士、親近感を感じたため行動をともにすることにした。

小学校にたどり着くと、避難場所の体育館の中にはすでにかなりの人がいた。それにもかかわらず体育館には新たに次々と人が訪れており、すべての人が中に入れるのか心配になった。しばらくすると、ボランティアの人から水とクラッカーが配られ始めた。しかし、若い人は食料を受け取るのを辞退してほしいというアナウンスがあったため、自分たちに食べ物が回ってくることはなかった。災害時に小さな子どもと老人が優先されることは理解できる。しかし、実際のところこのような状況で一番困っているのは、自分のような若い独身者であると思う。なぜならば、子どもは親と一緒に避難しているため親の持参した食べ物が周りにあるし、老人も独居老人でない限りは家族がついており、それほど生活必需品や食料に困ることはないからである。それにひきかえ、自分のような者は、昼間は学校や仕事があるため、頻繁に買い出しをすることはできない。したがって、備蓄が少なくなる、もしくは備蓄がまったくないという状況に置かれる。その上、独り身ゆえに、話し合ったり支え合ったりする人がおらず、心細さを感じることが多い。こうした事柄を考慮しないで、一律に若い人は配給を辞退するべきだという論理には納得ができず、避難所にいる間はもやもやとした気分を感じることが多かった。

夜を迎えると、体育館は電気がないので暗く、暖房も数個の石油ストーブしかなくて、とにかく寒かった。また、周りは知らない人ばかりで不安だったため、一睡もすることができず、とにかく夜が明けるのを待つだけの状態であった。地震発生後から水分をまったくとっておらず、非常にのどが渇いていたため、夜明けとともに外へ水を探しに行くことにした。手始めに近くの商店街を散策したが、当然のように店は閉まっており、二四時間営業のコンビニも閉店していた。家に帰って蛇口をひねっても水が出るはずもなく途方に暮れたが、ふと自宅近くの小さなコインランドリーにウォーターサーバーがあったのを思い出し、五〇〇ミリリットルの空きペットボトルを持って水を汲みに行った。そこでようやく水を飲むことができて一息つけた。その後、避難所に戻ることも考えたが、避難所でじっとしていても仕方がないので、再び自宅へ戻り、明るい間は部屋の整理をすることにした。そうして、倒れていた本棚を起こしたり、割れ物を片づけたりなどの作業をした後、暗くなってからはまた避難所へと戻った。

三日目も同様に昼は自宅に戻り、家の片づけをして夜に避難所へと戻るという生活を送った。すると、避難所に戻ってから数時間後に、自分の住んでいるO地区に電気が戻ったという話し声が聞こえた。電気がつくのであれば、家の方が避難所よりも快適に過ごせると思い、自宅に戻ることに決めた。その道すがら、自動販売機が稼働していたので、五〇〇ミリリットルのスポーツドリンクや炭酸ジュースを五本買った。本当のところは、もう少し買っておきたかったのだが、ほかにも自分のように備蓄がない人がいるかもしれないという考えが頭をよぎったので、それだけにしておくことにした。こうして飲み物はある程度確保できたが、食料がまったくなかったので、家に帰ってからもひもじい思いをした。この三日間で食べたものといえば、避難所にいた隣の人が分けてくれたひとかけらのチョコレートだけだった。普段から食料を備蓄しておくことの大切さを痛感した。

しばらくすると、呼び鈴が鳴った。時刻は夜の一〇時くらいだったと思うが、普段このような時間に人が訪ねてくることはあまりないため怪訝に思いながら対応したところ、外には知らない女性が立っていた。話によれば、その人はアパートの上の階に住んでいる東北大学の学生であり、今晩中に山形にある実家に帰るので、風呂場に貯めておいた水を分けてくれるということだった。とてもありがたい申し出だったので、ぜひにとお願いして水をもらいに行った。もらった水は飲めないが、トイレを流したり、顔や体を洗ったりするのに使った。

地震から五日ほど経った頃に、同僚のS君が携帯電話に連絡をくれた。一部のスーパーや商店街が店を開き始めたので、買い出しに行くとよいと教えてもらった。早速、仙台市青葉区一番町の商店街に行ってみると、中華料理店のお店の人がボランティアのような感じでおにぎりや稲荷ずしを配っている場面に遭遇した。そのほかにも小さな出店のような感じで食料を売っている人たちがいたが、とくに値段を釣り上げるといったこともなく、とても良心的な印象を受けた。おそらく商店街の判断ではなく、各店舗の判断でこのようなことをやっていたのだと思うが、被災者同士助け合ってやっていこうという意気込みが感じられた。そこで水を買うことができたので、その夜はごはんを炊いて食べた。久しぶりにしっかりと食事をすることができたので、とてもうれしかった。その後しばらくの間は、とくにやることもないので街を散策したり、本を読んだりして過ごした。食料の備蓄は十分とは言えないまでも、スーパーでパスタを大量に買うことができたので、あまり心配しなくてもよくなった。

あるとき、自分の指導教官であるS先生と大学の事務から電話があった。内容は、重要な書類があるので、それを書いて提出してほしいというものであった。しかし、書式はインターネットを通じてダウンロードしてほしいと言われて途方に暮れた。なぜならば、自分のパソコンは地震のときに落下して故障してしまっていたからである。事情を話すと、紙媒体のものもあるので大学まで受け取りに来てほしいとのことだった。自分の研究に関わる重要な書類であることはわかっていたが、提出期限も厳しく、こんな非常事態のときにまで書類を書かなくてはならないのかと少しうんざりしながら準備をした覚えがある。

また、震災後二週間ほど経った頃に、心配した家族から「横浜の実家へ戻ってこい」という連絡があった。けれども、情報端末が携帯電話しかなかったので、どのようなルートを辿れば帰ることができるのかわからなかった。そこで逆に尋ねてみると、まず山形へバスで行き、そこから日本海側を経由すれば横浜までたどり着けるということだった。しかし、テレビで東京近辺の買い占め騒ぎを見ていたので、それほど大変な思いをしてまで帰る価値があるのか疑問に思った。そのため、事態が好転するまで仙台に残り、静観することにした。

四月に入ると以前の生活に戻るため、大学に行き始めるようになった。キャンパス内を歩いている人はそれほど多くなかったが、それでも友人や知り合いに会えるとほっとした気分になれた。独り暮らしで家族と離れている自分にとっては、結局、学校だけが心の拠りどころだったのだと思う。四月の末になると、新幹線も動き出したので、実家に帰省した。帰っている間は余震の心配などをしなくてもよかったので、安心して過ごすことができた。ただ、その頃になると仙台も復旧が進んでいたので、それほど帰れてよかったとも思わなかった。横浜にとどまっていたのは五、六日間くらいで、家族の無事が確認できたため、その後はまた仙台に戻ってきた。

五月になり大学が動き出してからは、地震前と変わらない生活を送るようになった。街の活気も前とまったく同じとはいかないまでも、徐々に回復してきているのを肌で感じる。しかし、自分の意識は震災前後でだいぶ変わってしまったように思う。以前ならばそれほど意識しなかったような小さな地震に対しても恐怖を感じて心臓の鼓動が速くなってしまうし、いつでも逃げだせるよう、今でも枕元には非常持ち出し用のカバンを置き続けている。この記憶は風化させてはならないと思うが、その一方で、震災直後に感じた苦しみや恐怖感はなるべく早くに忘れてしまいたいという思いもある。

店内が暗くてよく見えないまま適当に商品を買った

薬・学部生・女
（二〇一一・八・二三）

地震が起こったときは、青葉山キャンパスのゼミ室でコーヒーを入れる準備をしていて、出入口付近にいた。二日前（三月九日）にあった大きな地震のときもたまたま研究室にいて、そのときドアをすぐ開けるということを学んでいたため、今回も大きな地震だったので、ドアを開けた。その後、先生の指示があるまで廊下にずっと立っていた。「一階に下りてください」との指示があったので、研究室にいる人にも声をかけて非常階段で避難した。外の駐車場のところまで避難した。荷物は何も持たない状態で出てきた。様子を見てから、中に一回入ってもいいということだったので、財布などを取りに戻った。しかし怖かったのですぐに出た。

その後、解散になった。家の近くのコンビニが異様に混んでいるのを見て、食料の備蓄がないことに気づく。コンビニに行ってみたが、おやつや食料も全部すでに買われていた。店内が暗くてよく見えないまま適当に商品を買った。携帯電話はあまり使いたくなかった。

兄とマンションで同居しているが、部屋が四階にあり、暗くて階段を上がることができなかった。マンションの出入口に知り合いの住人がいたので、避難所を教えてもらい、近くの仙台市青葉区国見の国見小学校に向かい、食料、水を持ってそこに寝ることにした。実は兄はすでに帰宅していたが、携帯電話も使えなかったので連絡が取れなかった。次の日に家に帰ったら兄がいた。避難所ではクラッカーをもらい、それを食べていた。毛布も最初は限られていて、老人や子ども優先で配られていたが、その後追加分が届き、自分も手に入れることができた。避難所では隣の知らない人と「大変ですね」などと話しながら過ごした。

三日目には電気が復旧していた。隣の町はその前の日の夜には回復していたようで、窓を開けると道路ひとつ挟んで明るくなっていた。兄が懐中電灯を見つけだしていたが、電池の心配もあって使いたくないので七時に寝た。水道も、一度復活したが翌日の朝にまた停止し、五日目にまた復活した。一度出たものがまた止まったので逆にショックだった。

実家は茨城県だったので、帰っても同じことだと言われて帰らないでいた。

食料は自転車でまわって買えるものがあったらすぐ買うということをした。ガスが使えず、またガスコンロもなかったので、電子レンジで調理できるもの、レトルト食品、お菓子などを食べてしのいだ。青葉区市街地のアーケード商店街などでお弁当を買って食べた。

大学については、片づけに関しての情報がちょくちょくメールで届いていた。先生からときどき片づけの状況について連絡があり、三月下旬頃から自主的に研究室の復旧を手伝っていた。実家には夏休みまでは戻らなかった。

論文を作成中だったので、なんとかやらなければと思い、仙台に残った

薬・院生・男

（二〇一一・八・二三）

地震のときは、青葉山キャンパスのゼミ室にいて、論文のためのデータ作成をしていた。地震が来たので、まずはデータの入っているUSBをすぐ引き抜いて、壁にしがみついていた。その後、避難をした。避難訓練を毎年一一月頃にしていたので、その訓練どおりに行動した。

外に避難すると、一度戻ってもいいことになったので、携帯電話を取りに行った。家はすぐそばなので、帰って自宅待機となった。自宅の中は、タンスが倒れていたが、それ以外にとくに被害はなかった。電気は止まっており、水道は少し出ていた。携帯電話のワンセグでテレビを見ていた。電池式の充電器を持っていたので、それでしのいだ。水道は出たり止まったりしていた。水が出ている間は油断していたので、とくに貯めることはしなかった。近所に先輩が住んでおり、仙台駅の方に出て買い物をしようと誘われた。仙台駅付近のアーケードは見たこともないほど真っ暗だった。人はある程度いた。コンビニやドラッグストアではけっこう商品を売ってくれて、スナック菓子を買って帰った。暗くて怖かったので帰った。実家の父からメールが来ていた。その日は自宅で寝た。買ったものを少しずつ食べて過ごした。

その後、徒歩で仙台駅の方まで歩いて買い物をする。個人商店を探したりしながら、ボランティアでおにぎりを配っている人もいたのでもらったりした。またイタリア料理店ではリゾットをおかわり自由で配っていた。行列ができていたわけではない。実家に帰ることはせず、その後もずっと仙台にいた。

大学には一度実験室を見に行ったが、すさまじい状況だった。論文を作成中だったので、なんとかやらなければと思い、仙台に残った。実家とは毎日電話をしたが、向こうも「帰ってこい」とは言わなかった。

地震が起こってから一週間後くらいに、実験室の片づけが始まった。学生は出入り禁止になっていたが、論文作成のために大学に来ていた。大学に来なければデータを解析するソフトがないので、論文作成にあたっては学校には行く必要があった。論文は四月の中旬に提出した。

携帯電話の電池式充電器は本当にあってよかった。空のペットボトルは、友人宅や近所の水を汲むところから

水を運ぶときに役立った。

ツイッターで「生きている」とつぶやいたら、両親が「見た」と連絡してきた

工・院生・男
（二〇一一・六・七）

地震のときには研究室にいた。冗談で机に隠れたら、すごく大きい地震になったので、（自分の行動は正しくて）よかったと思った。避難訓練をしていたので、その後はそのとおりに行ったと思う。家族がいる留学生のAさんの安否確認のため、バイクで二、三の避難所をまわって探して確認した。その後、仙台市青葉区支倉町の自宅に戻った。青葉区角五郎の友人O君の家に集まろうという話になった。家の食料やパジャマなどを持ってO君宅に行く。共同生活が始まった。電気のみがない生活だった。食料は持ち寄ったので十分あり、その点は心配がなかった。みんなと買い物をすることになった。初日はばらばらに行った。二日目から役割分担をして買い物をした。また研究室に来て、そこにあった配給食料を受け取った。

一週間後に新潟に逃げた。一泊して東京に移動し、さらに茨城県つくば市の実家に避難した。両親とのやりとりは、ツイッターで「生きている」とつぶやいたら、両親が「見た」と連絡してきた。両親は今回を契機にツイッターを始めた模様。実家に戻ってからは、就職活動を行っていた。四月末に新幹線で仙台に戻ってきた。

集めていたお金で子ども用のマスクを買い、新地町役場に届けに行った

工・院生・男
（二〇一一・六・七）

・三月一一日

震災のときは青葉山キャンパスの建物で一一階の研究室にいた。ものすごい揺れで、何も持たずに逃げた。バイクの鍵すら持たずに逃げたが、駐輪場の近くの地面が崩れていて、バイクが地滑りに吸い込まれたらまずいと思って取りに戻った。自分の机の周りには食料などが貯めてあったが、戻ったときそのようなものは目に入らず、鍵と着る物をとりあえず持って家へ帰った。

実家は仙台市泉区の泉ビレジ（新興住宅街）で、母と妹と一緒に暮らしている。父は単身赴任で大阪。父は大阪でテレビを見て、仙台市全体がひどいことになっていると思っていた。三〇分以内に父とは連絡がついたので、自分は大丈夫だと伝えた。父の方で妹とも連絡が取れていて、妹はバスで家に帰ってくると伝えられた。母とは連絡がつかなかった。そこで母の勤務先の仙台市宮城野区原町に行ってみたが、誰もおらず、家へ戻った。買い物のことなどは気にせず、とにかく帰った。

帰宅すると母がすでに家にいたので、妹の状態を聞くため再度父と連絡を取ったところ、妹が駅から歩いて帰っているというので、バス通りを歩いて帰ってもらって、バイクで迎えに行き途中で拾った。

その帰りに泉区のイオン仙台中山店で買い物をした。店頭に商品を並べ、均一価格で販売していたので、パンやカップ麺、水をとりあえず買った。家に帰ると、ガスボンベが欲しいと言われ、家族三人でイオンへ車で買い物に行った。

その日はラジオで情報収集をした。津波の被害が八六九年の貞観津波以上の可能性があるということを手帳に残している。

・三月一二日

朝、車のカーナビでニュースを見て、携帯電話の充電も行った。その際に、今回の震災が「東北地方太平洋沖地震」と呼称されるようになっていることを知り、地震の詳細とともに手帳に書き残している。この日の夜には駅前で電気が一部復旧したことをラジオで知った。

・三月一三日

ラジオの開店情報で青葉区国見ヶ丘の生協がやっているとのことだったので、朝から家族三人で買い出しに出かけた。個数制限（一人一〇点まで）があったが、飲み物や食べ物がある程度買えた。その後、母の勤務先に状況を確認しに行った。その際、仙台駅周辺の道を通ったが、店などはだいぶ回復している様子だった（ラーメン屋等も営業していた）。

・三月一四日

昼頃に自宅の電気が復旧した。東京の友達がミクシィをやっていて、それで連絡を取り合い、安否を電話で教えてもらった。この日の時点で連絡がついていなかった消防士、警察官の友達の安否を確認するため、バイクでそれぞれの実家を回ったりしていた。

・三月一五日

家の状況がだいぶ落ち着いてきたので、アルバイト先の学習塾（家から五～一〇分程度の距離）の片づけを手伝った。アルバイト先の建物が建っている位置が盛り土だったようで被害が大きく、復旧できない様子（地面がずれて床が割れていた）。一階の片づけはある程度済んだが、二階は手つかずの状態なので翌日に持ち越し。

・三月一六日

朝起きると雪が積もっていた。午前中は雪が降ったりやんだりしていたので自宅で過ごす。午後になると天気が少し回復したのでアルバイト先に行き、前日の続きの片づけをした。一七時頃に片づけ終えることができ、帰宅した。

・三月一七日

気温が低く、雪が降っていたが、午前中から家族三人で泉区の館《やかた》中学校に水を取りに行った。多くの人が給水に来ていたが、東北高校野球部の人たちが給水の手伝いを行っていて、とてもスムーズに給水が進んでいた。

・三月一八日

朝七時台のバスで駅前の朝市に行った。ガソリンが不足しているためバスは人が多く、中山台を過ぎたあたりで乗車できない状況になっていた。朝市では野菜、魚、肉などがたくさん売っていた。肉は売り切れるのが早いようで、この日は魚（カレイやマグロ）、野菜を買うことができた。比較的安い値段で売られているように感じた。

その後、青葉山キャンパスにある研究室まで徒歩で向かった。生徒だけでの研究室への立ち入りは禁止されていたが、一階で同研究室のSさんと会うことができ、研究室の様子を確認することができた。研究室の状態は震災当日とあまり変わっていない様子で、自分の使っていたものなどを持ち帰れるものだけ持ち帰った。

研究室から歩いて東北大学川内北キャンパスまで下り、大学生協でも買い物をした。大学生協には思った以上に物があったことやトイレの水が普通に流れることを知り、仙台駅前周辺は生活が元に戻り始めていることを強く感じた。

・三月一九日

自宅の水道が勢いよくではないが復旧した。近所の友達の話によると車のタイヤやガソリンの盗難が多発しているとのこと。

・三月二〇日

昨夜、ガソリンの盗難がまた発生したらしい。日中には空き巣も出たようで、パトカーが巡回していた。

・三月二一日

中山のウジエスーパーで生鮮品が買えると友人から聞いたので、朝八時前に自転車で行った。並んでいる人は多かったが、普段とほとんど変わらない様子で営業していた。肉、牛乳、卵を買うことができた。近所の人たちと食料をあげたりもらったりしていたので、肉などは近所の人にもあげられるようにたくさん買って帰った。

・三月二二日

少し疲れていたので外出せず、一日家で過ごした。

・三月二三日

朝から自転車で仙台市泉区根白石《ねのしろいし》にある銭湯「明日の湯」に行った。久しぶりに風呂に入ることができてすっきりした。目立った混雑もなかった。

・三月二七日

中山台のフットサル場（リベラ）でチャリティーのフットサル大会に参加した。参加人数は五〇人程度。一三時から一七時頃までやっていた。その後、近くのラーメン屋に行った。

・三月二八日

研究室の現状を確認するため、朝一〇時から研究室に向かった。行く途中でガソリンスタンドが混んでいなければ給油しようと考えていたが、どのガソリンスタンドもものすごい列ができていたのであきらめた。研究室のある建物はエレベーターが使えるようになっていた。この日は研究室に来ていた五、六人で床に落ちたものなどの整理をした。研究室からの帰宅途中、ガソリンスタンドの行列が少なくなっていて一時間弱で給油をすることができた。

夜には友達と吉野家（牛丼店）に行った。この数日で飲食店が営業を再開し始めているように感じた。

・三月二九日

地元の高校生、中学生に声をかけ、中山台のフットサル場でフットサルをした。参加人数は四〇人程度。震災の影響で高校、中学校などでサッカーができないという状況の人が多かったようで、思っていたよりも多くの人が集まった。放射線の影響など気になることが多い中で、体を動かすことができてみんなストレスの発散になったと思う。四月一日にも同じように希望者を集めてフットサルを行った。参加人数は三〇人程度。部活が再開される高校もあり、三月二九日よりは少ない人数になった。

・三月三〇日

昼前くらいに研究室に行き、F先生と今後の研究方針などを少し打ち合わせした。今回の震災を受けて、研究テーマが卒業論文で扱っていた研究から今回の震災、津波を対象とした研究に変更になるかもしれない。研究室の状態は各個人のデスク周りはひととおり片づけが完了した。パソコンなども使える状態にした。

・四月二日

父が大阪から自宅の様子を確認しに帰宅した。大阪から山形に飛行機で来たので、車で迎えに行った。

・四月六日

宮城・福島の県境あたりに現地調査に行った（福島県新地町《しんちまち》～宮城県山元町、亘理町《わたりちょう》）。

・四月一〇日

友達と集めた私服を届けに福島県に行った。多くの避難所や役所では個人からの提供は受け取ってもらえなかったが、新地町役場で受け取ってもらえた。役場の話では、服はある程度集まっていて不自由しないが、靴はサイズの問題でもっと送ってほしいとのことだった。また、支援物資に大人用のマスクは入っているが、子ども用のマスクは不足しているとのことだった。相馬市役所まで行ったが、原発の影響を非常に気にしているように感じた。マスクをしている人が多く、役所では放射線の測定値が掲示されていた。

・四月一一日

フットサルをやった際に集めていたお金で子ども用のマスク（六〇〇セット程度）を買い、新地町役場に届けに行った。

・その他

水は泉区の館中学校に取りに行っていた。懐中電灯を主に使っていたが、震災直後はランタンを焚いたりもしていた。水道の復旧はかなり遅く、三月一九日に少し出るようになった。母や妹は風呂に入りたいと、オール電化で風呂を沸かせる近所の家で入れてもらったりしていた（震災から一週間前後だったと思う）が、自分は遠慮した。根白石にある銭湯（明日の湯）に自転車で行った。

「こっちも食料がないから仙台にいた方がいい」と言われた

工・院生・男
（二〇一一・六・七）

震災時は青葉山キャンパスの研究室にいた。自分の机の前に、研究室の名簿があり、それを持ち出した。震災直後、解散となったときには、その名簿で今いる人をチェックした。それで先生に報告した。

仙台市青葉区八幡で一人暮らし。避難していた友人たちに、うちで一緒に暮らそうと呼びかけた。

友人宅に行ってみたところ、電気が来ていなかったので、「うちに来い」と呼びかける。自分は自炊していたので、食料はある程度あり、また親からも普段缶詰を送ってもらっていたため、備蓄ができていた。アウトドアもよくしていたので。

友人たちは一週間ぐらいするとみんなそれぞれの場所に移動し、家からいなくなり、食料があまった。共同生活中、土鍋で米を食べたらすごく美味しかった。少し太ったぐらいだ。

実家は岩手県。親とは四日目にようやく連絡が取れた。親からは、「こっちも食料がないから仙台にいた方がいい」と言われ、そのまま滞在していた。

そのうちに、名古屋に実家がある友人に誘われて、彼の家に移動することになった。移動することを決めたのは五日目あたりだった。車で移動するために、ガソリンスタンド数軒に並んでガソリンを入れ、それから出発した。

名古屋の友人宅で三週間世話になった。豪邸だった。そこで就職活動をしていた。東京にも会社の面接に行った。冷徹な企業は震災など関係なく、面接の呼び出しをしていたようだ。

そのあと実家に戻った。実家は自営業なので、その手伝いをした。ゴールデンウィーク明けに仙台に戻ってきた。

応急危険度判定は出ていなかったが、自宅で暮らし始めることにした

工・院生・男

（二〇一一・六・七）

地震が発生したとき、自分の研究室（東北大学青葉山キャンパス工学部今村研究室）にいた。避難したあと帰宅する際には道路も混んでいた。自宅が築四〇年なので、心配だった。大学の避難所である工学部のセンタースクエアの中に泊まった。

翌日、仙台市太白区長町の家に帰ったが、応急危険度判定は出ていなかった。それで一週間ぐらいは大学に泊まった。朝起きてから研究室で津波対応を行った。

一週間で避難所から追い出された。それで仙台市青葉区台原《だいのはら》にいる叔父の家に行った。だいたい一週間ぐらいそこにいた。

二週間経っても応急危険度判定は出ていなかったが、自宅で暮らし始めることにした。食料は家に備蓄していた。昼は災害対応をし、そこで配給されたカンパンなどをもらって食いつないだ。六、七キログラムぐらい痩せて、六四キロから五八キロになった。その後、元の体重に戻った。

家族との連絡は携帯電話ではできなかったので、公衆電話でやった。家族は東京にいて無事を確認した。避難所ではごはんが配給されていた。風呂は一週間入れず。家はプロパンガスで、水が出ていた。

自分が仙台にいてもできることはない。実家に帰ろうという決断をした

工・院生・男

（二〇一一・六・七）

研究室で被災した。研究室秘書の人の車のカーナビで津波の映像を見た。その後、原付バイクで仙台市青葉区上杉の自宅に帰った。一人暮らし。渋滞はあったが、原付バイクには関係ない。さわやかに帰った。原付バイクは勝ち組だと思った。自宅に着いたのは夕方で、薄暗くなっていた。暗くなる前に、片づけをしようと思った。

自分はオーケストラ部に属しているが、暗くなってから、仙台市青葉区の東北大学片平キャンパスにある老朽

化した練習場の被害が心配になった。それで原付で片平キャンパスに向かった。練習場も備品も楽器も一見無事だった。オケの練習所に部員が二〇人ぐらい集まっていた。みんな食べ物を持ってきていたので、食料がたくさんあった。練習所にはラジオ、灯り、石油ストーブもあった。おそらく被災地にある避難所としては最も快適な場所の一つだったと思う。この場所は片平キャンパス片平さくらホールの隣にある。発電機がさくらホールにあり、携帯電話の充電、情報収集を行った。そこでその日は泊まった。夜に東京の家族と連絡が取れた。

次の日、やることがなかった。さくらホールの隣のナノスピン研究棟で水が蛇口から出るという噂があり、行ったら水を確保できた。八リットルの水を確保し、帰宅した。以上が震災から二日目（三月一二日）の状況である。

食べ物については、レトルト食品も米も備蓄していた。カセットコンロもあり、配給は受けなかった。水が復旧したのは三日後ぐらいだったので生活に問題はなかった。携帯電話は初日はさくらホールで充電し、そのあとは街の中で充電することができた。

二日目は友人宅に泊まった。二日に一回、練習所に行った。二、三日後ぐらいから練習所ににおいが漂い始めた。練習所に行く目的は情報交換だった。得た情報は、友人や部員たちの安否や避難状況、大学からの連絡など。

一人の友人宅が名取市閖上《ゆりあげ》にあった。震災から二、三日経っても安否が確認できなかった。心配になり、三日目に自転車で名取市役所に調べに行った。名取市役所に向かった理由は、名取市一帯は携帯電話が通じず、停電の影響で情報網も途絶えていたためと、市役所に行けば避難者リストが閲覧できるという情報をテレビから得たためである。距離にして、一五〜一六キロメートル。そこで友人の安否を確認しようと思った。市役所に行くと、避難所ごとに誰が避難しているか氏名と住所が書いてあった。それで友人の名前を確認できた。書いてある避難所に行ったが、すでにその避難所から移動して直接は会えなかった。とはいえ、安否は確認できたので、友人仲間みんなにメールでその情報を流す。これが三日目の出来事である。

地震後、四、五日すると、学生は実家に戻るようにと先生から連絡があった。そこから東京の実家に帰る方法を探し始めた。移動ルートと手段が確保できたのは、一週間後になっていた。仙台から山形までバス、そこから鶴岡へさらにバスで移動。鶴岡から特急電車で新潟、そして新幹線で東京へ。途中宿泊なし、出発が朝七時三〇分、到着が二〇時頃。

仙台を離れる際に、家が流された閖上の友人に、着るもの、食べ物、カセットコンロを間接的にだが渡るようにした。自分が仙台にいてもできることはない。ボランティアをしようとも思ったが、まだ受け入れ態勢が整っておらず、一学生が手を出せるものでないと当時は判断した。仙台にいても消費するだけだと思った。自分は実家に帰ろうという決断をした。

そこから東京の実家にいた。大学からはしばらく連絡がなかった。授業は四月末から始まるという連絡を三月中旬に受けて、東京でアルバイトを始めた。アルバイトが始まってから、先生から「仙台に戻ってきて研究室の手伝いしてくれ」と言われたが、アルバイトの規定により途中離職できず断った。仙台に戻ったのは四月二五日。研究室に行くまで、アルバイトの件もあり、けっこうびくびくした。

一一二　仙台市内で被災

「原発が危ないので、迎えに行くから帰ってこい」と父に命令された

文・院生・女
（二〇一一・六・二三）

地震のときは、自宅のアパートにいた。学会発表にエントリーするための要旨作成をしていた。揺れが大きかったので部屋から出て、揺れが止まるのを壁にしがみつきながら待った。揺れが止まった後、アパートの下まで降りて避難した。

外に出ると、道路に人が出ていた。外壁が損壊。仙台市青葉区の柳町通りには電線がたくさんあったので危ないと思い、心細いこともあって東北大学片平キャンパスへ。電気通信研究所にも行ったが、入れないと言われた。さくらホールでは、学生や教授や職員が外におり、研究科ごとにまとまっている中、一人浮いている感じでふらふら。研究室の先輩のK氏にそこで会う。さくらホールは指定避難所ではないが、避難所になるとK氏が誰かから聞いていて、ちょうどいいと思った。電気もアパートにはなかったので、さくらホールにいることにした。さくらホールは快適な場所で、食べ物も非常食や生協からのパンなどもあった。日が暮れると、発電機もあって、携帯電話の充電もさせてくれた。毛布もけっこう配られていて、女性とお年寄り優先。その日はさくらホールで泊まった。

一二日の朝にはアパートに戻った。まだ電気はなし。水は大丈夫。ガスなし。一人では心細いし、余震もあったので、ここにいるのは嫌だと思い、K氏や宗教学の先輩たちが住んでいる仙台市青葉区土樋《つちとい》にある道交会館という寮、そこにお邪魔させてもらうことに。

一二日の夜から一三日、一四日は道交会館に泊まった。そこはプロパンガスだったので、お風呂もあった。手分けして買い物したりして不自由のない生活だった。しかし原発のことが心配になってきた。一四日に、実家の父

から「原発が危ないので、迎えに行くから帰ってこい」と命令された。車を持っている先輩O氏、K氏の三人で、車で脱出。父に山形まで迎えに来てもらって夜に落ち合い、いったん二人も秋田へ。そこで二人と別れて実家へ戻った。秋田へ行くガソリンは、道交会館で情報交換をしながら、開いているスタンドで給油した。

実家には一週間以上滞在した。スーパーは品薄だったが、仙台とは環境が違う。家族の地震に対する考えに違和感があった。何も勉強道具などもなく、ここにいても仕方がないという考えに至り、二三日に高速バスが復旧すると同時に仙台に戻ってきた。テレビで、明日から走らせると言っていたので、予約したらすぐに取れた。

東京で福島原発ばかりが話題になっていることに少し腹が立つ

文・院生・男

（二〇一一・五・二七）

震災のときには、東北大学片平キャンパスの近くの自宅に向かっていた。道交会館が下宿先だった。壁が崩れていて、ここはやばいと思った。中国人留学生が一人でいたが、テンパっていて、「すぐに逃げる」と言っていた。昔、何かのときは学校に避難を、と言われたことを思い出し、片平キャンパスに行ったら、Tさんがいた。そのときは片平キャンパスも停電。携帯電話がつながらなくなると思った。それで、うろうろしていたら電気通信研究所の方で誰かが発電機を持ち出し、いったん避難所をつくろうとしていた。そこで協力を申し出る。さくらホールが避難所となり、自分もそこで泊まった。さくらホールの避難所は電気もあった。菓子パンも出た。ちょっと寒かった。途中で毛布が提供された。たぶん学校で備蓄していたものだろう。

翌朝、どうしようか？　と思っていたら、Tさんからメールが来た。Tさんの家に行くとマンションの柱が崩れていた。そこに人の気配はなく、洗濯物がそのままになっていた。それで道交会館に戻った。同じ建物で暮らす宗教学の学生もいて、相互に無事を確認。会館はガスも使えるし、建物の二階なのですぐ逃げられる。Tさんは八階なので危ないということで、同じ建物に暮らし始める。

一二日の夜には電気が動くようになった。片平キャンパスは電気がついていなかった。院生の寮なので、みんながごはんを作り出す。中国物産店に米があるという情報があり、買い出しに出た。みんなでやるといろいろ集まってくる。あそこの八百屋がやっていると聞くと、自分は原付バイクで買いにも行った。会館に暮らしているのは宗教学の学生が多く、大学で話すので、家に帰ると普段はあまり会話がないが、そのときは交流があってとても楽しかった。

　ずっと不安だったのは原発。ＴＫさんからのメールも原発関連ばかりで、よけい不安になった。東京はやはり原発が騒ぎになっている。東京で福島原発ばかりが話題になっていることに少し腹が立つ。こちらにだって女川《おながわ》原発がある。その頃、Ｔさんのお父さんから連絡があり、「メルトダウンのようなので、秋田に戻ってこい」という連絡だった。それでみんな不安になる。四人ぐらいいてＯさんの車で逃げようとなる。Ｓさんは、「私はここで死にます」と言って動かない。やりきれない思いになった。三人で逃げる。車で山形まで行って、そこでＴさんのお父さんが迎えに来て、秋田へ。

　そこでＴさんは別れ、健康ランドに二泊する。その後、新潟に移動。そこでも健康ランドに泊まる。そこでテレビを見て、宮城野区で学生ボランティアが始まるという情報を得て、戻らなければと感じた。理性的には自分が戻ってもあまり意味がないのではないかと思いつつも、逃げて恥ずかしいという感情があった。それで、岐阜の実家に行くも、挨拶もせず、泊まることもなく、妻のいる東京に移動した。それが一六～一七日。

「岐阜の実家に避難しよう」と妻に言ったら、「仕事があるから無理」と断られた。会話するたび、岐阜の実家とも、妻とも危機感のズレを感じる。三連休（三月二〇～二二日）は妻と一緒にいた。その後は仙台に戻りたいという思いが募った。東京で研究をしようかとも思ったが、仕事が手につかない。それで二一日の夜に仙台に戻る。ボランティアをやろうかなと思った。

　大学に行くと、事務が動いていた。事務からは、科学研究費補助金の残額があり、それを使いきるようにとの通知があった。残額は一〇万円以上あった。年度末に調査旅費として使うつもりだったが不可能となり、電気屋や本屋に行く。本屋は丸善以外は開いていなかった。普段なら公費払いができるはずの丸善で、公費払いができないと言われ、立て替え払い。

　ボランティアができずに過ごしているなあと焦りを感じる。研究室の復旧が始まり、それを手伝う。その後、Ｋ先生と仙台市若林区荒浜に行く。四月一日には、泥かきボランティアに参加した。

その後、アメリカ、ハーバード大学イェンチン研究所（東アジア・東南アジアの人文社会科学に関わる研究所）のフェローシップ（奨学金）があることを先生から聞く。応募書類の準備にかかりきりになる。その後一度、石巻に（ボランティアに）行った。

最初は書類審査だけという話だったのが、面接があるとハーバード大学から連絡が来た。英会話の練習に勤しみ、五月に面接。その間にも一度ボランティアをした。最終的にはハーバード大学に二〇一一年九月から行くことになった。

若林と石巻の違いについて。若林は三月末、運営側もボランティアをうまく割り振りできていない印象だった。大きな事業者なのに泥かきの人間が足りない。石巻は市役所が運営しており、うまくできている印象を持った。割り振りもスムーズで、人数もたくさんいた。人があふれてもいいので多い方がいいと思った。

あとは泥の種類が違った。若林は最初、異常に重かった。水が多くて、トロッコでも運びにくい。泥かきのボランティアはしんどいので、志望者が少ない。石巻は時間が経っていたためか、泥が運びやすかった。

一〇人の食事というのはかなりの量だった

教・学部生・女

（二〇一一・七・二二）

仙台市太白区西多賀在住。地震があったときには、仙台市太白区長町の方でのアルバイトを終えて家に帰っていた。その日は偶然、家に帰るのが普段よりも一時間早かった。早く帰っていなかったらザ・モール仙台長町（ショッピングセンター）で被災していたかもしれず、モールはかなり被害があったので、危なかったという感じだった。

家で母とのんびりしていたところで地震に遭った。最初、何を思ったか、机の下に隠れることもせず、食器棚を押さえていて、結局そのまま揺れがものすごく大きくなったけれども、手を離せなくて、そのままずっと押さえていた。揺れがものすごく長く、いつ離していいものかわからなくてしばらく押さえていた。どんどん周りの物が落ちて、重いピアノも場所がずれた。キッチンの物が落ちて割れたりした。揺れている間にテレビが消えたので、停電したことがすぐにわかった。地震が来たときに携帯電話を身につけていて、とりあえずすぐメールが来た人には返信できたが、直後にメールもつながらなくなってしまった。すぐにワンセグを見てみた。津波警報が発令されたとの情報が、揺れている間に出ていたような気がする。

ちなみに自宅は一階が祖父母の営む服屋で、私と両親の自宅は二階と三階になっていて、二階がリビング、三階が自分たちの部屋で、その二階の部分にいた。

とりあえず母はキッチンの片づけから始めた。通れる状態にして二人で三階に上がってみたら、三階は本がたくさんあるのだけれど、それがほとんど落ちていた。古いパソコンもあったが、それも全部床に落ちていた。外の窓ガラスは丈夫で割れはしなかったが、二つほど窓枠から外れていた。とりあえず窓を直すことから母とともに始めた。その作業をしながらもずっとワンセグをつけていて、ものすごく地震が大きかったということと、津波が来るということに驚くばかりだった。

暗くなってしまう前に、母とトイレに行くまでの道とか、とりあえず家の中を通れる状態にした。あと母がロウソクを取っておいたものがあったので、それを用意したり、私もコタツの周りに食料品、衣類、ポット、懐中電灯、電池、ラジオといったものを用意したりした。水とガスはそのときは大丈夫だったので、お湯を沸かしてポットに入れておいた。

母が仕事先に一応顔を出しに行かないといけないということで出かけた。夕方からのパート勤務だった。姉は仙台市泉区で働いていていて、そちらで一人暮らしをしていたが、連絡はすぐには取れなかった。父は駅前の方で働いている。父とはすぐに連絡が取れたような気がするが、記憶が曖昧。

夕方は一人でずっと家で待っていた。ワンセグをずっと見ていた。電池式の携帯電話充電器を持っていて、電池のストックもけっこうあったので、電池切れの心配もせず安心して見ていた。普段ラジオを聴く習慣があるのに、ラジオをつけることを思いつかず、途中で気づいてラジオに切り替えた。

二〇〇体とか三〇〇体の遺体があるといったニュースを聞いて、「想像を絶するような地震だったんだな」と思っていた。

夜に父が駅の方から歩いて帰ってきて、それから母も帰ってきた。雪が降ってすごく寒くて、コタツに入っていたが、電気がないのでコタツがつくはずもない。コタツにくるまっていたが、やはり寒かった。その日の夜、姉から叔父経由で母に連絡が来て、やっと姉の安否がわかった。姉は、家への電話がつながらなかったので、叔父の電話にかけ、叔父から母の携帯電話へつながったということだった。その日の夜は、家にあるものを食べた。母が帰宅途中に、開いていたコンビニでカップラーメンやお菓子などを買ってくることができた。食べたら寝る態勢に入った。余震がずっとあったので、怖くてコンタクトを外して寝る勇気がなく、何かあったら逃げられるように、コンタクトをつけたまま寝た。

　姉は二日目に自転車で泉区から帰ってきたので、二日目から両親と姉と私、四人で過ごしていた。姉はアパートにあった食料を持てるだけ持って帰ってきた。

　電気は一五日の午前一時過ぎについた。水とガスが地震直後は出ていたが、水は一一日の夜に出なくなった。水が出なくなるかもしれないと両親が考えたため、水をあらゆる容器に貯めてはいた。まず二階が出なくなって、一階ならまだ出るかもということで一階の水道で水を貯めた。やはりその日に出なくなった。次の日の昼くらいに再び出るようになったが、同じ中学校出身の人たちの家でも、すぐ近くの地区なのにそこでは水が出ず、結局三月終わり頃まで、水が出ないという状況があった。すぐ近くでも状況が違うということを感じた。

　電気の復旧も、私の家は周りの家よりは遅くて「すぐそこまでついているのに何で来ないのかなぁ」と思ったり。電気が来たときは、早朝にいきなりテレビがついてびっくりして、みんなで起きて「電気来たー」と言って大喜びした。私はやっと携帯電話やパソコンでインターネットにつなぐことができた。すると、ネット上（ミクシィなど）ですごく心配されていた。みんなは意外とネットにつなぐ努力をして、安否確認とか、自分が安全だ、大丈夫だということを知らせて回っていたようだったが、私はあまりそういうことを思いつかず、「つながらないだろう」と勝手に思ってしまっていた。

　結局、ニュースで情報を得ることに集中していたので、自分の安否情報を周知させることをしていなかった。電気が来るのが周りより遅かったのもあって、かなり心配させて申し訳なかったなぁと思った。携帯電話は充電してからも、なかなかメールの送受信やインターネットへの接続ができなかったため、初めはパソコンでさまざまな連絡を取った。

　ガスは出ないものの、電気が復旧して水も出るということで、我が家から車で二〇分くらいの宮城県川崎町に住んでいる祖父母、叔父の三人と、多賀城市に住んでいるいとこのお姉さん一人が一六日に、福島の相馬市にいる親戚のおばあさん一人が一八日に我が家に避難してきた。川崎町はライフラインがすべて止まってしまっていて、多賀城の方も被害が大きかったため、とにかく水と電気があるだけで状況がましだったので避難してきたのだ。福島のいわき市にある大学に通っている同い年のいとこは、地震が起きてすぐに友達が助けに来てくれて、秋田の方に避難できたという。その子は二一日に我が家に合流。そうして一〇人生活となった。一週間ちょっとの共同生活だったが、そのときは長く感じた。家にそんなに買い置きがなかったこともあり、お店が開いていないので食べ物を確保するのに大変だった。こっちに来るときにそれぞれが家にある食料を持って来てくれたのでだいぶ助かったとはいうものの、それでも一回一〇人の食事というのはかなりの量だった。家族はみんな仕事が休みにはならずに、毎日出勤していたので、大学生の私は家にいることとしかできず、ごはんを作るしかないなと思った。冷蔵庫にあるもの、肉とか野菜とかをリストアップして「何を先に食べるべきか」ということをチェックしていた。

開店している店では、どこも行列ができていた。ガソリンを買い求める人も多く、一二日からガソリンスタンドに並ぶ渋滞ができていた。

私はインターネットでミクシィなどのコミュニティを利用して、どこの店がやっているかとか、ガソリンスタンドがいつ開くか、何時からやるかといった情報収集をしていた。

一三日に震災後初めて買い物に出かけてみた。コンビニは、店を開けられる状態にある店舗は開けて、在庫を売っていた。在庫がなくなりしだい閉店。それぞれの店の被害状況によって、開店している時期はずれていた。モールの西友は店舗の被害が大きかったため、外で売り出していた。長町のヨークタウン（ショッピングセンター）は、行列ができていたのでとりあえず並んでみたが、一三日は開かなかった。みやぎ生協は一八日に行ってみたが、ものすごい行列で並ばなかった。整理券を配る方式をとり、整理券に書かれた時間に買い物ができるという仕組みだった。整理券のための行列だったようだ。ウジエスーパーは制限なく買えるということだったらしく、毎日たくさん人が並んでいた。二〇日頃には、飲食店などもだんだん営業を始めていた。まるまつ（レストラン）、ビックボーイ（レストラン）、ラーメン花月、平禄寿司、銀のりぼん（ケーキ屋）、かつ庄（豚カツ屋）など。迅という美容室では、一八日にシャンプー・ドライを無料で提供していた。また、ケーズデンキ（家電量販店）などでは電化製品、ガスボンベ、電池などを求める人で混雑していた。

　この状況がいつまで続くのかがわからないということが、ものすごく気持ちを不安定にさせる要素だったと思う。また何があるかわからないという感じが怖かった。大人数での生活も、お年寄りはとくにストレスを感じるような面もあって、なかなか難しかった。夜中から並んだりして、ガソリンを何回か買いに行ってようやく川崎町に帰る手段を作り、一週間後くらいに祖父母、叔父、相馬のおばあさんは川崎町に移った。川崎の家はオール電化のため、電気と水が復旧してからは不便がなかった。

　私は仕事に行く家族の代わりに家にいて、片づけや食事の支度をずっとやっていた。同居していなかった家族たちは、来るのも突然だったが帰るのも突然といった感じで、いきなり普段の家族の人数に戻ったら、すごく静かになった。人数が減ってから落ち着いてテレビの前に座って、津波が来たときの映像などをやっとまともに見たような気がした。一人でテレビを見ていたら涙が出てきた。震災当日から時間が経っていたものの、家族の世話でバタバタとしていて、テレビをじっくり見ていなかったのだと思う。

　ガスが来たのは四月一二日。毎日毎日テロップを見ながら、いつ我が家の地区はガスが来るのだろうとチェックしていた。

　研究室の安否確認は三月一三日にメーリングリストが流されていたが、三月一五日に電気が復旧するまで見ることができなかった。電気復旧後に無事を連絡。大学はホームページ上で安否情報の報告を呼びかけていた。一七日に教育学部の同級生がそのことをミクシィ上でさらに呼びかけ、私も自分の情報を送信したり、まだ連絡が取れていないと学部が発表していた学籍番号の人が誰かを調べて、直接連絡を取ってみたりした。学校がいつから始まるかについては、友達から五月の連休明けだと聞いた。強制的に春休みなのだと思った。

　近所を訪ね合うということはあまりなかった。町内会的な活動もとくにはなかった。避難所なども利用せず、自宅で家族といた。

　新聞（読売）は、一三日から来ていた。新聞で津波の被害写真などを見てみんなで唖然とした。

　長町のモールがある所の周辺は地盤が弱かったみたいで、地震のせいで道路がでこぼこしていて、今でも直っていない部分がある（二〇一一年七月現在）。

　アルバイト先から呼び出されることはなかった。短期のアルバイトで、ホワイトデー向けの商品を売っていて、地震はまさにかき入れ時という日に起きた。モールは被害が大きく、しばらくは入れなかった。

スーパーに行く人たちの多くは、自転車や徒歩で回りながら、買い物袋を下げている人を見つけたら、「どこで買ったんですか？」と聞いたり、みんな必死な感じだった。店によっては制限があった。一人何個とか、何分だけなど、何人ずつ何分って決まっている店もあった。ガソリンスタンドに並んでいるとき、「ちゃんと並べよ」と叫ぶおばさんがいた。雰囲気がピリピリしていて怖い思いをしたこともあった。

原発も怖かった。最初は外で洗濯物を干せないと思い、部屋の中に干していた。今では普通に干しているけれども。あとは雨に当てないように気にしていた。私もインターネットで調べて、雨に当たった場合はどうするのか、身につけていたものは洗った方がいいとか、なるべく着ない方がいいとか、そのようなことが呼びかけられていた。

アナログの物が役に立った。ロウソクやラジオなど。あとは全然使っていなかった石油ストーブ。親は使えないだろうと思っていたが、試しに出したら使うことができて非常に助かった。その上で料理を作ることができたので。偶然、灯油が満タンにしてあったので、それも本当によかった。親は日用品のストックを買うようになった。今回のことを受けて、あらゆるものを一個なくなったら一個買うという精神が生まれた。携帯電話の電池式の充電器は、普段は旅行のときに使えるようなもの。それも役に立った。それを使うための電池を買っておくことも大事。

マンションの二四階、足腰が立たないほど揺れた

経・院生・男

（二〇一一・八・八）

昨年四月に進学のために東京から仙台に移ってきた。地震発生時は、家に妻と二人でいた。

自宅は三一階建てマンションの二四階、足腰が立たないほど揺れた。ただ、タンスや瀬戸物は落下せず、観葉植物などが被害にあった。倒れた観葉植物はベランダに出したため寒さで落葉、もうダメかと思っていたら、最近になってまた芽を吹き出し、我が家の復興を感じている。

地震のときは頭が真っ白になった。この建物がどうなっているのだろうと不安だった。呆然としていると、妻が矢継ぎ早に指示を出し、とにかく水を貯めた。屋上の給水タンクの分は水が出る。電気は揺れている最中に消えた。電気が止まれば水は出なくなることが頭をかすめたらしい。とにかく風呂やバケツ、鍋、あらゆる容器に水を汲んだ。四〇～五〇分してひと段落し、窓から海の方を見ると、海の色が違う。真っ白な水。見た瞬間に津波だとわかり、「津波だぞ」と妻に言ったが海岸までは一二キロメートル先、詳細はわからない。

マンションには地震速報のシステムがある。余震のたびに何度もけたたましい音で「大きい地震が来ます」を繰り返す。寝ていても、それが聞こえると今でもドキッとする。

ライフラインは止まったが、食料は十分にあった。冷凍庫にもたくさん冷凍食品などの買いだめがあった。マンションの隣は生協で、店舗の外に品物を出して販売していたが、入場制限のために雪の中、長蛇の列であった。

携帯電話はなかなか通じない。しかしメールは使えた。そうこうするうちに電池が切れてしまう。手動充電器を回すが思うように蓄電できない。携帯電話の予備電池が車の中にあったことを思い出したが、部屋が二四階なので下に降りようという気がなかなか起こらない。地震発生から二日後の日曜日の昼頃、意を決して歩いて階段を下り、電池を取りに行った。そのとき初めて建物の外観を見たが、思ったほどの被害はなかった。

日曜日の夜九時頃に電気が開通し、闇からいつもの見慣れた世界に戻った。かなり感動した。それまでの間、情報源はラジオのみ。何はさておき、まずテレビをつけると、津波の悲惨な光景が目に入った。親戚縁者が心配するのも無理はないと思った。

我が家は鍋物が好きで、カセットコンロのガスボンベを一六缶も在庫していた。おかげで食事は普通に作ることができた。困ったのは風呂。四日目頃から我慢できず、昼の暖かいときを狙って、やかんでお湯を四、五回沸かして浴槽に貯めて入ったが、やはり寒かった。ちなみにガスボンベの消費は、炊事で三日に一缶、入浴に一缶のペースであった。今にして思えば、ライフラインの復旧では電気が一番早いので、オール電化のマンションならほとんど普通の生活が送れたと思う。

報道によると、ガスの復旧には一か月以上かかるとのことで、妻の親と息子や孫のいる静岡への避難を決意した。当時、新幹線も高速道路も不通、国道四号線もあちこちで寸断や段差があるとのことで、高速が開通するまで待つことにした。結局、高速道路は三月二四日に開通し、まもなく静岡へと向かった。出発前に、ガスが開通したら連絡してほしい旨、管理人に依頼しておいた。

その後、静岡でガス開通の連絡を受け、四月六日に帰仙することを決め、途中、神奈川県藤沢市の娘の家で四月七日の大余震に遭遇した。静岡に引き返そうかとも思ったが、翌日、管理人に電話するとガスも含めてライフラインは大丈夫とのことだったので、結局、四月九日に仙台に戻った。

一年前に引っ越すとき、宮城県沖地震の発生確率は聞いていたので、家財道具搬入時にタンスや本箱などには地震対策をしていた。それがかなり有効だったのではないかと思う。

揺れている間は、これから何をすべきかと考えていた

工・学部生・女
(二〇一一・六・七)

三月一一日は仙台市宮城野区の自宅アパートにおり、部屋のロフトに上がっていたときに本震が始まった。初期の震動が少し長いと思ったが、揺れが落ち着いてから下りようと考え、そのまま待っていた。しかし、次第に地響きが聞こえ始めたので、これは大きい揺れが来ると思い、ロフトの取っ手にしがみついた。強烈な揺れが始まったのはその直後だった。

揺れている間は、これから何をすべきかと考えていた。まず考えたのは水の確保である。地震直後ならば水が出る場合があると聞いたことがあったので、すぐに確認しようと考えた。次に連絡手段である。二〇〇八年の岩手・宮城内陸地震の際に、携帯電話(メールとネット)がしばらくつながらなかったことから、今回も同様のことが起こると考えた。よって、揺れが収まりつつある頃、完全に連絡が途絶える前に静岡の実家へ電話をかけた。しかし、静岡も震度四を記録しており、母は「変な揺れだ」と感じたようで、外に避難してしまっていた。

揺れが収まって部屋の中を見下ろすと、本棚から飛び出た本が散乱して足の踏み場がなかった。ロフトにいなければ怪我をしていた可能性が高く、そのままとどまっていてよかったと思った。前述した二〇〇八年の地震後に、千葉在住の姉と「何かあったら掲示板に書き込みをする」という取り決めをしていたので、この頃から災害

用伝言板（au）の開設をこまめにチェックし始めた。

予想どおり、部屋は停電・断水していた。私はラジオを持っていなかったので、状況確認のために外へ出て、周辺の様子を見に行った。町内を回ったところ、人々が公園に集まっていたが、高い場所に逃げる人が誰もいなかったので、ここまで津波は来ないのだと判断した。

一五時二〇分頃に帰宅し、再び災害用伝言板をチェックすると、伝言板が開設されたことがわかった。運よくつながったので、すぐに無事を知らせる伝言を残したが、伝言板には結局その一回しかつながらなかった。

近くの中学校が避難所になっていたが、幸いアパートは無事であるし、今行っても人がたくさんいるだけでどうにもならないと思い、部屋で過ごすことにした。情報がなかったので、本震の規模の見当がまったくつかなかったが、大きな余震が発生するおそれがあると考え、日が暮れるまでに部屋を片づけて避難経路を確保した。その最中、おそらく一六時前に、今まで聞いたことのない、地響きに似た音を遠く聞いた。今思えば、それが津波の音だったのかもしれない。

三月一二日は朝八時頃からコンビニやスーパーの様子を見に行った。すでに店を開けてくれていたコンビニが多く、非常に助かった。また、その際に公衆電話に行列ができていることに気がついた。公衆電話の存在をすっかり忘れていたので「その手があったか」と思い、実家に連絡をして、地震の詳細や津波の規模について初めて聞いた。

周辺は目立った被害がまったくなく、朝から電力会社の車が走っていたので、「電気は今日中に復旧するだろう」と考えていた。思ったとおり、一二日一七時頃には電気、水道ともに復旧した。携帯電話に関しても、同時刻に電話もメールもネットもつながるようになった。ただし、電話は数日間不安定だった。

このように、インフラの復旧が早く、またガスもプロパンであったため、日常生活には困らなかった。食料は手に入らなかったが、ごはんが炊けたので問題なかった。

三月一四日に、一五日から予定されていた学外見学の中止連絡が入ったので、すぐに仙台に残っていた友人と東京へ出る方法を考えた。一五日の夕方から新宿行きの高速バスの予約が始まったことを友人の母が教えてくれたので、予約開始から四時間後にアクセスした。しかし、すでに一八日まで予約が埋まっており、一九日の高速バスを予約した。

三月一九日に静岡に帰省し、四月はずっと東北新幹線が開通するのを待っていた。前述した学外見学のレポート提出締め切りが五月九日だったため、仙台に帰ってきたのは五月三日であった。

アルバイトがあったのでしばらく仙台に滞在

工・院生・男
（二〇一一・六・七）

地震のときには自宅にいた。携帯電話の地震速報で地震を知り、屋外に出た。アパートがやばいかもと思ったからだ。研究室で招集がかけられるだろうと思い、大学に行った。それで青葉山キャンパスの総合棟の下に避難している研究室の仲間に会った。研究室秘書さんの車のカーナビで津波の映像を見て、やばいと思った。自宅は仙台市青葉区八幡にあり、帰宅。その日はすることはなし。

次の日（一二日）の朝、大学はどうなっているかと思い、I先生に会った。「もう帰りなさい」と言われる。それで街に出て、仙台朝市で食料を買った。その頃からアルバイト先のミスタードーナツに行き、仕事をする。あっという間に材料がなくなり、一、二日で閉店となった。

そのあと、友達と共同生活を始めた。買いだめの話を聞いていたので、ある程度は自分用の食料を購入し、外食できる場合は外食した。ミクシィなどで情報を得て、配給情報を調べた。一八日ぐらいになると、ミスタードーナツでのアルバイトが再開した。二週間ぐらいやっていた。

実家は長野である。親からは「早く帰ってこい」と言われたが、アルバイトがあったのでしばらくは仙台に滞在。アルバイト先では、当初は顧客もありがたがっていたが、だんだんフラストレーションがたまっていたようだ。こんなふうして四月中旬まで過ごした。

その後、一週間ぐらい実家に帰る。四月二七、二八日頃に仙台に戻った。

一—三　岩手・宮城・福島で被災

火葬場では自家発電によって電気が使えたので、震災後初めてテレビを見ることができた

文・学部生・女
（二〇一一・六・一七）

〈家族・用語説明〉
・自宅……大船渡市赤崎《あかさき》町にある父方の家。市街地から遠く離れている。海の近くであるが、自宅の庭は集落の避難所となる程度の高さはある。
・事務所……大船渡市大船渡町にある母の実家兼父の事務所。県立病院から車で五分。
・県立病院……祖父が入院している。市を一望できる高台にある。市唯一の総合病院。
・父方の祖父母……七十代。同居している祖父母。二人でカキ、ホタテの養殖業を営む。
・母方の祖父……八〇歳。母の実家に一人暮らしをしていたが、一一日は県立病院に入院中。
・父と母……父は行政書士。母はその事務員。日中は二人とも事務所で業務を行う。
・姉……福島県で勤務中。
・妹……地元高校の三年生（一一日にはすでに卒業し、大学入学も決まっていた）。

1　三月一一日までの状況

三月四日に親から「母方の祖父が脳梗塞で入院し、危篤となったため帰省するように」との連絡があった。大学が春休みであったため、それまでは仙台で過ごしていたのだが、三月五日に地元である岩手県大船渡市へ帰った。大船渡では、父・母・妹・私で交代しながらほぼ二四時間、祖父に付き添うために、「事務所」（母の実家兼父の事務所）にて寝泊まりをしていた。そのときは、父方の祖父母は普段どおり自宅で生活していた。

地元に帰ってからは、主に県立病院で祖父の付き添い

をして過ごしていたが、妹の大学の合格発表や、その手続きなどもあり、海に近い市街地へ出かけることもあった。三月九日に大船渡で震度四の地震があり、六〇センチメートルの津波が来たため、地域の養殖用のいかだが流されていた。父方の祖父母は一〇日からそのいかだを修復する作業をしつつ、合間に病院へ見舞いにも来ていた。一〇日の夜遅くには福島で働いている姉も帰省し、家族七人全員（祖父母・父母・娘三人）が揃っていた。

2 震災からの一週間

・三月一一日

地震が起きたとき、事務所で働く父を除く家族六人が県立病院の五階（祖父の病室がある階）にいた。ちょうどおむつ交換の時間であったため、病室内には母と看護師二人、病室の外の廊下には私・姉・妹、さらに同じ階にある談話スペースに父方の祖父母がいた。

初めはいつもと同じように、小さなガタガタ……という揺れから始まり、姉・妹と「地震だ」と話していたら、大きな揺れで体が左右に動くのを感じた。三人とも廊下の手すりにすがり、揺れながらも病室を覗くと、祖父のベッドを母と看護師二人の三人がかりで押さえているのが見えた。姉や妹と「やばい！ これやばいよね？」などと声をかけ合う中、近くのナースセンターで看護師の叫び声とともに書類などが落ちる音が聞こえ、電灯が次々に消えていった。

揺れが少しずつ収まったとき、私はとっさに姉・妹をそこに置いて、談話スペースの祖父母の様子を見に行った。閉まっていた防火扉を二つ開け、スペースに行ってみると、祖父母はそこにいた患者や見舞い客と一緒に机の下に隠れていた（このとき「まだ揺れている」「もう大丈夫だ」などと祖父が指揮を執っていた）。私は、自分たちが大丈夫なことを祖父母に伝え、反射的にそこにあったテレビをつけようとしたが、（もちろん停電中のため）つかない。これは、普段は地震があったらその震度、震源地、さらには津波の有無を調べるためであった。しかし、場所が病院だったために普段の震度の感覚がなく、数日前の地震と同じくそれほど大した被害にはならないと考えていた。大船渡でそれまで一メートルを超す津波を体験したこともなかった。

祖父母と話しているうちに、姉・妹がやってきて、母に五階は危ないから外に出て、駐車場で避難しろと言われたことを話した。母は祖父を看ているとのこと。とりあえず、祖父母と三姉妹で階段を下り、駐車場に出た。

駐車場は病院から出てきた人、近くから避難してきた人でいっぱいだった。このときは携帯電話の電波が通じていたので、ワンセグを見てみると、大船渡市の津波予想の第一波は四〇センチメートルとのこと。すでに防災無線で津波警報が出されていることが放送されていたが、この分なら大丈夫だろうと安心し、祖父母にもその情報を伝えた。次に、まだ安否がわからない父にメールを送ろうとするが、回線が混んでいて全然つながらない。電池も少ないため、交代でワンセグを見て情報を得ようと姉妹と話し、もう一度携帯電話を見てみる。このときは三時頃だったが、大船渡の津波予想が三メートル以上となっていて、大あわてで祖父母にそれを伝えに行った。その後すぐに携帯電話は圏外になった。

津波が来るということで、一時は車の中に全員で待機していたが、病院の駐車場のうち、町が見下ろせる側に人がたくさん並んでいるのを見て、何が起こっているのか様子を確認しようということになった。距離があってくわしくは見えなかったが、それでも、本来は町並みがあり、商店街があるところが、一面平らで灰色になっていたのが見えた。さらに、とても大きな船がその上を進んでいたが、それは川の流れと逆方向で、初めて津波が来ていることを感じた。そのとき、空は雪が降る直前の曇り空で、たぶんそれが水面に反射して灰色になっていたのだろうと姉妹で話したが、みんなかなり興奮していた。

津波が来ていることを話すと、祖父母が事務所に行って父の安否を確かめると言いだした。今は道路が渋滞しているし、事務所に行くために海に向かって移動するのは危険だと、子ども三人で説得を試みたが、まったく話を聞いてもらえず、二人だけで行ってしまった。その後すぐ、父が病院に来て、父の無事も確認できた。

携帯電話もない中、家族全員の無事が確認できたため、その後、母を病院に残し、それ以外は全員事務所に集まった。台所の落ちて割れた皿や茶碗をある程度片づけ、断水になる前にできる限り水を汲んで夕方を過ごした。そのとき、同じ大船渡に住む義理の叔父も事務所にやってきて、その晩はそこに一緒に泊まることになった。叔父は、他の家族の安否が取れず、非常に心配していた。

その晩はとても寒かった。居間にある電気のつかないコタツに、私たち家族六人と叔父が一緒に入り、探し集めてきたロウソクを数本ともし、祖父の葬儀用（危篤状態であったが、すでに葬儀の用意もしていた）に買っておいたお菓子を分け合って食べた。幸い、大船渡はすべてプロパンガスであったので、お湯を沸かしてお茶を飲み、さらに反射板型の石油ストーブで暖をとった。ちょうど数日前に、父が今年の買い納め分として灯油を大量に買っておいたため、石油ストーブは惜しみなく使った。しかし、その後の度重なる余震で火事の危険もあったため、上に置いていたやかんははずし、ストーブは大きな余震のたびに切っていた。

外では雪が降り、暗く寒い中、この事務所には電池の予備もそれほどない(自宅であったら、電池も津波用の防災バッグもあった)。そのため、電池はすべて三本の懐中電灯に使い、家にあったラジオには使うことができなかった。しかし、妹のウォークマンにはラジオ機能がついていたため、私が代表としてイヤホンをつけ、その聞こえてくる情報をそのまま口頭で繰り返し、全員に伝えた。そのときに聞こえたのは、日本各地に地震と津波の被害があったこと、とくに隣接市である陸前高田市の被害が壊滅的だということ、さらに仙台にも津波が来て二〇〇~三〇〇人流されたなど、暗くなるようなものばかりだった。私の家族は大船渡市だけではなく、陸前高田市にもそれぞれ親戚や友人が多く、かなり絶望的な雰囲気が続いた。

そのまま全員コタツで横になったが、かなり寒く、一時間に一、二回は大きな地震が来てそれほど寝ることができなかった。

・三月一二日

明け方早く、叔父が家族を探しに行くと言って祖父とともに家を出て行った(そして、その日のうちに家族全員と再会した)。

朝七時三〇分頃、母が事務所に戻ってきて、危篤だった祖父が七時頃に永眠したことを伝えにきた。しかし、病院の霊安室はすでに飽和状態だったため、自宅に安置しなければならないという。病院側からは、担架も貸せず、エレベーターも使えないとのことで、父が隣の家から竹の棒を二本借り、毛布を巻きつけて簡易担架を作ると、祖母を残して全員で病院へ向かった。

緊急医療態勢で混雑している病院の裏口から祖父の遺体を搬出することになり、結局、自家発電で動いている職員用エレベーターを使い、病院の担架も使って無事に遺体を父の車に乗せることができた。家に帰ってからは、簡易担架を使って遺体を応接室に運び入れ、簡易的な仏壇を作った床には、ゴザと毛布、シーツを敷き、その上に祖父の遺体、さらに数か所にドライアイスを置き、上からもタオルケットとシーツをかぶせ、家にあった屏風を枕元に置いた。このドライアイスは唯一、大船渡に住む母方の親戚がもらってきたもので、これによって腐敗を防ぐことができた。また、仏壇をその前に設置して、においをまぎらわすためにも常に線香を焚いていた。祖父の遺体を安置した応接室は居間の隣の部屋だったため、夜や一人でいるときはかなり恐怖感を感じた。

この日、祖父の手続きと情報収集のために、何度か市役所に行ったが、そこでは安否の情報を求める多くの張り紙、さらに津波による通行止め情報、死者名簿、避難者名簿があった。そこで、瓦礫と流失して道路に横たわる漁船の数々によって、自宅のある赤崎町に行くのはまだ無理だということがわかった。

その日の食事は、母が家の中から探してきたガス釜でごはんを炊き、冷蔵庫に残っていたものを料理して食べた。母が来てから生活がだいぶ改善され、コタツにはお湯を入れたペットボトルで暖まり、冷えたごはんはストーブの上で焼きおにぎりにするなど、不安な中にも工夫を重ねて過ごしていた。この日からの生活は、家族全員が揃っている安心感があった。

・三月一三日

一三日の朝早く、まだ明るくもならないうちに、祖父が自宅の様子を見に行こうとして父と言い争った。祖父は一刻も早く自宅に行きたかったのだが、父が「道は封鎖されている。遠回りに行くのはガソリンの無駄づかいだ。暗いうちに瓦礫の中を走ってパンクしたり、道に迷ったりしたら、こちらが探しに行かなければならない」と説得した。しかし祖父は「自分が死んでもお前に迷惑はかけない。探さなくていい」と怒り、祖母を連れて自宅を見に行った。普段は温和な父が祖父を強く叱ったため、祖父は常にイライラし、大声をあげるようになり、祖母はそんな祖父をなだめようとして精神的に滅入るようになった。結局、自宅のある赤崎町に行ってみると、下の家々まで津波が来たが、自宅は無事であること、さらにすぐ近くに住んでいた親戚一家が亡くなったことが祖父の話でわかった。この親戚の家には高齢の夫婦二人(妻は祖父の姉)、息子一人が住んでいたが、全員が家の中で遺体となって見つかり、さらにこの祖父の姉は、この地域全世帯に支給されていた防災バッグを背負ったままだったという。家のすぐ近くで、幼い頃からずっと親しんできた一家であっただけに、これを聞いたときはかなりショックが大きかった。

また、祖父はこの葬儀の執り行いを調整するという名目でしばしば自宅に行きたがり、ほぼ全員が大船渡に住む親戚の様子を一目見ようと、市内を車で走りたがったので、このことにおいてもさらに父と対立していた。ガソリン不足は深刻な問題で、あったとしても緊急車両のみに限られていたからである。

さらに、震災から一～二週間ほど経つと、自宅のある地域で町内会による被災者支援・助け合いが始まったため、周囲の人々から「あの家は全然被害がなかったのに、支援活動に参加しない」と悪口をたたかれ、村八分にされてしまう、と祖父が言い張るようになった。そのときもまだ、市街地や市役所・病院に近く、ライフラインの復旧も早い事務所で家族全員が生活していた。漁業の資材や工場、所持していた船が二艘とも流され、一番被害に遭った祖父はかなりヒステリックな状態にあり、私たちも祖父と父がいるときには気をつかっていた。

・三月一四日

お寺の和尚様に事務所まで来ていただき、家族七人だけで祖父の通夜・火葬・納棺の経をすべて一緒にあげてもらった。和尚様も、今まで通夜・火葬・納棺の経を全部含んだものはなかったのか、しばしば間違えたり、言い直したりしていた。ご焼香ができないため、線香立てを家族で回して、一人一本ずつ線香を立てて拝んだ。

その日の夕方、警察の裏に一か所だけ携帯電話がつながる場所があり、友人や大学、部活などに連絡を取ることができた。車内用の充電器で、家族の携帯電話は交代して充電していたこともここで役立った。

・三月一五日

ちょうど午前中に一体分だけ火葬の空きがあり、急きょ祖父の火葬が行われることになった。火葬場では自家発電によって電気が使えたので、震災後初めてテレビを見ることができた。そのとき、津波の映像や他の町の被害を知り、原発の問題も知った。さらに、水やお湯が使えたのでそこで顔を洗った。

・三月一六日

電気が来た。ちょうど姉と二人で留守番しているときで、抱き合って喜んだ。その後数日で、家の中でも携帯電話の電波が通じるようになった。

・三月一八日、一九日

市役所で救援物資の仕分けボランティアをした。日本各地、さらに海外からのものも多くあり、感動した。しかし、仕分け作業はなかなか進まず、職員の方もつらそうだった。

このあたりから、祖父母が自宅に帰って寝泊まりするようになった（しかし自宅には水も電気も来ていなかった）。

3　それ以後の生活

・水について

事務所の隣の家に電気で汲み上げる井戸があり、その家のバッテリーがあるうちはそこから水をもらい、台所用・トイレ用に分けて使ったり、お風呂代わりにタオルを濡らして体を拭いたりしていた。さらに、数軒離れたところには手動で汲み上げる（「となりのトトロ」に出てきたような）井戸があり、毎日そこに行って二〇リットルのタンクで水を運んだ。しかし、それらの井戸は地域の人がみんな集中したため、三週間ほど後にはどちらも枯れてしまった。その後は避難所となっている小学校に給水に行ったり、車で移動した際に給水所に寄ったりして水を確保した。水が事務所に来たのは、三月三〇日のことだった。

・食料について

まずは冷蔵庫に残っているもの、さらには冷凍庫の溶けているものから食べた。自宅までの道が通行できるようになった三月一五日頃からは、自宅にある保存用の大型冷凍庫のものを持ってきて食べていた。この冷凍庫は、祖母が育てている野菜や、祖父母が養殖している魚介類を保存しておくためのものである。スーパーまで遠く、あまり食料を買いに行けない田舎ならではの冷凍庫で、普段から多くのものを備蓄してある。食事は基本的に、ガス釜で炊いたごはんと、これらで作ったおかず数品だった。

米は、大船渡市の中でも山の方に住み、農家である父の知人が三〇キログラムほど分けてくれたため、不自由しなかった。さらに、震災から一週間ほど後には、岩手県盛岡市と一関市にいる親戚が、米や野菜、肉、お菓子、水、日用品、生理用品などを軽トラック一台分積んできてくれた。また、親戚や近所の人に、（別の）親戚が何箱も持ってきてくれた出荷用わかめを配り、お礼としておかずやお菓子をもらうこともあった。震災から一〇日後くらいには、すでに開店していた町のスーパーに行って買うこともあった。

《このあたりの日中は、津波で一階が浸水して住めなくなったいとこの家（大船渡の叔父の家）を片づけ、市営住宅に引っ越す手伝いをしながら過ごしていた。》

・三月二三日

姉が福島に戻って仕事を再開しなければならないとい

うので、仙台まで一緒に帰ることになった。通常は仙台～大船渡間は直通バスがあるが、津波により道路が走れないので、盛岡経由で仙台にバスで行くという方法を使った。乗り継ぎの時間が合わず、盛岡ではビジネスホテルに一泊したが、その際に初めて風呂に入ることができた。生き返った心地がした。

・三月二四日

仙台に着く。アパートでは、上に置いていたものが落ち、部屋に散乱していたが、直接の被害は皿が二枚割れただけだった。その晩は姉も私のアパートに泊まり、翌日福島に向けて出発した。

姉を見送った後、すぐに盛岡へと出発し、盛岡にてキャリーバッグとショルダーバッグそれぞれ一つに入る分だけ、缶詰やレトルト食品、お菓子などを買って次の日にまた大船渡に戻った。

《この間は主に、車庫証明の仕事が忙しくなった父を手伝っていた。津波で多くの車が流されたため、新しく車を買う人が急増したからだ。管轄は大船渡市だけではなく、陸前高田市まで含むため、実際に父と一緒にそこに向かい、大船渡よりも悲惨な津波の被害を目の当たりにした。また、気温が上がってきたため、水産加工場から流出した魚が腐り、町全体に磯の腐敗臭が漂う。さらに、瓦礫撤去のため、粉塵もひどかった。》

・四月七日

二三時三〇分頃、事務所の居間にて一人でテレビを見ていたときに地震が来た。他の家族は全員二階で寝ていた。事務所はもともと古いため、揺れがひどくて、三月一一日よりもはるかに強い恐怖感と生命の危機を感じた。半ばパニックになって、施錠してある玄関を開けようとしたが、事務所の鍵は不慣れなこともあってまったく開かない。結局、あまりの揺れに鍵が勝手に開いたので外に出ることができたが、二階のベランダ用階段から駆け下りてきた妹と抱き合ってしばらく震えていた。父母は外に出てこなかったが、そのときは家の中で私たち二人を探していたらしい。その夜から次の日にかけて一日中また停電し、事務所の壁に新たなひびが入り、花壇のブロックが崩れ落ちた。

・四月一六日

大学の合格手続きと、アパートの契約、家具の準備をしなければならない妹と父母と一緒に、車で盛岡へ行った。その日は盛岡からバスで仙台へ戻り、今度は一〇日ほど仙台に滞在した。その間に、研究室やサークルに顔を出し、大学で震災関係の手続きを行った。

・四月二九日

祖父の葬式のため、また盛岡経由のバスで大船渡に帰省した。カメラを持参し、いまだ撤去されない瓦礫の様子や、変わり果てた町の様子を撮影もした。

・五月一日

妹のアパート入居（授業開始が一か月遅れることになっていた）と合わせて、私も一緒に盛岡へ行き、一泊してからバスで仙台に帰った。やっと生活が落ち着いたという印象を受けた。

〔関連被害〕

• 中学校（母校）は三階建てだが全階水没→校庭が瓦礫置き場となった。
• 小学校（母校）→校庭に地域の仮設住宅が建っている。
• 家が一軒建つほどの財産があったらしい漁業の資材小屋と船は流出→今回の震災で祖父母は漁業をやめた。
• 家は一部損壊（瓦が落ちる、ひびが入るなど）。

バスにとどまり、福島に戻ることを決断した

文・院生・女

（二〇一一・七・二九）

地震のときは、福島の実家に帰省していた。当日は、植田正治の写真展を見に福島県郡山市に行き、その日に仙台でのアルバイトの予定が一八時からあったので、高速バスに乗った（一三時頃）。この郡山から仙台に向かうバスの中で被災した。寝ていたら、仙台方面で大きい地震があったと運転手からアナウンスがあった。走っていたので揺れは感じなかった。宮城県白石市のあたりだった。バスが停まると、「ああ、揺れている」という感じだった。

バスはまた走り始めたが、高速道路は路盤が盛り上がっていたり、自損事故が起きたりしていた。周囲の家の瓦も落ちていた。「大きな地震だったんだなあ」と思った。家族に「今は白石にいる」とメールを送った。

バスは行けるところまで行くということで進んだ。仙

台宮城のインターチェンジでは、高速の入口は封鎖されていた。さらに進み、仙台市青葉区広瀬通りから街を見る。歩道には建物から出てきた人がうじゃうじゃしていた。その人たちを見て、何が起きたのかと感じた。道路は渋滞していて、歩道は人であふれていた。その場にたたずんでいる人もいたし、どこかへ向かって歩いている人もいた。地下鉄やJRの駅はもう人が入れないようになっていた。ところどころガラスが割れていたり、水が噴き出していたりする様子が見えた。

仙台駅前の高速バス乗り場（AERビルの向かい側）で、みんなはバスから降りた。広瀬通りで降りた人もいた。当時、自分は仙台市泉区に暮らしており、東北学院大の学生だった（新学期から東北大学の大学院に進学した）。バスの運転手は、「福島に回送するが、もし戻るのなら乗せていきます」と言う。駅の光景は、みんながどこかに向かって歩いていく、というものだった。人が駅で座っている光景も見た。

これらで今回の地震はただごとではないと判断し、バスにとどまり、福島に戻ることを決断した。国道四号線で福島に。仙台を抜けるのに三時間かかった。岩沼までは渋滞が続いた。ガソリンスタンドは長蛇の列だった。バスの中では眠ったりもした。宮城県内は全体的に停電していて、福島の伊達市あたりも停電していた。福島市内ではところどころ電気がついていた。

バイパスの福島市伏拝《ふしおがみ》近辺でがけ崩れがあった。それで国道四号線の旧道を進むが、そこも渋滞だった。運転手が自分の判断で、福島土湯街道から二本松の岳《だけ》温泉を抜ける道路を通った。県道三〇号線で温泉街を抜けていく道を進むことを決意したのだった。狭い道で、雪の中だった。運転手さん、がんばれと思った。当初は、四号線沿いの「道の駅安達《あだち》」で降ろしてもらうことになっていたが、このルート変更でそこには行かなくなった。運転手さんからは、「こんな暗い場所で降ろせない」と言われた。二本松の父が、その道の駅に迎えに来ることになっていた。近くのスーパーで降ろしてもらうことになったが、一方で「郡山まで行ったら？」とも言われた。最終的には、本宮《もとみや》市の警察署の前で降ろしてもらうことになった。

バスの中はたくさんの乗客でいっぱいだった。携帯電話のワンセグで情報を確認している人もいた。仙台駅で郡山に行くということが知られると、乗せてくれという要望が出て、運転手が客を乗せることを決めたからだ。「回送だけど、運賃をいただきますよ」と言っていた。

自分はａｕの携帯電話で、ほかの家族はみなドコモだった。そのせいか、つながりにくかった。本宮市の警察署で降りたときには、警察で電話を借りて自分の居場所を伝え、父に迎えに来てもらった。夜の一一時頃、自宅に到着した。仙台を出たのは午後三時だった。

自宅のライフラインは普通に使えた。仙台との落差に、「ここはなんだろう」と思った。家でもタンスの博多人形とフランス人形のケースが壊れたらしいが、留守番していた祖母が片づけたので、母が帰宅したときにはすでに被害らしい被害の痕跡はなかった。一人暮らしの姉も、もう一人の姉も帰ってきていた。

地震の翌朝、テレビを見ていたら菅首相が福島原発に来たというニュースをやっていて、「あ、来たんだ」っていう、そのときはそういう印象だった。その後、ずっとテレビを見ていたら、「なんか爆発したぞ、福島原発」「えっ?」っていう。家族が「こっから何キロメートルだ?」って、そこではとりあえず話し合って「まぁ五〇キロメートルくらいはあるでしょう」と。小学校のとき原発へ見学に行ったな、と思う。そういう中でだんだん、「二〇キロ圏内の人は避難してください」「三〇キロ圏内の人はもう家から出ないでください」みたいなニュースが流れていて。で、まぁ、ここも近くはないけど、遠いわけではないということで、雨が降りそうだったので水を貯めたりだとか、どうしたらいいかわからないっていう状況があって。普段は渋滞なんか起きないような田舎の道が、渋滞をしていたという状況を報告されて、「これはやっぱりただごとじゃないんだな」という印象を受けた。

週明けからみんなは仕事だった。姉は小学校の教員をしていて、その場所は原発から三二〜三三キロメートルの場所。学校は一週間休みとなった。姉も一週間の休みをとった。学校の子どもをそれぞれの家に送って帰宅してきた。姉は放射能にひどくおびえていた。「そろそろここもまずいのでは?」と思った。家族の中で、避難するかを話し合った。姉は「近い親戚を頼りながら、本当に危険になったら、四国の親戚の所へ逃げればいいんじゃないか」と言った。結局、話に出ただけで避難はしていない。父は避難の必要なしという意見だった。その後、三月末に家の付近で放射能が出たということがわかり、「水も土地もダメになったら、ここに住む必要はないな」と父がこぼしたのを覚えている。ちなみに実家は兼業農家をしている。

そのあとは、「窓を開けない方がいい」「あんまり外に出ない方がいい」など、いろいろなことを言われた。私の住んでいる二本松市は、どちらかというと原発から避難をしてきた人たちを受け入れている市だったので、市の施設に自衛隊が常駐して、そこでモニタリングといって放射線の値を計っていた。それを計って異常がないってことがわからないと、その人たちはみんな避難場所に行けないということで、市の施設の目の前に自衛隊のテントがいっぱい立っていて、ここが自分の地元だとは思えないぐらいの光景を目にした。

私は地震の後、二か月くらいはずっと福島にいたんだけれども、大学が始まるので仙台に戻ってきた。一か月に一回は帰ってくる状況だった。この前、両親と電話して「窓って開けてるの？」「もうさすがに窓を開けた」という話をしたし、「布団も干してるの？」って聞いたら、「布団はあんまり干したくないから布団乾燥機を買ったよ」という話をしたり。

家は避難とかの対象にはなっていないが、「放射線の値が今日は毎時何々マイクロシーベルトでした」って町内放送で流されるようになった。三月一八日から、町内でも測定が始まり、放射線値が発表されるようになる。岩代地区（二〇〇五年の合併前は岩代町だった）にいるが、町内放送でまるで「明日はゴミの日です」という感じで、朝の一一時と夕方五時に放射能の値が放送される。「あぁ、下がったね」とか、「ちょっと上がってない？」とかいう話を家族の間でするようになった。

食べ物の話とかも家族の中で食い違いがあった。兼業農家なので家で野菜なんかも作っている。今はちょうど夏野菜とかもできてきた時期だけど、父親や母親は「別に食べても大丈夫でしょう」っていう気持ちでいる一方、二人いる姉は「家でとれた野菜はあんまり食べたくないから、スーパーで買ってきたものを食べる」と言っていた。この前、姉に聞いたら、味噌汁が大人用と子ども用に分かれているとのこと。大人用、つまり両親用と、子ども用、つまり娘たち用ということらしい。子ども用といっても、姉たちはもう三〇歳くらいなんだけど。

父は河川の氾濫がないかどうかのチェックの仕事もしている。最近は市内全部がメッシュ地図で区切られて、結果が公表されている。

自分は以前は放射能に気をつけたが、五月くらいからは慣れた。地元を離れたせいもあるかもしれない。マスクもしていない。天気予報のような感じで放射能測定結果を聞いている。

宮城に戻ってきてから「福島の出身なんです」みたいなことを言うと、「えっ、福島は大丈夫なの？　お父さんとお母さんは働いてるの？　仕事あるの？」みたいな感じのことを本当によく言われる。でも、本当に普通に生活しているし、今までどおりにみんな働いている。野菜も作って田植えもして米も作って、普通に生活をしている中で、放射線のことをちょっと考えなきゃいけなくなったっていう、その一つの要素が入ってきたという認識をしている感じだ。あんまりこう、いい意味ではないと思うけれども、原発事故に慣れてしまったというか。心配だけど、私たちはここで生活するしかないんだから、それをどうにか取り入れないようにして生活していくしかない、というような感じで生活しているのかなっていうのを感じている。

地震が起きたときは卒業式のシーズンで、袴《はかま》のレンタルをしていた。だが卒業式は中止となった。入学の手続きなどもあり、東北学院大と東北大の両方のホームページを見て情報を得た。入学手続きは郵便でした。四月初頭に仙台に一度戻った。その後は、高速バスが動くようになったので、平日は福島で、週末は仙台で引っ越しの準備と片づけというかたちで過ごした（学院大のときに暮らしていたアパートは東北大から遠いので引っ越すことになっていた）。四月七日の余震で、すでに決まっていた引っ越し先の下宿は暮らせなくなり、また新しいアパートを探すこととなった。四月末に完全に引っ越した。その後、実家に帰り、五月の連休から仙台に戻ってきた。引っ越しの際には、大学生協の不動産事業部を利用した。

震災後、実家には縁談話がよく持ち込まれるようになった。二人の姉も独身。二番目の姉への縁談話がとくに多い。自分のところにも来た。

一—四　国内（岩手・宮城・福島以外）で遭遇

仙台に引っ越す際に、業者が引っ越しを嫌がった

文・院生・女
（二〇一一・六・二四）

震災当時は信州大学の学生だった。学会で沖縄に来ていたときに地震が起きた。学会には東北大学の人もいて、昨日会っていた人はどうしているのだろうかと思った。沖縄から長野に戻る飛行機は飛ばなかった。その後、どうにか神戸まで飛行機が飛び、同行していた当時の担当教員（信州大学）とともに神戸に移動した。教員と別れた後、神戸で一泊して、自分は長野県に戻った。

東北大学の大学院には四月から入学することになっていた。直後に東北大に電話したが、つながらなかった。津波などのセンセーショナルなニュースばかり流れていた。地震直後、仙台の知り合いにメールをしたが通じず。一時期は悲観した。数日経ってやっと東北大学と連絡が取れた。ツイッターによる連絡だった。

長野から仙台に引っ越す際に、業者が引っ越しを嫌がった。それで荷物は引っ越し業者の倉庫に置いたままとなった。それこそホームレスの状態になった。

東北大学が本当に（授業が）始まるのか不安だった。震災を直接体験していないという引け目もあった。自分はどうなるのかと不安に思った。

最終的には、業者が動いた五月初旬に仙台に引っ越してきた。それまでは長野県松本の友人の家にいた。

東北大学への進学については、とくにやめろと言う人はいなかった。祖父母が岩手と山形にいるので、私がこっち（仙台）に来ることでサポートできるのではないかと思った。

長野にいる間は毎日、東北大学の緊急用ホームページを見ていた。最初の二週間は卒業生用の情報ばかりだった。その後、学部入学生への情報は掲載されるようになったが、院生用の情報はなかったのでわかりにくかった。

大学院入学生用の情報は、文学部ホームページを見ないといけなかった。

アメリカから帰国したところで、空港に着陸したのと地震が発生したのが同じ時間

教・院生・女
（二〇一一・七・一）

私は地震があったときは成田空港にいた。ちょうど、アメリカから帰国したところで、空港に着陸したのと地震が発生したのが同じ時間で、着陸した直後に機長さんから「今、地震が起きているので止まります」というアナウンスがあって、滑走路の途中で飛行機が停止した。揺れが止まってから、ちゃんと駐機場のところまで移動した。そんなに大きい地震だと思わなかったので、乗客たちは、長いフライトから解放されてすぐに降りようとした。けれども、空港の中が破損しているということで、点検しなければならなかった。「まだ待機していてください」と言われた。

建物の中にいた職員や乗客もみんな外に出て、点検が終わるのをずっと待っていた。飛行機の中では一時間に一回ほど機長さんからアナウンスがあって、「東北地方で大きな地震があったようだ」ということと、「史上まれに見る大きな地震だったようです」ということを聞いて、そこで「えっ、仙台は大丈夫かな」と思った。

特別に携帯電話の電源を入れてもいいという許可をもらったので、そこでみんないっせいに携帯電話を取り出して情報を得ようとした。だが、電話はもちろんつながらなかったし、インターネットもあんまりつながらない状態で、一部つながる人が「津波がすごいみたいだよ」とかそんな情報を言っていた。

「仙台に一一日に戻る」と親しい人に連絡していたので、「私は大丈夫」ということをとりあえず伝えたかったけど、そのとき携帯電話の充電があんまりなく、友達の安否だけを知りたかったので、「大丈夫？」というメールのみを打ち、身内には「大丈夫です」というメールだけ打った。

そこから、ずっと「待っててください」「待っててください」と言われて八時間経って、夜の一〇時半くらいになってようやく建物の中に入れた。国内線の場合だったら、すぐに降りられたようだけれど、国際線は入国審査などがあるので、そのシステムがちゃんと起動するか

どうかをチェックしないと降ろせないということで時間がかかったようだった。

降りるときに、「スナック菓子と、機内用の枕と毛布を持って降りてください」と言われて、それを持って空港の中に泊まった。かなりたくさんのお客さんがいて、空港の中のエレベーター、エスカレーターは全部ストップしていたので、自分たちの足で上の階まで行かなければならなかったのが大変だった。

遅い時間だったが、JALの方で機内食用に用意していた食事を暖めて、五〇食分くらいが最初に配られたと思う。「用意しましたので取りに来てください」というアナウンスが流れて、それをいただいた。そのときは母と一緒だったので、私が場所を確保している間に母が食事を取りに行ってくる、という感じで分担してやっていた。

空港の中に大画面のテレビがあったので、そこで初めて宮城県気仙沼市の火事の様子とか仙台市若林区の津波の様子なんかを映像で見て、すごくぞっとしたのを覚えている。私は住んでいる所が若林区なので、そのときは「荒浜」という言葉が出ていなくて「若林区で二〇〇人から三〇〇人の遺体が見つかっている」みたいな報道しかなかったので、自分の住んでいるところまで津波が来たんだろうかとか、知り合いは大丈夫だったのかと気になっていた。

一時間くらいは寝ただろうか。成田でも余震がずっとあって、そのたびに暗い中ですごい音（カートとかが激しく揺れてガチャガチャいう音）がして、「天井が落ちてくるんじゃないか？」みたいに思って、すごく怖くて、全然眠れなかった。結局、一晩中テレビのところに人が集まっていて、それを見ながら過ごしたという感じだった。「翌日、実家に帰れるんだろうか」というのがすごく気になっていた。

翌朝、空港内のお店は全然開かず、唯一開いていたのがスターバックスだった。メニューはコーヒーとココアとカフェラテぐらいに限定されていて、前日の残りのケーキとかスコーンとかもあるから、それを食べて、京成線が動き出すのをずっと行列して待っていた。ようやく動いたのが、朝の九時前くらいだったと思う。その電車に乗って、バス、それからまた電車に乗って、東京まで出た。私の実家は愛知で、東海道新幹線は普通に通っていたので、新幹線に乗って実家に帰った。

仙台に戻ってきたのは四月一〇日だった。そのときはまだ東北新幹線が復旧していなかったので、高速バスで名古屋から仙台に向かった。自分はもっと早く戻りたかったが、「一か月くらいしないと余震が落ち着かないから帰っちゃダメ」と親に言われた。それで、「ま、それくらいなら（帰っても）いいかな」って親が言ってくれたのがその頃だった。

ちょうどその頃、ガスが復旧し始めていて、戻ってきたその日にガス屋さんが来てくれていて、開栓できたのでちょうどよかったと思った。

仙台に戻ってきたら、マンションの八階にある部屋の中が、四月の大きな余震もあってぐちゃぐちゃになっていた。食器は全部落ちて、冷蔵庫やベッドといった二人がかりじゃないと運べないような重いものも全部動いていて、すごい大変なことになってて、電子レンジも落ちて壊れていた。買いに行こうと思ったらもうみんなそういう人ばっかりで、全然ダメだった。ヨドバシカメラとかに行っても在庫がない状況だった。結局、インターネットでアマゾンに頼んだら次の日に届いた。

その後は大学の「ＨＡＲＵ（東北大学地域復興プロジェクト）」というボランティア団体に登録していたので、図書館の書籍整理のボランティアをして過ごしていた。

仙台の友人に連絡を試みたが、その日は無理だった

工・学部生・男
（二〇一一・六・七）

地震のときは北海道の実家でソファーに寝ながら「情報ライブ　ミヤネ屋」（民放テレビの番組）を見ていた。するると画面に緊急地震速報が現れ、その後、北海道でも三分くらい揺れた。揺れている間は、テレビの横にあった熱帯魚の水槽を押さえていた。北海道では停電になることはなかった。

夜になって一〇時くらいにテレビで気仙沼の映像を見て、これはまずいと思い、仙台の友人に連絡を試みたが、その日は無理だった。

何日かして仙台に戻ろうと考えたが、飛行機もフェリーもなかったため断念し、しばらく実家で過ごした。仙台に戻ったのは四月二五日。仙台への直行便はなかったので、飛行機でいったん羽田へ向かい、そこから新幹線で仙台に向かった。新幹線は開通したばかりだった。

帰ってみると部屋の中はぐちゃぐちゃになっていたが、

ライフラインはもう復旧していた。仙台へ帰ろうと思ったのは、ホームページで大学の授業開始時期を知り、大学へ行かなければと思ったから。

一週間ほど北海道大学の友人の家にいて、飛行機で横浜の実家へ帰った

工・学部生・男

（二〇一一・六・七）

地震が起きたときは、社交ダンス部の遠征で札幌におり、試合の最中だった。会場も揺れ、試合が三〇分中断した。会場では情報がなく、津波のことも知らなかった。試合中に、東北大学の人のために、身内に連絡する時間が三〇分つくられた。実際には横浜の実家に連絡できたのは翌日だった。

被害状況がわかったのはホテルに帰ってから。次の日に仙台へ戻る予定だったが、フェリーが欠航して帰ることができなかった。そこで、実家に帰ることができる部員は直接そちらへ向かうよう指示を出した。一方、仙台などの出身者は北海道大学やそのほかの施設で一～二週間滞在した。

最初の二、三泊は宿泊していた全日空ホテルの好意で、一泊三〇〇〇円くらいで延泊させてもらった上、食事まで出してもらった。私自身は一週間ほど北海道大学の友人の家にいて、飛行機で横浜の実家へ帰った。三月下旬のことだった。仙台の友人たちと連絡を取って、仙台には店が開き始めた四月一六日頃に戻った。

部のメーリングリストを使って連絡を取り合って各部員間で情報を共有することができた一方で、一部の部員がチェーンメールをメーリングリストに流してしまうといったことがあり、一時的にメーリングリストの使用を禁止にするなど、その管理をするのが大変だった。

なぜ自分は沖縄にいるのだろう

工・院生・男

（二〇一一・六・七）

震災時は、卒業旅行で沖縄にいた。三月一一日の一〇時頃に羽田を出発し、沖縄に着いてレンタカーを借りて

から約一時間後だった。地震があったことは、友達の親からの電話で知った。車のカーナビの画面で悲惨な映像を見ながら、危なかったと思う反面、なぜ自分は沖縄にいるのだろうと、もどかしい気持ちを抑えるので精一杯だった。

当日から翌日のお昼頃まで沖縄にも津波警報が出されていた。母方の実家が沖縄で、親戚の家があったということもあり、予約していたホテルは海沿いだったのでキャンセルし、友人たちと一緒に親戚の家にずっと泊めてもらった。テレビをつけっぱなしにして情報を集めたが、気持ちだけ煽られて何もできず歯がゆかった。予定どおり一三日に飛行機で羽田へ飛び、そこから電車で実家の埼玉へ向かった。仙台や福島出身の友人たちも一緒に実家に泊まった。ここでも、テレビに釘づけの毎日を過ごした。三月二五日に友人たちと一緒に、高速道路を通って車で仙台へ帰った。そのときには電気と水道は復旧しており、ガスだけがなかった。

震災後、最初に口に入れたものはビールだった。震災前にすでに居酒屋を予約していて、仕方なくそこで夕食をとったが、あれほどまずいビールは初めてだった。心ここにあらずとはこのことだと感じた。

事故もあって精神的打撃があったせいか、地震に動じることはなかった

農・院生・男
（二〇一一・七・一四）

卒業旅行で青森にいた。三月一〇日まで車三台、一五人で移動していた。雪が降っていて、二台が事故を起こした。自分の車一台のみが青森に到着できた。一一日は新幹線で帰ろうと思った。一〇日は浅虫温泉に泊まる。一一日に三内丸山遺跡に行き、そこで地震に遭った。事故もあって精神的打撃があったせいか、地震に動じることはなかった。ちょっと二日酔いのような感じだった。停電はした。地震後、バスで新青森駅に行った。駅は人であふれ返り、新幹線は動かなかった。旅行センターに行き、宿の手配をした。そこの電話は通じなかったが、自分たちの携帯電話でかけたら、あっさりとつながった。JALシティに一五名全員が泊まることができた。ダブルの部屋を確保できた。宿では食料も出た。ピラフだった。次の日の朝もバイキングが出た。食料に困ることはなかった。

一二日の昼には電気も回復した。それで帰路の方法を調べ始めた。飛行機が動いているという情報が、携帯電話からアクセスしたインターネットでわかった。自分は実家が名古屋。一三日の朝四時半にタクシーで青森空港に行った。空港では、毛布にくるまって寝ている人が二〇人ぐらいいた。待っていたら成田行きの飛行機がとれた。一五人のうち四人が成田へ移動した。東京から新幹線で移動し、名古屋に避難した。

研究室の友人やOBらと名古屋で会った。そこで仙台の情報を聞く。名古屋の情報と、仙台の友人の情報との違いを実感した。SNSやミクシィなどで情報を入手。名古屋の友人はテレビの報道で全貌を把握していた。仙台にはバスで四月一日に戻ってきた。

避難所に入る際、移動中で一泊しなければならないことを説明したら、問題はなかった

農・院生・女

（二〇一一・七・一四）

地震が起こったときは、北海道の登別にいた。初めは地震が起きたという感覚がなかった。一一日の飛行機で仙台に戻る予定だったので、千歳空港に行くが、飛行機は止まっていた。空港には仙台に帰りたいという人が行列になっていた。東京など他の場所を経由して帰ろうとする人が並んでいた。

泊まるところもないと思ったので、この日は空港に泊まることにした。空港職員に聞いても、「今はわからない」と言われたが、どっちみちここにいるしかないと思い、空港にとどまった。最終的には空港側が毛布を貸し出してくれた。会議室のようなところを提供され、空港に泊まった。かなりの人数の人が空港に泊まっていた。

次の日に、無料でチケットを他の便のものに交換し、福島空港行きの便に乗った。昼前に福島空港に着いた。実家がある宮城県角田《かくだ》市にはすぐに帰れると思っていたが、そうはいかなかった。空港ターミナルの事務所で聞いたところ、福島市行きのバスはないらしいので、郡山市行きのシャトルバスに乗り、郡山に向かう。電車が全然動いておらず、そこからの交通手段がなかった。途方に暮れていると、三〇歳過ぎくらいの女性から声をかけられ、一緒にタクシーで途中まで行かないかと誘われた。

郡山からタクシーに四人で相乗りした。その女性は、イギリスでボランティアをしていたという。他の二人は

同じ福島出身の修士二年の男子学生で、卒業旅行中だった。彼らもやはりその女性が声をかけて連れてきた。タクシーの中ではいろいろな話をした。その女性は宮城県大河原町出身ということで、絶対に帰りたそうな様子だった。男性らとは福島で別れた。

そこから路線バスでなんとか角田市の藤田まで行けた。その日は避難所になっている公民館に泊まった。そこでは炊き出しもやっていた。避難所に入る際、移動中で一泊しなければならないことを説明したら、問題はなかった。避難所の中に、自分と同じような人はほかにはおらず、みんな地元の人ばかりだった。とはいえ、外から来た人、というような眼では見られてはいなかった。

一三日に乗り合いタクシー(三人)に乗って実家に帰った。タクシーに乗った人の中では、一番実家が遠かったのが自分だったため、最後まで乗っていた。実家では電気と水が止まっていた。ただ、実家は農家で、小学校や老人介護施設などで炊き出しもけっこう配っていたので、食料にはとくに困らなかった。実家には一週間くらいいた。その頃にはインフラが復旧した。三月二〇日頃に宮城県加美町の中新田にあるアパートに行き、部屋の整理をしてから、川渡《かわたび》フィールドセンターに戻ってきた。

一―五　海外に滞在中

私が帰国することをインドネシアの友人に伝えると、友人たちは必死で止めた

文・学部生・男
（二〇一一・五・三一）

三月一一日の大震災があったとき、私はジャカルタにいた。大震災があったことを知ったのは、一緒にいたインドネシア人女性の友人からであった。彼女は日本に住んでいたことがあり、友人が東京にいて、その人からSMS（電話番号だけでメールが送れる携帯電話のサービスの一種）が届き、日本で大地震があり、ディズニーランドに津波が来たということを知った。津波の場所がディズニーランドであると聞き、私の実家がある仙台市からは遠いと考え、そのときにはそれほど気にしなかった。そのSMSが来たのは地震から一時間後くらいだったと思う。

しかし、インドネシアのテレビをつけると、事の大きさに気がついた。テレビでは仙台空港に津波が来た映像を流しており、もうおしまいだと思った。そこでの映像は、日本のテレビ画像にインドネシア語でテロップをつけたものであった。その後すぐに家族全員に安否確認のメールをしたが、返信があったのは父だけであった。父は、「俺は大丈夫だ。だが、他の人とは連絡が取れない」と知らせてくれた。その後、連絡は途絶えてしまった。それで不安になったが、私の家は海岸部から離れているため、津波の被害に遭うことはないだろうと楽観視はしていた。そのまま三日から一週間ほど仙台の家族とは連絡が取れなかった。

地震発生から三時間後くらいに、私の研究室の担当教授であるN先生から安否確認のメールが携帯電話に届いた。地震発生当時、彼は出張で大阪にいたために連絡することができたのだろう。

その後、家族とやっと連絡が取れたとき、「日本に帰ってきてもやれることはないので、そのままインドネシ

アにいろ」と言われ、そのまま待機することにした。それから、仙台在住インドネシア人の友人Hが日本からインドネシアに帰ってきたため、直接話を聞いた。彼は震災発生時、宮城県多賀城市にいたため、津波の生々しい話をしてくれた。

私は二〇〇九年から二〇一〇年の間、インドネシアに留学していたが、そのときからの知り合いである駐在員の奥さんにも会った。震災後の情報源は、これらの友人からの情報、インターネット、インドネシアのテレビであった。インドネシアのテレビ報道では、福島原発の問題を大きく取り扱っていた。少し誇張された報道もあったらしく、インドネシア人の友人の中には、日本が死の国になると考えていた人もいた。そのため、私が帰国することをインドネシアの友人に伝えると、友人たちは必死で止めた。

その頃には家族との連絡ができるようになっていて、家族から原発の放射能が仙台まで来ていないと聞いたので、帰国することにした。留学時代にお世話になった教授からも、インドネシアで卒業論文を書いてはどうかと勧められたが、インドネシア語で卒業論文を書くのは難しいことと、仙台の家族のことが心配であるため断った。また、インドネシア大学で日本へのチャリティーイベントがあったと友人から聞いた。

日本に帰ってきたのは、もともとの計画どおり三月二五日だった。羽田空港を利用したが、空港の様子は普段どおりであった。実家のある仙台までどうやって帰ればよいかわからず、千葉にいる親戚の家へ行くことにした。ジャカルタを出る前に、親戚宅に電話し、前もって迎えに来てもらうよう依頼していた。親戚宅に二日間ほど滞在した後、仙台へのバスが運行を再開していることを知り、二七日に仙台へ帰った。私の家族は、自宅から数十メートルの距離にある祖母宅に身を寄せていた。これは給水所がすぐ近くにあるためだという。仙台へ帰ることを決めて家族に話した際は、「戻ってきても風呂に入れないし、食べ物も少ない」と、帰宅を勧められなかった。

私はジャカルタに出発する前から、古本屋でアルバイトをしていた。そのアルバイトの出勤予定日が二八日になっていたので、地震の被害で営業はしていないだろうと思ってはいたが、それに間に合うように仙台に帰った。それから二か月の間、アルバイトで古本屋の復旧作業を手伝って過ごした。そのアルバイト先の復旧作業が終わったのは五月半ばである。もしアルバイトの予定がなかったならば、千葉の親戚宅に居続けたと思う。

被災の日本人をモンゴルの大地に住まわせよう

環境・院生・女

（二〇一一・六・三）

二〇一一年三月一一日金曜日、私はモンゴル国の首都ウランバートル市にいた。前年の一〇月から続いていた史料収集も残すところ二〇日ばかりとなっていた。

私が史料収集に通っていたモンゴル国立公文書館は、金曜日は午前中しか開放されない。その日は、早々と公文書館を後にして、日本人の留学生と昼食をともにし、帰宅したのは現地時間の一六時、すなわち日本時間で一七時だった。

史料収集も終盤になって徹夜の日々が続き、週末なのだし少し休もうとベッドに腰を下ろしてテレビをつけた。モンゴルの放送局が日本の地震について放送していた。一応NHKにチャンネルを変えてみた。NHKでも地震について放送されていた。日本ではよくあることだと思い、気にもせずに寝る支度をした。しかし、いつまで経っても地震の放送が止まない。再び注意して見てみると、「普通の」地震ではなさそうだ。

ほどなくして在蒙の日本人の友人から電話が来た。彼女はモンゴル人の夫と二人の子どもと長くモンゴルに滞在している。私の家が仙台にあることから電話をくれたようだ。私の家族のことも心配してくれた。当時はまだ状況が把握できていなかったため、お互いに「思った以上の地震のようだ」と言って驚いて話していたのを記憶している。

その晩は電話が鳴り続けた。ウランバートル大学の先生や歴史科学研究所の研究者の方、友人、知人から近所のお店のお姉さんやタクシー運転手のようなそう親しくしていなかった方まで、合計二〇名ほどのモンゴルの方が私の家族を心配して電話をくれた。私が家族は愛知にいて被災地から遠いことを言うと、彼らは安心し、あるいは今のうちに早く高いところへ逃げるようにと忠告した。研究者の方々は、私の家族以外にも仙台にいる私の指導教官の安否を尋ねた。ただ、私にもその安否はわからず、海から距離があるから大学にいたならきっと大丈夫だと思うと答えた。

電話代を惜しむほどに経済的に苦しい方たちも電話をくれ、また私が不安がっているだろうと言ってごはんを持ってきてくれる方もいて、改めて人の優しさを感じたりもした。

モンゴルの方と話しながら、一方でNHKをつけっ放しにして、家族のことを思った。まず、自分の家。我が家は自分と娘との二人の家庭で、二人ともモンゴルに来ていたので、難を逃れてよかったと思った。被災者の前では軽率な表現であるが、実際には娘を思うとそういう気持ちになってしまった。地震が起こったのは昼間だったので、普段なら娘が仙台の家に一人でいる時間だ。しかも宮城には家族も親戚もいない、二人きりだ。現地にいたらどんなに心配で心苦しいだろうと思うと、娘をモンゴルに連れてきたことを幸運だと思ってしまった。

そして実家。実家は愛知にあって両親と妹と弟二人の五人である。四人は実家に同居していて、末弟が岩手で大学に通っていることを思ったが、以前、彼が「春休み期間は長い上にアルバイト先がないから、春休みには実家に帰ってアルバイトを探す予定だ」と言っていたのを思い出し、まだ愛知にいるのだろうと思い込み、特段心配はしなかった。ちなみに、末弟が下宿先は海沿いにあると言っていたこと以外、岩手のどこだったのかを思い出せなかった。

電話もおおよそ鳴りやみ、時刻も二一時になろうとしていた。実家からの連絡がない。私が電話を使っていてつながらなかったのかもしれないと思い、こちらから電話をしようと考えた。私の携帯電話はプリペイド式で、その支払い用のカードは街のあちらこちらで売っている。私は急いでカードを買いに行き、実家に電話をした。呼び出しているものの電話には出ない。それならば電子メールを送ろうとパソコンを起動させた。メールを書く前に弟の大学の位置を調べた。大船渡だった。「大船渡市」と「津波」と検索したところ、掲示板か何かにひどい被災であると書かれていた。きっとテレビを見た被災地域外の者が書いたのだろう。私は気分が悪かった。東北アジア研究センターのメールが使えなかったので、ヤフーのアドレスを使って母宛てにメールを書いた。みんな無事か、と。

「メール受信」を更新しながら実家からの返事を待った。なかなか来ないので、別の画面で大船渡の状況を収集しようと試みた。すると、いくつかのテレビ局が無料でインターネット放送をしていた。その中に大船渡の津波の映像があった。家も車も流されていく動画だった。結局、その日も徹夜することになったが、実家からは連絡がなかった。

日が昇る頃、眠気に襲われて一〇時まで寝た。電話の音で起きた。モンゴルの友人からだった。私を心配して電話をくれたものだった。彼女と話し終えると、私は急いでパソコンをつないでメールを確認した。しかし実家からは何の音沙汰もなかった。

前日は、仙台もパニックであろうと思い、やめておいた電話だったが、一晩経てば大丈夫だろうと思って指導教官に電話をしてみた。つながらない。研究室も携帯電話も自宅もダメだった。考えていた以上に被害は深刻かもしれないと思った。

一三時過ぎに実家の妹から電話があった。末弟とは母が地震直後に電話で話したと言う。母が急いで高台に逃げるようにと言うと、弟は普段どおりに「わかっとる」と言ったらしい。その後連絡はつかず、大学に電話して安否の確認をしようにも電話がつながらないと言って、妹は興奮していた。母親の動揺を知っていて気づかったのだろう、妹からは「母親とは話をしない方がいい」と言われたので、そのまま電話を切った。末弟は愛知にいるだろう、という私の期待は裏切られた。不安はさらに増していった。

その晩、田舎に外泊していた娘が帰ってきた。私はよけいな不安を与えるだけだと思い、地震のことは言わないと決めていた。しかし、娘はこの地震を知っていた。周りのモンゴル人に「君のところは大丈夫か」と聞かれたらしく、私に「うちは大丈夫でしょ？」と聞いてきた。その場では大丈夫だと告げたが、まもなくNHKを見て、仙台も大変になっていること、叔父のいる岩手も大変であることを理解したようだ。彼女は叔父のこと、そして仙台にいる自分の友達や先生のことをとても心配した。その夜、彼女は私と一緒になってNHKを食い入るように見続けた。夜中も何度か目を覚ました。大人の思う以上に、想像力があって心配していたのかもしれない。私はNHKを見せたことを後悔した。

一四日（月）の午前に、仙台にいる研究室の先生や仲間がみんな無事であることを二つの方法で知った。一つは、山形にいる東北大学出身のモンゴル史研究をしている先生の奥さんで、以前東北アジア研究センターの専門職員をしていた方が、東北大学出身でモンゴル国立大学の准教授の女性にメールを書いたことから、その准教授の女性を通じて、私は情報を得た。山形にいる彼らには、東北アジア研究センターの専門職員から連絡があったそうだ。もう一つは、指導教官がモンゴルの研究者らにヤフーのメールを使って無事を知らせたことで、研究者の一人から私に連絡が入ったのである。

その日の昼休憩時に、私は仙台にいる指導教官に電話をした。そこで研究室のみんなが無事であることを再度確認できた。モンゴルから食料を送ろうかと尋ねたが、先生からは運送は難しいだろうという答えが返ってきた。

仙台に電話がつながったのだからと、即刻、末弟に電話した。呼び出し音が鳴って彼が電話に出た。私は緊張が解けて、間抜けにも「大丈夫だった？」と聞いた。彼は、東京に車で帰ろうとした先輩に同乗し、東京まで出て、そこから愛知に向かう列車の中で、静岡県浜松市を過ぎたところだと言った。

私の不安はだいぶ収まった。後は無人のまま半年間放ってあるアパートのことが少し気になるだけだった。一方、娘は声をあげて喜んだ。

その後一週間くらいして、娘のクラスメイトのお母さんに電話をした。私は現地の様子がわからなかったので、町内会の方々が私たちを探していてはいけないと思い、彼女に私たちはまだモンゴルにいることを伝えてほしいと頼んだ。しかし、彼女たちは仙台市若林区にあるお姉さんの家に避難していた。お姉さん宅はオール電化で水道も通っていて、風呂にも料理にも苦労しないからと居候させてもらっていると言い、われわれの家のある地域は水もガスも来ていないと言った。そして、ガソリンがないから私の町内会への報告は無理だと言われた。そのとき、私は津波に遭わなかった方たちの被災も相当なものだと実感した。

私の滞在許可は三月三一日までで、帰国の猶予が四月四日であった。これは出国ビザをもらいに行ったときに、いつ帰るのかと聞かれ、四月四日のチケットを買ったと言ったら、その日までの滞在を許可してくれたのだ。もともとビザの期限日から一〇日間の滞在猶予があると聞いたことがあるが、実際のところは不明である。そして、三月一二日に日本に帰国した学生が出国ビザを取得し、私の受け入れ機関である歴史研究所からも出国ビザを取得するようにと言われていたので、私はわざわざ遠地にある外国人登録所まで赴かなければならなかった。列に並んで、かなりの時間待った上に、そこは交通機関の便が悪いのでタクシーを待たせておいたにもかかわらず、私の順番になると、役人は「出国ビザは不要だ」と言った。ラッキーのようなアンラッキーのような気分だった。一部では、日本人に同情したから廃止したと言う者もいるが、どのような経緯でそのようになったのかは知らない。ただ、国民や外国人に周知させてほしかったと思う。

帰国日までのモンゴルについて少し記しておこう。ただ、私は収集した史料の整理などに追われて、新聞やテレビなどのメディアに注意を払っていなかったので、周りの者が話していたことから得た情報であって、その信憑性は高くない。

被災の翌週に、私の通う公文書館のドアの内側に張り紙があった。そこには、給料三日分を減給し、日本の支援に充てるとあった。ドアの近くにいる監視員は得意気な顔だった。ただし、誰も私の前では不満そうな顔をしなかった。私は申し訳ないような、うれしいような気持ちだった。後日、公務員一日分の給料を日本に送金すると聞いたが、一日分なのか三日分なのか、それとも公文書館だけが特別だったのかはわからない。

一方、モンゴルの政界は騒々しかった。それは、被災の日本人をモンゴルの大地に住まわせようというものだった。一言でいえば、日本人に土地を貸すというものだ。もちろんそれに反対する議員もいた。賛成派は、日本人が住めば都市ができて経済にも好影響であると考え、反対派は、大切な土地を外国の者にはやれないというものであった。連日、テレビで取り上げられたようで、古本屋に行けば店員に「日本人にモンゴルの土地を貸してやるよ」と威張られ、タクシーに乗ると運転手が「モンゴルにはいつ移るのだ」と聞いてきて、内心、面白くなかった。ただ、私の友人らは一連の騒ぎを冷ややかに見ていた。日本人が来たいと言っているわけでもないのに、何を大騒ぎしているのか、と。私が帰国する頃には、タクシーに乗ってもこのような言葉は聞かれなくなった。

友人たちからは、「私は日本人だと言えば、今はどんな無理も通る」と言われた。モンゴルのこの状況を風刺して言ったのだろう。それほどモンゴルはこの地震と深く関わっていた。それは、日本に滞在する家族を持つ者が少なくないこと、近年モンゴルにとって日本という国が経済的に国際的に重要な国であることから（日本にとってもそうであろう。専門家ではないのであまり軽率に言わない方がいいが）、個人レベルでも国家レベルでも、この地震への関わりはある意味必須であった。

地震の翌日には、モンゴルから日本に毛布が届けられたことが大きく報道され、多くのモンゴル人、とくに面識のない人たちに、街で、食堂で、公文書館で、バスの中で、「われわれは毛布を送った」と聞かされた。報道の大きさが想像できる。そして後日、数名ではあるが救助隊も名取市に派遣された。これも広く報道されたようだ。

企業も動いた。携帯電話や通信関連の企業が、日本への電話を無料にした。ただし、これも多くの人から聞いた話のみで、企業の発表を聞いたわけではない。初めは信じなかったが、複数の方がわざわざ電話でこの情報を知らせてくれたので、私も日本に電話してみた。一社はまったくつながらなかった。一社はつながったが、通話後に料金の確認をしたら、しっかりと有料扱いになっていた。

また、一部の著名人らは義援金の募集をした。それまで私は、あまりモンゴルでは外国に対する募金活動を聞いたことがなかった。あるモンゴル人は東北の大学出身で、一口五千円程度として義援金を募ったが、「金を寄付しようという人に対し金額を設定するのは何事か」という批判を浴びたらしい。

私の周りでは、赤十字社に個人的に募金する方が一番多かったように思う。募金方法は口座振り込みだったようだが、確認していない。

四月四日は定刻にウランバートルを出発し、成田に昼頃到着した。仙台には成田を二一時に出発する夜行バスに乗って帰った。乗客は二台のバスに分乗した。外国の方や家族連れの方もいた。

仙台に着いたのは、定刻よりもずっと早い五時過ぎ。駅にも入れず、コンビニも閉店していて、始発のバスまで一時間以上あって、しかもかなりの寒さだった。駅から家までは一〇キロメートル以上離れている。そこで研究室の友人に頼んで迎えに来てもらい、いったん彼女の家に行ってから昼頃に家に帰った。

半年ぶりに自宅に帰った。心配していたような建物の崩壊やガラス戸の破損などはなかった。本が棚から落ちている程度だった。ライフラインも電気や水は通っていた。

ガスについては不在届が入っていて、「連絡をするように」とあった。一日中電話をしても、いっこうにつながらなかった。翌日は休養した。その次の日にまたガス局に電話をかけ続けた。つながらなかった。テレビに「ライフラインに関するお問い合わせ」といったようなテロップが流れていて、その番号に電話した。三時間後につながった。半年間日本にいなかったこと、不在届が入っていたこと、連絡先などを伝えた。その日の午後、ガス局から電話が入り、ガス再開の日時を調整した。翌日ガス屋が来た。ガス屋は開栓のために外へ出て、戻ってくるなり「震災前に止めたのね。そう言ってくれないと」と言って、乗ってきた車の方に行った。まもなく戻ってきて、「やり方が違うのよ」と言った。震災で止まったガスと正式に止めたガスとでは開栓方法が違うようだ。私の家のように正式に止めたガスを処理するのは珍しかったのだろう。

ガスを通して、彼は帰って行ったが、すぐに戻ってきた。必要な道具や書類一式を我が家に忘れていったのだ。彼は「今、忙しくてみんなおかしいから」と独り言なのか、恥ずかしさに言い訳をしたのか、つぶやいていた。ガス局の電話がつながらないことからも、ガス屋の忙しさは想像できた。彼らは都市ガスを使うすべての家を一軒一軒回っているのだから。私は適当な言葉が見つからず、お礼を言っただけだった。

❖特別寄稿

災害直後に被災者が直面する課題

吉川泰弘
（寒地土木研究所・研究員）

1　はじめに

二〇一一年三月一一日一四時四六分、三陸沖でマグニチュード九の東北地方太平洋沖地震が発生した。気象庁が作成した余震回数を見ると、既往の地震と比べて本地震は桁違いに余震回数が多いことがわかる。災害状況は、地震による甚大な被害に加えて、地震により引き起こされた大津波が、北海道から千葉県の範囲で押し寄せて各地でさらなる激甚災害をもたらし、福島県においては地震および津波によって原子力発電所が被害を受け、放射性物質が漏えいするという災害が発生している。今回の地震は複合的な災害を引き起こしており、本稿執筆時の三月下旬現在、この激甚災害の全体像は明らかとなっていない。

今回の地震に伴う災害により、甚大な被害に遭われ現在も被災生活を送られている皆様には、心よりお見舞いを申し上げます。

著者は、今回の地震発生時に宮城県仙台市に居合わせており被災者となった。災害時における被災者への的確な支援を考慮した防災計画を立案するためには、被災者がどのような現状に直面し、どのような課題があるのかを把握する必要がある。本稿の目的は、著者の被災体験をとおして被災者の直面する課題を明らかにすることであり、本稿が今後の防災計画を立案する上での一助となることを望むものである。

災害が起こると、災害状況、災害要因が伝えられ、被災地の過酷な現状が報じられると同時に、被災者の命に直結する衣食住に関する支援活動が行われる。次の段階として、被災者が通常の生活に戻るまでの心のケア、住居、仕事等が課題となり、加えて、この災害の態様を踏まえた課題が明らかとなる。この災害から多くのことを学び取り、防災計画の立案、防災マニュアルの作成、防災訓練の内容へと反映させて、次の災害に備えることになる。

防災計画の立案を行う際には、政治、経済、科学を含めた総合的な検討を行う必要があり、守るべき被災者は、より多様な被災者を網羅できる抽象化された「被災者」が対象となる。一方、本稿は、できる限り現地の情報を集め、より多くの被災者が直面している課題を明らかにするように努めてはいるが、すべての「被災者」の課題を伝えるものではない。また、本稿は、地震発生時三月一一日一四時四六分から帰宅後三月一三日二二時頃までの期間の災害初期段階における体験を基礎データとして考察を行っている。

2　災害時における情報伝達

災害時における被災者の行動は、直接的に身の安全に関わるものであり、その行動は得られた情報によって引き起こされる。このため、被災者が「正確な情報」を得ることは、被災者の身の安全に直接的に関わる。本節では、被災者に関する情報伝達に着目して考察を行った。

被災者が得られる情報と電力の重要性

被災者が得ることのできる情報は、新聞、市役所、県庁の掲示板の紙による情報、人との会話からの情報、電話、テレビ、ラジオ、インターネット等による通信機器による情報に分けられる。通信機器による情報は、他の手段と比べて伝達速度が速く災害時の最新情報を得るには有利である。その反面、通信機器は電力を必要とする。つまり、災害時の最新情報を得るためには、通信機器とそれを動かす電力を確保する必要がある。このため、災害時においては、ノートパソコンを用いた携帯電話の充電やノートパソコンによるインターネット接続は、想像以上に強力な支援ツールとなる。

災害時の電力は、通信機器の利用のほかに、医療、車両への給油、公共交通機関の運行、信号、テレビの放映、夜中の明かり、暖房、調理等の生活全般を支えている。このため、電力の有無は被災者の命に直結し、被災地で使用する電力の優先順位について、支援者が明確にすることは被災者の支援につながる。

被災者が求める身近な情報

災害情報を大別すると、災害の状況、災害の要因、直近の想定される複合災害などの広域な情報と、家族・親戚・友人の安否、避難所での炊き出しの有無と時間、食料の獲得方法、移動手段などの身近な情報に分けられ、被災者が必要とする情報は身近な情報である。しかし、実際に被災者が得る多くの情報は、新聞、ラジオ、テレビからの広域な情報であり、現在の自分の命に関わる身近な情報はほとんど得られない。このことから、支援者が被災者の必要とする身近な情報を選定して、正確に被災者に伝達するシステムが望まれる（なお、現在では、それぞれの媒体から、身近な情報が伝えられている）。

被災者が必要な身近な情報とは、①安否情報を知りたい、②自分がいる周辺の災害状況、安全な場所、無料公衆電話の場所を知りたい、③災害状況を反映した交通手段を知りたい、④炊き出しの時間などの避難所の情報を知りたい、⑤電源を得られる場所を知りたい、⑥携帯電話はいつ使用できるのか知りたい、などである。

なお、広域な情報については、支援者に対して被災地の状況を大局的に伝えることができるため、その後の支援につながるという有利な面があることをつけ加える。

支援者から被災者への情報伝達

テレビで詳細な災害情報を流しても、そもそも、情報を必要とする被災者は、停電のためテレビの電源が入らず、その災害情報を得られない。一方で、被災していない人々は詳細な災害情報を獲得できる。被災していない人々がテレビの詳細な災害情報を得ることにより、また被災規模が大きい地域が放映されるため、被災者の安否が気になり、被災者に安否確認のための電話をかけ、このため電話回線が混む要因となる。

さらに、複数の被災していない人々が、一人の被災者に集中して電話やメールの通信を行う場合があり、一時的に回線がつながると多数の着信やメールで電力が消費される場合がある。被災者は貴重な携帯電話の電力を有効に使うことを考えるため、電源が供給できる環境にある被災者は携帯の電源を入れているが、このような環境にいない被災者は、携帯の電源を長持ちさせるため電源を切っており、適宜、電源を入れて通信を試みている。

被災者は安否を知らせたいという気持ちと合わせて、身の安全を守るための情報を必要としている。このため、支援者から被災者への通信よりも、被災者から支援者への通信を優先させる方が望ましい（なお、現在では、それぞれの媒体をとおして、被災者から支援者の情報伝達が優先的に行われてきている）。

一方、災害初期段階における通信機器以外の情報伝達として、支援者から被災者への紙媒体での情報伝達は有効な手段となる。これは、電力がない災害初期段階において、紙媒体は電力を必要とせず、正確に情報を伝えることができるためである。

また、被災者は、被災地で必要とする物資を支援者に確実に伝えたいと考えており、場合にもよるが、被災者の必要とする物資を聞いた上で、支援者が被災地に物資を届ける関係が望ましいと考えられる。

支援者と被災者の双方向の情報伝達

支援者と被災者が双方向に情報を伝達する手段として、電話およびインターネットがある。電話については、無料公衆電話（公衆電話の無料開放）が被災者を強力に支援していた。インターネットについては、さまざまな有益な災害情報が掲載されているが、大多数の被災者はインターネット端末を持ち合わせておらず、災害情報にアクセスできないという課題がある。一方で、インターネットにアクセスできれば、被災者への大きな支援となる。

今回の災害で特徴的だったのは、ツイッターをはじめとするインターネット上に築かれたコミュニティーによって、災害情報の伝達、支援要請の伝達などが行われ、被災者を強力に支援していたことである。このことは、情報伝達技術の進歩により、災害時における情報伝達の手段は変わり、有力な情報伝達技術は、被災者を強力に支援する技術となることを示している。一方で、防災計画や防災マニュアルは、こうした技術の進歩とともに改訂する必要があることを示唆している。

被災者間の情報格差

被災地に住んでいる人で被災地以外に親戚・友人がいない場合は、電話などによる通信機器からの情報は入らないため、場合によっては、被災地に住んでいない人の方が情報量は多い。災害発生直後の被災地は、情報がないため、目につく街の食品店や無料公衆電話に人が集中しているが、少し裏道に入ると空いている食品店や無料公衆電話がある。市役所と県庁では災害情報や病院の情報、交通情報などが提示されているが、避難所や街には提示されていないため、徒歩で情報を取得することになる。しかし、歩くことが困難な人は、避難所または自宅で待機して情報を待つしかない。また、インターネットにアクセスできる人とアクセスできない人がいる。

上記の現状から、被災者間で情報の格差が生じ、これが被災者の行動に差をもたらし、ひいては被災者の身の安全の差を生んでいる。被災者は「正確な情報」が一つの場所に集約・整理され、そこにアクセスできれば情報が共有できるシステムを望んでいる。

また、避難所に外国人が多数おり、避難所の係の方が「外国人の方はいませんか?」と避難所の部屋を聞いて回っており、災害時において外国人を支援する態勢にあった。しかし、外国語表記の紙媒体の情報は被災地にはなかったので、掲示板などに外国語表記の情報を提示する必要もあると感じた。

3 被災者のコミュニティー

被災地の公共空間

災害発生直後はすべての人が被災者である。しかし、災害発生直後は、すぐにはそのことに気づきにくく、交通機関を担う民間の方に、平常時の感覚で要求を突きつけている被災者が見られた。また、警察、消防、病院、役所等の公的機関で働く人々も被災者であり、これらの機関は復興段階において重要な役割を持つことから、復興段階において、支援者が公的機関の運営を支援することは重要である。

災害時の金銭のやりとりについては、災害発生直後から食料の購入や交通機関を利用するための金銭のやりとりはある。このため、災害発生直後にお金を持ち合わせていないと、身の安全が守れない恐れがあるのが現実である。

災害時のグループ

著者は地震発生時に仙台で開催された研究集会に参加していたため、地震発生時から参加者と行動をともにした。このグループを主観で分析すると、グループ内の役割は大きく分けて、「基地局となり情報の統合を行う待機型」と「個別の細かい情報の獲得を行う活動型」に分類された。活動型は、食料の確保、災害情報の獲得、交通手段の情報、携帯電話の充電などさまざまな役割を分担した。グループでは、簡単な名簿を作成してメンバーを把握し、役割は自然発生的に決まった。グループの人数は一八名である。

グループ内の役割が円滑に機能した結果、正確な情報の獲得と行動に結びついたと言える。このことから、災害時にグループを組むことによって、お互いに助けるという関係が築かれ、情報面、精神面において有利に働き、災害を乗り越えられる可能性が高くなると考えられる。

一方で、単身の出張者や親類が少ない者は、グループをすぐに組むことは難しく、情報面において孤立する可能性が高い。

4　災害時の正常性バイアス

正常性バイアスとは、異常事態が発生しても、それを正常の範囲として受け入れて、心の平静を保つ働きのことであり、この働きによって多少の異常事態でも過剰に心を乱さない働きがある。一方で、生命を脅かす非常に危険な異常事態が発生している場合に、正常性バイアスが働くと、異常とは認識できず、避難などの対応が遅れる問題がある。この危険性については、山村武彦がさまざまな事例から指摘している(1)。身の安全に直結する正常性バイアスの働きについて、一事例を示すことは、防災計画の立案や防災マニュアル作成においての一資料となる。このため、著者の地震発生直後から発生中までの心情がどのように変化したのかについて記述し、正常性バイアスの働きについての考察を行った。

地震発生直後から発生中までの著者の体験について、地震発生直後は、それほど揺れず「あっ地震だ。少し待てば収まるだろう」と感じて危機感はなかった。その後、大きな揺れが起きたが何も行動は起こさず、一緒にいたメンバーの方から「机の下に入ってください」と声をかけていただいたが、すぐには机の下に入らなかった。しかし、周りを見渡すと皆が続々と机の下に入っているのを見て「これは危険かな」と思い机の下に入った。さらに、地震の横揺れが激しくなり、机の脚をしっかりと握らないと、横に流されて机から出てしまう状態となったが、このときは「この地震、長いな」と思い、まだ心の余裕はあった。しかし、地震は数回にわたって起こり、いっこうに地震が収まる気配がないことから、「天井が落ちたときに、この机は壊れるのではないか」、「もしかしたら、死ぬかもしれない」と感じた。それと同時に、自分の顔色が変わってゆくのを実感した。これ以降は、ただ沈黙してじっと地震が収まるのを待つ状態であった。

著者の経験では、毎年、学校で防災訓練があり、「地震が起きました」とのアナウンスの後に、先生が「机の下に入ってください」とかけ声をかけて、皆がいっせいに机の下に入りしばらくじっとして、その後、皆で校庭に集合するというものであった。しかし、今までは地震が起きても一回も机の下に入らなかったし、それでも難を逃れてきた。この要因の一つとして、著者が今までに体験した地震が小さかったことがある。

しかし、今回の地震は違った。メンバーの方の「机の下に入ってください」とのかけ声を聞き、「皆が続々と机の下に入る」のを見て、あわてて「机の下に入った」。内省すると、学校の訓練のおかげで、「机の下に入ってくださいとのかけ声を聞き、皆が机の下に入るのを見る」ことによって、「いつもと違う」と感じ、正常性バイアスが解除されて「この地震は危険だ」と認識し、「机の下に入る」行動に移ったと考えられる。

机の下に入った後は、さらに地震の規模は大きくなり、その継続時間が長くなるにつれて、より異常事態を実感し、身の危険を感じる状態であった。

地震発生直後から発生中までの著者の体験から得られた知見は以下の二点である。

(1) 「机の下に入ってくださいとのかけ声を聞き、皆が机の下に入るのを見る」ことによって、「この地震は危険だ」と異常事態を認識でき、「机の下に入る」行動を起こした。この「感覚→認識→行動」という一連の関連づけは、学校の防災訓練による影響が大きく、この一連の関連づけを強固にすることが重要だと考えられる。

(2) 地震の規模が大きく、その継続時間が長いほど、異常事態をより強く実感した。

余談ではあるが、岩手県三陸沿岸地域では「津波てんでんこ」という言い伝えがある。「津波てんでんこ」は、「津波のときは、事前に認め合った上で『てんでんバラバラ』に逃げて一族共倒れを防ごうとする意味」で、「一人でも助かること。自分の命は自分で守る」ことが重要とされる。(2) 一見すると自助意識だけのように思われる。しかし、避難していない人々が避難している人々を目の当たりにすることによって、津波が迫っているというメッセージを受け取り、避難を開始することにつながるため、結果的にともに助かる共助の知恵でもあるとの重要な指摘がなされている。

「津波てんでんこ」を正常性バイアスの解除装置と考えると、平常時に「避難している人を見る」ことによって、「いつもと違う」と感じて、正常性バイアスが解除され、「危険な津波が来る」と認識し、「すぐさま安全な場所へ逃げる」という行動に移す方法であると考えられる。

5　おわりに

本稿は、平成二三年東北地方太平洋沖地震の災害初期段階における著者の被災体験を基礎データとして、被災者の直面する課題を示した。本稿の課題は、多様な被災者のすべての課題を伝えるものではないが、今後の防災計画の立案や防災マニュアル作成を行う際の一助となれば幸いである。なお、実際の被災写真については、時系列で写真を整理しており、寒地河川チームのホームページで公開している。

(1)　山村武彦「防災・危機管理心理学」防災システム研究所（http://www.bo-sai.co.jp/bias.htm）

(2)　矢守克也・渥美公秀・近藤誠司・宮本匠『防災・減災の人間科学――いのちを支える、現場に寄り添う』新曜社、二〇一一年

＊　吉川さんは、震災当日に東北大学で行われた研究会に参加され、被災されました。この報告は、その体験に基づいて書かれたもので、すでに彼の所属機関である独立行政法人土木研究所寒地土木研究所発行の雑誌『寒地土木研究所月報』第六九五号（二〇一一年四月）に掲載されています（論文名「平成二三年東北地方太平洋沖地震の被災体験に基づいた災害直後に被災者が直面する課題」）。学術的報告でありますが、同時に、自身が被災した立場にたっての記憶と体験の記録という意味も持っており、本書に掲載することにしました。転載にあたっては、図および参考文献を省略させていただきました。ご許可をいただいた吉川さんおよび寒地土木研究所の方々にお礼申し上げます。（編集部）

二　留学生

二一一　中国からの留学生

両親は私の理想や夢を応援して再び行かせてくれることになった

文・院生・女

（二〇一一・六・三）

・三月一一日

私は地震のとき、ちょうど東北大学川内北キャンパスの新入生サポートセンターで部屋を探していた。最初に窓が揺れる音がして、その後どんどん揺れてきた。スタッフが「机の下に隠れて」と指示をして、四、五人が小さな机の下で頭を守りながら避難していた。途中、少し年上のおじさんがずっと私を庇《かば》って周りの状況を見ていた。一分ぐらい地震が続いた後、すぐスタッフの指示で外に避難した。そのときはたくさん人がいて、途中プールのそばを通ったら、水がすごく揺れているのを見て驚いた。携帯電話はつながらず、家族とも連絡が取れなかった。

その後、東北大学川内南キャンパスの萩ホールの前に移動し、今日の活動はおしまいということになった。途中も何回も余震があって、最終的には学部四年生のボランティアが国際センターまでみんなを引率して、そこで解散した。その頃、雪が降り始めた。タクシーで帰ろうと思ったがつかまらず、結局歩いて仙台市青葉区三条町の国際交流会館に帰った。徒歩で四〇分ぐらいだった。途中、信号も止まっていたが、みんな秩序だっていたので、びっくりして、とても感心した。あのときは雪がふわふわと降っていて、前も見えないくらいだった。私は全身雪で濡れてしまった。

部屋に帰ってすぐにお風呂に入ろうと思ったが、ドアを開けた瞬間、また強い余震が来た。部屋の中はもう滅茶苦茶になった。私はパスポートやパソコンなどの貴重品とタオルを取って、他の留学生たちと会館のホールに集合した。みんなでこれからどうするかを相談して、結局、食べ物を買いに行った。私は留守番をすることになり、自分が持っていたパンと牛乳を食べながらみんなを待った。その間、会館のスタッフさんが緊急用食品を配っていたが、私は食べ物があるから取りに行けなかった。電気もなく、外も暗くなった。コンビニに人がけっこう並んでいたから時間がかかったようだが、約三〇分後にみんな帰ってきた。

最初は会館のホールで過ごすつもりだったが、その日知り合った博士の先輩が「三条中学校に避難しよう」と言ったので、そこに避難することにした。部屋に戻って、お金など貴重品をもう一度チェックして取り、避難所の体育館に行った。外は暗くて、余震も心配しながら夜を過ごしていたが、寒くて寒くて我慢できず、もう一度会館に帰って布団を持ってきた。そのときようやく中国の両親と連絡が取れて、無事を報告した。そのときは津波があったことはまだ知らなかった。

・三月一二日

翌日の朝、寒かったので、もう一度会館へ戻ってダウンジャケットを着た。食べ物もいっぱい持って体育館に帰った。そのとき避難所にはラジオもあったので、外の事情を知ることができた。学校の先生たちが新聞を配っていて、それで津波のことなどを知った。友達の携帯電話がつながって、それで一〇〇～二〇〇人の遺体が海岸にあがったというようなさまざまなニュースでみんな不安になった。そのうち、仙台で長く暮らしている中国人が来て、みんなの名前と帰国希望の有無を聞いていった。そしてその情報を大使館に持って行ったようで、無事な人の情報がインターネットに出た。

避難所では、食べ物を配り始めた。昆布のおにぎり、一人一個。ボランティアが牛乳を子どもに配る。私は三月九日に帰仙したばかりで、食べ物はお菓子ばかりだったが、たくさんあった。水は不足していて、粉ミルクを作る人と薬を飲む人だけに配られた。幸い私たちは水も持っていて、最初の日だけおにぎりをもらって食べた。一日中余震があり、寒くてこれから何をしようか、どうしようかがわからない中で、イライラしてほとんど避難所で寝ていた。ライフラインの復旧状態が不明だった。

・三月一三日

この日から食べ物は一二歳未満、七〇歳以上の人だけへの提供になった。三条中学校の隣には東北大学の国際交流会館があるため、外国人が多い。中でもインドネシア人の家族が多く、とくに子どもが多い。幸い、水は一人一日五〇〇ミリリットル配られた。大使館からはなんの情報もなく、みんながっかりしていた。同じ研究室のインドネシア人のところには大使館の人が来て、東京に連れて行くとのことで、うらやましかった。韓国人がいないので、もう帰って行ったのではという噂もあった。中国政府はいったい何をやっているのか、とみんなが思った。その日も福島原発のことを聞いたが、具体的なことは不明だった。

その日まで一緒にいた友人たちのうち、二人だけが仙台に残っていた。一人は仙台市泉区の日本人の恋人の家に避難していた。もう一人の友達は、教会（たぶんヨハン教会）の中国人が来て、食べ物が豊富にあると聞いて、その人と一緒に教会に行った。

昼間、中国のテレビ局の人が来て取材していた。私は映らなかった。彼らは「あなた方は助かる」と言っていた。取材を受けた一人の先輩は「みんな大丈夫」と言った。結局その日、三条町の避難所に電気が来た。回路がショートしたためか、体育館隣の校舎で火事が起こり、みんな貴重品を持って外に逃げた。火事の調査が終わった後、体育館は一時的に使われなくなった。隣の武道館に避難したかったが、日本人の子どもと老人のみを受け入れていると言われた。それで、私を含めた中国人男女各二名の計四名のグループで、みんなで荷物を持ってまた交流会館に戻った。

みんな一応落ち着いていたけれど、火事が起きたことや原発のこと、いろんなことを思い出し、心配になってきた。これからのことを考えていたとき、前の日に学友会の副会長が山形に避難したという話を聞いた。夜には、ある男性の方が会館で部屋がないから、ホールで新しい寝場所を探そうとしていて、インド人とケンカが起きた。すごく不愉快になり、その上、近々震度七の地震が来るといわれていたので、他の中国人の先輩たちもその日のうちに山形へ行った。周りに残った中国人がどんどん少なくなっていった。いろんなことが原因となり、結局私たちも帰国を決意した。まずは山形に行こうと思った。

山形行きのバスは朝八時から運行していたが、早めにバスに乗るため、私たちは夜二時半くらいに会館を出発して、歩いて仙台市役所のバスターミナルに出向いた。途中タクシーが通り、こんな時間にタクシーが走っていることに驚いた。その運転手がドアを開け、どこに行くのかと聞いてきたので、私たちは山形に行くことを伝えると、二万円かかると言われた。みんなで相談したあと、そのタクシーに乗った。途中で市役所のバス停の前を通ると、もう四〇人くらいの人が並んでいた。

・三月一四日

朝四時半くらいに山形に到着した。タクシーの運転手はとても親切な方で、開いていたコンビニなども探してくれた上に、山形のタクシーの運転手に頼んで空港へ連れて行ってもらってはどうか、夜間料金ではない五時以降がよいなどとアドバイスしてくれた。

しかし、先輩方は山形から東京や大阪への飛行機チケットがなかなか手に入れにくいと言われた。そのとき、山形の運転手から、山形から新潟には五万円あればタクシーで移動でき、そこで東京行きの新幹線に乗れることを知らされた。またみんなで相談し、山形を朝五時に出て新潟にタクシーで向かうことにした。

途中、みんな寝ていたが、私は助手席に座って起きていた。運転手が観光ガイドをしてくれ、温泉やおいしい食べ物のことなど、いろいろなことを教えてくれた。ホワイトデーだからということで、みんな運転手さんからチョコレートをもらった。友人たちは、途中の写真を撮るなどして盛り上がっていた。避難しているのに観光しているようで不思議だった。

朝八時半に新潟に到着した。九時に始発の新幹線があると知った後、研究室のY先生に電話すると、順調につながり、帰国することを告げた。先生からは「気をつけて」と言われた。その後、また両親に連絡し、状況を告げた。計画停電になる前に、九時の新幹線に乗って東京へ行った。一一時半に東京に着くと、東京にいる友人が迎えに来てくれた。女の子たちは、東京にある私の友人の家に泊まり、男性一人は大阪、もう一人は神戸へ行った。久しぶりにシャワーを浴びて、温かいごはんを食べた。そのときは本当に感動した。

・三月一五日、一六日

一五日はゆっくり休んだ。その後、みんな帰国の準備をしていた。だが、飛行機のチケットはすごく高かった。片道一五～二〇万円くらい。最高で一万ドルのチケットもあるという噂が流れた。本当にびっくりした。でも帰らなければならないから、中国の友人に手伝ってもらい、一八日出発のチケットを購入した。一八日出発のチケットは七万円くらいで、それを買った。日が経つごとに値段が上がっていったそうだ。東京の友人らは帰国の決断をするのが遅かったから、一七日に二〇万円くらいのチケットを買うことになった。

一六日には、再入国手続きのために東京の入国管理局に行った。万博のように人がたくさんいた。入国管理局での手続きは簡略化されていたが、朝八時に入管に行ったにもかかわらず、人が多すぎて、終わったのは午後三時だった。待っていた人のほとんどは中国人だった。みんな並んで待っている間に食事をとっていて、そのあたりはすごく汚かった。順番を守らない人もいた。本当に恥ずかしくて嫌な思いがした。

・三月一七日、一八日

一七日、中国に帰る友人とともに、羽田空港に行った。彼女たちを見送った後、私は空港に泊まった。ベンチにそのまま寝た。その夜に地震があったが、慣れていたので、怖くもなくあわてることもなかった。帰る前に羽田空港でおいしいものを食べ、お土産も買った。

ようやく一八日になり、一六時くらいに中国の上海に到着した。家族のみんなが空港まで迎えに来て、「無事で帰ってきて何よりだ」と言ってくれた。

私は五月五日に日本に戻ってきた。家族のみんなは私を行かせたがらなかったが、私は修士課程に入学できたので、やはり日本で勉強したい、生活したいと伝えると、両親は私の理想や夢を応援して再び行かせてくれることになった。

ボランティアを企画し、研究室のみんなと深沼や石巻に泥かきに行った

経・学部生・女
(二〇一一・八・八)

震災当日は、午後三時に経済学部の国際交流支援室のスタッフと蔵王の温泉に出発する予定で、送迎バスも東北大学川内南キャンパスのロータリーに来ていた。ちょうど支援室からお酒などを運ぼうとしているところで、「行こうか」と言ったときに揺れが来た。部屋には五名の人がいて、その中には赤ちゃんもいた。テーブルの下に隠れようと思ったら、「外に出よう！」という声がして、まだ揺れている中、外に出た。赤ちゃんを抱いていた人も外に出た。車も建物もすごく揺れているのが見えた。先輩が仙台市太白区八木山の家に置いてきた子どもを心配して泣いていた。みんな、コートもカバンも部屋の中にあったが、怖くて動けずにいた。そこで自分が一人で二階の部屋に戻った。コートやカバンをすべて持って出ようとしたとき、また揺れたので急いで外へ出た。

その間、赤ちゃんはずっと笑っていて、それを見たら

落ち着いた気持ちになった。この頃になって先生方も上の階から下りてきていた。日本人は落ち着いているように見えた。誰かが、「経済学部棟と文学部棟の間の中庭に逃げよう」と言った。でも、危ないと思ったのでそこへは行かなかった。途中でゼミの先生に会い、その指示で東北大学川内南キャンパスの萩ホールへ向かった。先輩の子どもが、東北大学けやき保育園にいることを思い出し、様子を見に行った。子どもたちはブルーシートをかぶっていたり、先生がおぶったり、抱いたりしていた。安全を確認して萩ホールへ戻った。萩ホールで解散になった。ゼミの先生にどうするかを聞いたが、先生は全体のことを考えて、「おそらく大丈夫だ」と言った。

ルームメイトとキャンパスをうろうろし、どこへ行けばいいか途方に暮れていた。自宅はマンションの四階なので帰るのは怖かった。交流支援室のS先生が、家に来るかと聞いてくれたが、先生の家は仙台市泉区で遠いし、家族もいるので迷惑をかけると思い、どうするか迷った。そうするうちに雪が降り始め、あたりがたちまち真っ白になっていった。それを見て恐怖心が高まり、世界の終わりだと思った。とりあえず、支援室の先生の車に入って、カーナビで津波の映像を見た。現実とは思えず、まるで夢の中にいるような気持ちだった。

ルームメイトは三月卒業だった。彼女はすぐ携帯電話のスカイプで家族に連絡を取ったが、親が泣いていた。ルームメイトが「S先生の家に行く」と言うので自分も一緒に行くことにした。大学近くの牛越橋に差しかかったあたりで大きな余震が来て、橋が壊れると思った。日本人がこんなときもルールを守って渋滞の車を追い越したりしないことに驚いた。先輩の子どももけやき保育園から連れて行き、先輩にはその旨を連絡した。S先生の家に集まったのは留学生三人、日本人一人、先輩と子ども。お菓子などを食べ、家に一晩泊まったが、あまり寝られなかった。宮城県美里町小牛田《こごた》でアルバイトをしていた一人の友達とは連絡がつかず、津波でやられたかと思った。夜にワンセグで津波の場面を見たり、仙台市若林区荒浜で二〇〇人の遺体というニュースを聞いたりして驚いた。

翌日（一二日）、まず仙台市青葉区折立《おりたて》の先輩の家へ行ったが、かなりやられていた。その後、自分の部屋へ行ってみるとそれほど被害はなく大丈夫だった。しかし、それでもルームメイトは「家にいたくない」と言ったので、学校へ行ってみた。交流支援室からお菓子とコンロ、会計からボンベをもらって、仕方ないのでまたS先生の家へ行った。指導教官の先生にどうしたらよいか聞いたが、具体的な指示がもらえず、そのときは冷たいと思った。指導教官以外に頼れる人がいないので、指示とかを聞きたかった。その日はもう一泊S先生の家で過ごした。昼にはバーベキューをした。お湯を沸かして、夜にはカップ麺を食べた。

日曜日（一三日）、友達と連絡が取れた。夜には家に電気が戻り、仙台市青葉区角五郎は水もずっと出ていた。ガスがないので、バーベキューをした。その友達の家で一泊することにした。ルームメイトはこの日に仙台を離れた。市役所からバスで山形に行き、そこから新潟へタクシーで行ったようだ。「一緒に中国へ帰ろう」と言われたが、大丈夫だと思って自分は残った。電気、水があったのが大きかった。食料は生協に並んで確保した。並んでいると、前のおばさんが「留学生は大変だね」と言って、支払いのときに自分の分のお金も払ってくれた。これで三、四日は食料が大丈夫だと思った。

その夜になって、前日（一二日）の原発の爆発（一号機）を初めて知った。家に電話すると、親が「早く帰ってこい」と言ってきたが、「大丈夫だ」と言った。今度は携帯電話にメールで放射能の雲に関する注意事項が回ってきた。ある友人から「明日、新潟に行く」と聞いたが、まだ帰る気はなかった。別の後輩からも、どうしたらいいかと聞かれたので、みんなには「帰れるなら帰って」とアドバイスをした。いくつかのグループがその晩にタクシーやバスで仙台を離れたようだ。様子を見ようと思って、夜中の二時に市役所のバス停へ歩いて見に行った。それ着いたのは三時頃なのに人がたくさん並んでいた。それを見て、行く人は早く行くようにと、みんなにメールを送った。自分も一応片づけを始めた。S先生も、先輩に仙台を離れるようアドバイスしたと聞いた。

月曜日（一四日）、朝八時頃、学校に行き、事務の人にどうしたらいいか聞いたが、返事をもらうことはできなかった。後輩と会ってどうしたらよいか話し合い、そこで中国へ帰ると決めた。教務からヘルメットをもらった。まず新潟行きのバスチケットを買おうと思ったが買えなかった。アメリカからの留学生が仲間がいなくて困っていたので、自分たちのグループに入れてあげた。みんなで駅に集まったが、チケットが買えない。キャンセル待ちの列に並ぶが、それでも買えない。たまたま駅に、一枚紙が張ってあって、それを読むとバスチケットはネットで予約する必要があるとあった。そこで東京の友達にお願いして翌日のチケットを予約してもらった。こんな大切な情報を張り紙だけで伝えようとするのはおかしいと感じた。友人たちにもネットで予約する必要があることをメールした。実はそのとき、パスポートが手元になく、旅行会社にあった。台湾に旅行しようとしていて、ビザの必要からパスポートを東京に送り、そのときはちょうど東京から仙台に送ってもらうところだった。仙台の旅行会社に行って、パスポートを新潟の領事館に送ってくれと頼んだ。まだ本当に帰国した方がいいのか確信が持てず、どうするか相談したかったが、相手がいなかった。仙台市青葉区青葉通りのダイエーの前あたりで、神戸からの消防車が通りにずらっと並んでいて、それを見たら足が震えた。家で帰る準備をしていると、二回、大きな地震があった。友人からの情報で、工学部では卒業式がキャンセルされ、学生に仙台を離れるようメールが送られていることを知った。

火曜日（一五日）、新潟へ行くバスに乗った。噂では、新潟に中国政府の迎えの飛行機が来ると聞いた。何百人かが新潟空港に集まったが、本当ではなく、そうやって政府に圧力をかけようという意図だったと聞いた。実際には新潟からは片道一六万円の上海行きの飛行機しかなかった。新潟空港で朝日新聞に写真を撮られて、新聞に載った。中国の友人が、広島発の大連行きのチケットを買ってくれ、その日、新潟の領事館にパスポートも届いた。そこで、新潟でホテルに一泊し、次の日（一六日）の朝、新幹線で広島へ向かった。新潟は大雨で、原発も次々爆発し、とても恐ろしかった（一四日の三号機に続き、一五日の午前六時過ぎには二号機と四号機でも爆発が起こり、翌朝にかけて火災も相次いで発生）。

広島で一泊したとき、初めて完全にリラックスできた。宮島を見学し、知り合いもいたので、お好み焼きを食べた。もう日本に帰らないでおこうかとも思った。

大連に着くと中国の新聞社が父親と一緒に迎えに来て、新聞の取材を受けた。一ページまるごと自分の記事だった。親戚も全員連絡を取ってきた。テレビ局も取材に来て大騒ぎに。タクシーでも運転手に「日本から来た人ですか」と聞かれたほど地元で有名になってしまった。

実家では日本のニュースを翻訳してネットで友人たちに流すことをしていた。また、募金活動もした。四月の初めに帰ろうと思ったが、親は反対した。そんなときに余震もあったのでしばらく様子を見ていた。

後輩などとも相談して、四月二七日に成田経由で新幹線で仙台に帰った。風が強い日だった。一人で家の掃除などをし、研究室にも顔を出した。余震はまだ続いていた。そのうちだんだんみんな、仙台に帰ってきた。そこでボランティアを企画し、研究室のみんなと深沼（仙台市若林区荒浜）や石巻に泥かきに行った。ボランティアセンターに、中国留学生団体という名前で登録した。炊き出しも申し込んだがなかなかできず、最近になって石巻でやることができた。餃子を作った。今後も、石巻の保育園の手伝いをすることになっている。募金は、中国人研修生たちの命を救ったと中国で大きく報道されて有名になった女川《おながわ》の佐藤充さんのご遺族に差し上げた。

帰国しないことはもう決めたので、都合のよいことだけを考えようと思った

経・学部生・男

（二〇一一・八・八）

地震のときには、東北大学川内南キャンパス文学研究科研究棟五階の研究室にいた。最初は上下の揺れが来て、後ろの棚から本とヘルメットが落ちてきた。部屋にいたもう一人の中国人女性と非常階段から逃げた。九日の大きな地震の後、妻と「一番近いところから逃げよう」と話していたのでそこから逃げた。逃げている最中に階段で一番大きな揺れが来た。

まず文学部脇の駐車場へ逃げ、そこから川内南キャンパスの萩ホール前へと移動した。そこで名前を書いて安否を報告した。指導教官の先生ともそこで会った。必要なものを取って家に帰るよう指示があったので五階に戻ると、本棚がめちゃくちゃになっていた。片づけるのは無理だと思い、その日は自転車で帰った。雪で、帰るのが大変だった。

家に帰ると本棚とテレビが倒れていた。妻は、就職活動のため適性テストのテストセンターにいたため、妻を迎えに街に出て、そこで合流した。だんだん暗くなり、近所の小学校の避難所へ行ってみた。夜一一時くらいになって、おにぎりが配られた。これが震災後、最初に口にしたものだった。しかし避難所は寒くて、眠れなかった。家でちゃんと布団で寝る方がよいと思って家に帰った。

避難所にいたとき電話がかかってきて、直接は知らない人だが、親戚の知り合いで今、広島にいるとのことだった。その人を通して実家に自分が安全だと情報を流してもらった。しかし両親と後で話したところ、これを信用せず、親戚が気休めを言っているのだと思っていたという。

一二日。街はどうなっているのかと思い、自転車で外へ出てみた。街の中心部にはもう電気がついていたので、

自分の家もそろそろかと思った。学校にも行ってみたが、建物に入れないと言われた。そこでお願いしてヘルメットとラジオだけ取らせてもらった。たまたまアルバイト先の友達と会う。アルバイト先は河北《かほく》新報（仙台市に本社を置く地元新聞社）。アルバイト先は大丈夫とわかったので、そちらに移動した。電気も情報もあったので。場所は仙台市青葉区五橋《いつつばし》のビルの五階。仮眠室や休憩室があるのでそこに泊まった。留学生は最初五、六人、そこに泊まっていたが、自分たち以外は一五日頃みんな帰国した。

一三日。家に帰ると電気が復旧。水は止まらなかった。生協で普段なら一〇〇円するそうめんが五〇円だった。

一四日。妻の先生から、月曜（一四日）から大学に入ることができ、インターネットも利用可能だと連絡があったので、学生の安否確認をお手伝いし、誰がどこにいるかを調べて報告していた。そのときＯさんから連絡があって、新潟行きのバスのチケットがあると言われたが、中国に帰ることは考えていなかった。

一五日。北京の領事館の友人から、帰国するようにと連絡があった。領事館の情報なので信頼できるから帰ろうかと、そのときは思った。中国大使館がバスを用意するので、リストを作ろうという連絡が友人からあり、リストを作成した。午後五時くらいに仙台駅近くの国際ホテル前に集まる。まだ帰るかどうかは決めていなかった。ゼミの先生に連絡して、大使館からの呼びかけを伝えた。Ｋ先生が国際ホテル前まで来た。先生に相談したが、「帰るなとは言えない」と言われた。「先生は他のところ（仙台以外）へ行きますか？」と聞くと、「行かない」と言う。それを聞いて残ることを決めた。

留学生一名と妻との三人で河北新報に戻った。中国の家族からは「帰ってこい」と連絡があったが、残った。河北新報の留学生は自分と妻と他一名を除いて、そして日本人アルバイトは全員がいなくなった。河北はアルバイトがいなくて厳しい状態だった。

帰国しないことはもう決めたので、都合のよいことだけを考えようと思った。いろいろな情報が流れる中で、ＮＨＫは信じるということを信念にして動いた。毎日大学に通って、本棚の片づけをした。一七日は日本人の修士学生が呼びかけて、経済学部四階の図書室の本の片づけをした。

アルバイト先の河北新報に残ったもう一人の留学生が、西安の知り合いに頼んで大阪～香港～西安の一九日のチケットを予約してもらっていた。自分も念のために予約してもらった。しかし一七日、一八日の放射線量をインターネットで見たが、大丈夫そうだったので、チケットはキャンセルした。

河北新報には三月二〇日頃まで泊まって、その後は家に戻った。五月まではうろうろして過ごした。大学図書館の復旧ボランティアもした。

留学生には地震の経験がない。そこで自分は日本人の行動をまねして行動した。アルバイト先の人や大学の先生。情報源がどこかわからない情報が多いので、中国人同士の情報はあまり信じなかった。新潟行きのバスの話も、大使館ホームページには新潟までのバスのことしか書いていなくて怪しかった。新潟に行った友人から、「こちらには来ない方がいい」と連絡を受けて、やっぱりと思った。周りの人がパニックになっておらず、福島から逃げる人がきちんと列をつくっているのを見て、ここにいても大丈夫だと思った。中国ではみな放射能除けのため塩を買い占めているというニュースを知り、両親には中国へ帰っても仕方ないと伝えた。ただ、祖父には日本に残ると言えず、「今そちらに向かっている途中だ」と嘘をついた。

四月七日の余震はとても恐ろしく、今回はもうダメかとまで思った。

姉は最悪一年休学すればいいと言ってくれて、最後は自分で決めるように言った

農・院生・女

（二〇一一・七・一四）

地震のときは川渡《かわたび》フィールドセンターの研究室にいた。センターの先生に「危ない」と言われたので、センターの外に出た。N先生とT先生がリーダーとなって指揮をとった。建物への立ち入りが禁止となったので、ログハウスに避難した。教員、職員は、建物の中の電気などを確認しに行った。

夕飯は二〇人くらいで、米、ニンジン、ジャガイモなどをコンロで調理した。先生たちはラジオで情報を収集していた。その日の寝場所は実習棟の二階にあるベッドがある部屋と和室で、男女別にわかれて寝た。先生たちは夜は交替でラジオの地震関係の情報を聴いていた。

次の日（一二日）は、技術職員のTさんたちがコンビニに行き、食べ物を買ってきてくれたので、食料が足りないということはなかった。

三日目（一三日）に原発事故を心配して、先生たちは学

生に実家へ帰るようにという指示を出した。その日はまた実習棟に宿泊した。

四日目（一四日）、ある人はセンターの車で新潟に送ってもらい、ある人はTKさんの車を使って仙台を脱出した。私は山形にあるUさんの実家に立ち寄り、昼ごはんをいただいてから、電車で鶴岡～新潟を経由し、長野に泊まった。

翌日（一五日）、新幹線で名古屋に行った。そのときは、まだ帰国したくなかったので、愛知県にある京都大学の研究機関に泊まった。

S先生や家族から帰国を勧められたので、手続きをしてから、一七日に名古屋から上海に帰った。四月二〇日に上海から東京に戻ってきた。中国へ帰るチケットは知人の知り合いがインターネットでなんとか手配してくれた。一番早い便は一七日のもので、名古屋から上海まで八万五〇〇〇円だった。

中国では家族からも友達からも、日本に戻らないようにと勧められた。ただ、姉は最悪一年休学すればいいいと言ってくれて、最後は自分で決めるように言った。私自身は戻りたかった。

日本に戻ってきてから大変だったことは、とくにはない。みんな普通の生活をしていたので、びっくりした。

私は四川大地震（二〇〇八年五月一二日発生、マグニチュード七・九、死者・行方不明者は九万人以上とみられる）を経験していたから、今回の地震も最初は大丈夫だと思っていた。ただ、帰国指示が出たので帰らざるを得なかった。

一緒にいた人が四川大地震を経験していて、「上下動だからこれは大きい」と言った

経・学部生・女

（二〇一一・八・八）

地震のときは、常磐線に乗っていた。正午に東京を発ち、一四時四〇分に茨城県の土浦を出たところだった。電車の中はすぐ電気が切れたが、前にもそういうことがあったので、大したことはないと思っていた。一緒にいた人が四川大地震を経験していて、「上下動だからこれは大きい」と言った。近くにいる日本人のおばあさんに聞くと、「こんな地震はこれまで経験したことがない」と言っていた。遠くの山を見ると、山崩れのような煙があがっていて、ただごとではないと気づいた。ただ、電車の停止場所は平地だったので安全だと思った。

運転士と警官の誘導で電車から降り、一番近くの土浦の町に行った。ＪＲの駅で数時間待った後、二三時頃、山の上の小学校へ行き、そこで最初の食事をとった。

一二日。電車の乗客はみんな日本人で近くの人ばかりだったので、家から迎えが来て、帰って行った。残ったのは、留学生二人と一〇人くらいの日本人だけだった。水戸へ市役所の人が連れて行ってくれた。仙台へ帰ろうと思ったが、駅の人が「道路が潰れていて無理だ」と言っていた。

水戸の避難所にしばらくいて、次にどうするか相談した。一五時頃、中国の両親から、福島の原発事故について連絡があり、怖かった。とりあえず遠いところへ、と思い、東京へ向かった。そのとき、神戸大学の友人から電話があり、福島原発のことを心配して、神戸に来るよう誘われた。一緒にいた友人も大阪に友達がいた。そこで東京から関西に逃げようと思った。長距離バスに乗って東京に着いたのは二三時だった。お金がなくて新幹線に乗れないので、バスに乗りたかったが、インターネットがつながらず、コンビニに予約に行くが、どれも満席だった。そこでバス会社に一つひとつ聞いていくと、最後の会社が、東北からの避難で住む場所がないと聞くと、親身になって探してくれて、たまたまキャンセルが出たため乗ることができた。

大阪までバスで行き、そこから一人で神戸へ向かった。仙台にすぐ帰ろうと思ったが、友人はみな帰国すると聞いた。一人でさびしくて怖いと思ったので、先生に相談して帰国しようと考えた。しかしパスポートは仙台に置いてきて手元になかった。大阪の領事館に連絡すると、とりあえず旅行券を発行してパスポートの代わりにできると回答があった。大使館で旅行券を申し込み、入国管理局で再入国の手続きを取った。入国管理局ではたくさんの外国人が地べたに座り込んでいた。

一七日くらいまでに準備ができ、飛行機のチケットも予約した。二二日、関西国際空港から北京へ帰国した。帰国後、テレビやネットで日本の地震や原発の情報を集めていた。自分は早く日本に戻りたかったが、両親は中国のテレビを見て不安がっていた。

二—二　中国以外からの留学生

彼女はそこから飛行機で岩手へ、自分は一週間ほどタイに戻った

工・職員・男・タイ
（二〇一一・六・七）

地震発生時は、東北大学青葉山キャンパスの津波工学研究室にいた。電気が消えた。階によって避難経路が違うので、それに沿って避難した。一回、荷物を取りに戻った。自転車を押しながら歩いて家に帰り、部屋を片づけ、荷物を持って彼女（日本人、岩手出身）の家へ行き、その日は仙台市青葉区柏木の柏木市民センターで過ごした。電気が一つしかなく、不便だった。翌日の朝、河北新報の新聞をもらい、やっと情報を得た。それから青葉区片平にあるタイ料理の店、バンタイランナーへ行った。そしてそこに、青葉区三条町にある三条中学校にいたタイ人の学生などを連れていった。お店にはタイからの記者何人かも含めて、三〇～四〇人くらいがいた。

三月一六日、彼女と一緒にタイ大使館のバスで高速道路を使って羽田へ行き、彼女はそこから飛行機で岩手へ、自分は一週間ほどタイに戻った。帰国しようと思った理由は、父が原発のことを心配したためだった。

家族への連絡は、福岡にいた日本人の友達から電話が来たときに、家族に連絡してほしいとお願いし、東京にいるタイ人の友達が自分の無事をフェイスブックに書き込むという方法で行った。

地震後三、四時間以内に携帯電話でスリランカの家族に連絡した

工・院生・女・スリランカ
（二〇一一・六・七）

震災当日は他の学生とともに、東北大学青葉山キャン

パスにある研究室にいた。一一日の震災の二日前にも地震があり、びっくりしていたが、それ以上の揺れだったので怖かった。テーブルの下に隠れて揺れが収まるのを待ったが、一〇分以上揺れているかのような印象を持った。

揺れが収まってからビルの外へと出たが、その後、荷物を取りに研究室へ戻った。なんとかして歩いて川内の寮に戻り、その日は寮のロビーで寝た。

地震後三、四時間以内にソフトバンクの携帯電話でスリランカの家族に連絡し、自分が無事であることを伝えた。国内電話はほとんど通じなかったようだが、国際電話は通じた。寮には食べ物はほとんどなく、ポテトチップスなどを食べていたように思う。翌日は、地震前に作っていたそばを食べた。

三月一七日にスリランカへ戻り、四月一八日に日本へ戻ってきた。

インドネシアで発表された情報の中に自分の名前がなく、家族は二日間ほどパニックに

工・院生・男・インドネシア

（二〇一一・六・七）

地震のときは、東北大学青葉山キャンパスにある津波工学研究室にいた。最初は縦揺れのように感じたが、横揺れだった。ヘルメットをかぶり、テーブルの下にもぐった。研究室にいた何人かは棚を押さえていた。部屋のドアを開け、室内用のサンダルのまま外へ出た。そのあと一度、研究室へ戻り、研究室の秘書さんの車の中で、カーナビのテレビで津波の映像を見た。

それから避難所へ行ったが、家族を見つけられなかった。地震のときは妻と子どもが仙台の市街地にいた。結局、アパートに歩いて帰って、ちょうど五分後に妻が歩いて戻ってきた。最初は、他のインドネシアの知人たちが、私たちのアパートの場所がわからずにいたが、一人のインドネシアの学生が偶然に仙台市青葉区柏木の柏木市民センターで同じ研究室の留学生に会って、私のアパートへの行き方を教えてあげた。

三月一三日の午後、大使館の職員がバスで迎えに来て、三月一四日にインドネシアに戻り、四月九日に日本にまた戻ってきた。

地震後は、インドネシアに連絡を取ることができず、インドネシアで発表された在日インドネシア人の情報の中に自分の名前がなく、家族は二日間ほどパニックになっていた。

大使館の車で塩竈に行って遺体を捜しました

文・院生・男・インドネシア

（二〇一一・五・三一）

地震が起きたときは、ちょうどアルバイトをしていました。アルバイト先は建築資材を配送する会社で、仙台市宮城野区蒲生の海岸から二〇〇メートルくらいの場所に事務所がありました。配送が終わってワゴン車でその事務所に帰るところで地震に遭いました。

その日、たまたま仕事先から宮城県塩竈市のマグロ漁船で働いているインドネシア人の友人に電話をしていました。その友人とは一年くらいのつきあいで、仙台でインドネシア人の集まりがあると呼んであげたりする仲でした。電話では、仕事が終わった後、四時くらいに塩竈魚市場の近くにある彼らの休息所で会う約束をしました。結局この約束は果たせず、その友人は津波で亡くなってしまいました。

仕事仲間の日本人が運転するワゴン車で、七北田川《ななきたがわ》に架かる橋のちょうど真ん中あたりに差しかかったところで地震に遭遇しました。携帯電話から変な音がして何かと思っていると、その後二、三秒で揺れが始まりました。車はすぐにスピードを落としましたが、橋の結合部の鉄が開いたり閉じたりして動き、上の高架からもガードレールが落ちてきて、橋の上をゆっくり移動するしかありませんでした。橋の上には他の車はいませんでした。橋の向こうの道路も一メートルくらい陥没していました。自転車に乗っていた高校生が揺れで転倒したのを見ました。

近くに生協があったのでそこでとりあえず休んでいたら、今度は近くの電柱が倒れるのを目撃しました。自分としては車で仙台に帰りたかったのですが、同僚は会社事務所に行きたいと言い、口論のようになりました。ラジオではしきりに一五分で津波がやってくると言っていたので大変恐ろしかったです。結局、同僚とは別れて彼は車で会社へ、自分は歩いて自宅へ向かうことになりました。自宅には一六歳の息子がいたので心配でした。そこは海から二・五キロメートルくらいの場所でしたが、雪の中を仙台に向けてとにかく走りました。後で聞いた話では、その同僚も会社に近づいたのですが、みんなが逃げているのを見てダメだと思って彼自身も逃げたそうです。自分は産業道路を仙台市街に向かい、卸町を通り、四五号線へと出ました。ひたすら走りました。

仙台市宮城野区苦竹《にがたけ》まで逃げたところで上空を自衛隊のヘリコプターが飛んでいるのを見て、「ああ、これは大変な問題なんだな」と実感しました。道路の信号は消え、車は渋滞していました。八〇歳くらいの人がブランドのカバンを持って逃げているのに会い、話をすると彼は「新幹線に乗りたい」と言っていました。自分も苦竹駅から電車に乗ろうとしたのですが、暗い駅構内に人だかりができていました。「電車はダメだ」と言っているおばさんがいたので、私はまた走り出しました。近くのパチンコ店からは、何かわかりませんが、大量の泡が噴出していて、それが雪と混じって足が滑りました。

雪が降る中、傘が欲しいと思いましたが、どこにもありませんでした。途中、東北大学雨宮キャンパス農学部に寄ったら、友達がいて夕方のお祈りをしていました。「車で迎えに来てあげるから待っていて」と言い残して、家に向かいました。仙台駅あたりに着いた頃はまだ明るかったです。その日は午後四時二〇分が日没で、その前に家には着きました。これまでの人生でこれほど速く走った経験はなかったと思います。

家に着くと、食料が確保できなくなると思ったので、まず家にある食べ物をすべて冷蔵庫から車に移しました。二週間ほど前にもらった魚や米などが冷蔵庫にはありました。さきほど約束した農学部の友人のところへ行くのは、道路が渋滞していたのであきらめ、仙台市青葉区八幡町にあるモスクへと向かいました。そこにはすでに人が集まっていて、一人のインドネシア人留学生は背骨が折れ、動けない状態でした。モスクも安全ではなく、庭には地割れができ、建物も陥没していました。建物が揺れるので、全員車の中で寝ました。モスクで夜を過ごしたのは一一人で、インドネシア人のほかにアフリカ人、バングラデシュ人などがいました。

翌土曜日（一二日）にはお腹が減ったので、モスクで魚を焼き、ごはんを炊きました。留学生がたくさんいる青葉区三条町の避難所には食料がないと聞いたので、焼いた魚をそこへ持って行って配りました。塩竈の友人たちが死んでしまったことは、そのときに聞きました。その日の夜は三条町の避難所に泊まることにしました。夜八時頃になって駐日インドネシア大使館の人が東京から避難所にやってきて話をし、翌日に塩竈方面にくわしい自分が案内してインドネシア人を捜すことになりました。

日曜日（一三日）にはまず、インドネシア人を仙台から連れ出すバスを捜すため、いろいろなバス会社に連絡を取りました。仙台市宮城野区にある仙台入国管理局のそばのＪＲバスに行って、「お金はいくらでも出すからバスを出してほしい」と言いましたが、「いくらでも無理だ」と言われてケンカになりました。東京の大使館に電話すると、バス二台を東京から送るという話になりました。

その後、大使館の人と大使館の車で塩竈に行って遺体を捜しました。海岸付近は自衛隊によって立ち入りの規制がされていましたが、大使館の車なので、中へ入れてくれました。しかし、そのときに余震が起き、小さい津波がやってきたためまた逃げることにしました。それから多賀城市役所にも行ってインドネシア人を捜しましたが、結局見つかりませんでした。

日曜の夜一〇時半頃、他のインドネシア人たちと一緒にバスで仙台を出発しました。出発前、東北福祉大学の前に集合していると、そこでイタリアのテレビ局の取材を受けました。実は自分の妻はその頃ちょうど仕事でヨーロッパに滞在中で、たまたまその映像を見て、私の無事を知りました。直接の連絡は取れませんでした。

東京へ向かう高速道路は、ほとんど車が走っていませんでした（緊急車両以外、通行禁止のため）。バスにはインドネシア人だけでなく、ベトナム人なども乗っていました。同じ研究室や同じ日本語学校の友人を連れてきた人がいたからです。東京へ到着したのは朝七時頃でした。東京では、目黒にあるインドネシア人学校の体育館に泊まりました。食べ物はおいしいものを大使館が出してくれてうれしかったです。体育館にインドネシアの日刊紙『コンパス』の新聞記者が取材に来て、インタビューを受けました。「塩竈に二五人、インドネシア人が残っているはずだ」と、そこで話しました。月曜の夜には、ラジオやＳＣＴＶテレビ（いずれもインドネシアの放送局）のインタビューを受け、インドネシアで改めてテレビ出演をする約束をしました。火曜日に成田空港に向かい、そこからジャカルタへ行くチャーター便に乗って帰国しました。

インドネシアに帰った後も、数々のメディアから取材を受けました。近所でタクシーに乗ったとき、運転手が自分のことに気づき、「日本から帰ってきた人ですか」と尋ねられたこともあります。また、インドネシア大学で情報交換をしたり、寄付金を募ったりもしました。

日本へは四月の二八日に帰ってきました。その後、炊き出しなどのボランティアをインドネシア人やモスクの友人たちと南三陸などで行っています。

鎌倉にいたとき、地震が起きた。これは遠方で起こった地震だと感じた

工・院生・男（二名）・ペルー

（二〇一一・六・七）


われわれ二人は、震災当日は東京大学で行われた地震と津波に関する国際会議に出席し、午後は鎌倉へ観光に行っていた。鎌倉にいたとき、地震が起きた。これは遠方で起こった地震だと感じた。EさんのｉＰｈｏｎｅで一〇分以内にインターネットにアクセスし、地震に関する情報を調べた。そして仙台が被害を受けていることを知った。

バスで七時間かけて東京に戻り、東京の秋葉原に一泊した。それから上野に移動、ヒッチハイクで茨城県つくば市まで移動し、そこに住んでいるペルー出身の友人の留学生の家に一〇日間滞在した。

その後、バスで東京に戻り、そこからまたバスで仙台に三月二一日に戻ってきた。二人ともペルーへ帰国はしなかった。

ＣさんはｉＰｈｏｎｅのメールで当日の夜にペルーへ連絡、Ｅさんも自分は無事であることをｉＰｈｏｎｅでフェイスブックに書き込んだ。地震発生時、ペルーは夜中だった。

❖コラム　買い出しの行動学——三月一三日の被災日記から

高倉浩樹
（とうしんろく共同世話人）

1　食料の買い出しと列

朝八時に自宅から自転車で一〇分ほどのスーパーマーケット「スーパービック」に到着。前日に近所の人から、この店は食料を八時半から売り出すと聞いていたので出向いたのだった。この時点で非常に多くの人が並んでいることに気がつく。店舗を取り囲むように列が続き、それは二重になっていた。

八時半に営業が始まり、開店後ほどなくして買い物を終えて出てきた人に聞くと、六時半から並んでいたという。店舗の中に入ることはできず、店の前の空間に、食料品や雑貨などが買い物カートに積み上げられ、青空市場のようなかたちでの営業。カートに品物がなくなると、店舗の中から商品を取り出してきて追加するという状況であった。

買い物は一人二〇品以内に制限されている。家族が数人単位で並んでいる場合が多い。制限があるためだろう。

とはいえ、家にいてもやることがないというのも並ぶ理由の一つのようだ。
近くにいた小学校低学年の娘と母親の会話。
母：（娘が疲れた様子を見て）もう帰ってもいいよ。
娘：いいよ、一人じゃ帰れないし。
母：そうか、家帰ってもやることないしね。
このような会話が至るところで繰り返されながら並んでいる。知っている人同士はもちろん、見知らぬ者同士でもちょっと会話をするだけでストレス解消になることを実感した。天気がよかったせいか、列の合間合間から楽しそうな会話がはずんでいることがわかる。また、知り合い同士が遭遇すると、とくに女性は手を触れ合い、お互いの無事を喜び合い、情報を交換するという場面が多々見られた。そのような場合の会話の始まりは、「うちは大丈夫。そっちは？」というものが典型的であった。このような会話をするのは女性同士、あるいは女性と男性間が多く、男性同士の場合はあまり見られなかった。

2　列待ちの行動学

歩行と停止の繰り返しについては行動時間配分調査を行った。
①方法
並び始めて一五分ほど経った八時四五分から買い物を開始した一一時四〇分までの間に、五分ごとの行動を

「動いている」「止まっている」のいずれかで記録。都合二時間五五分間を五分ごとに分け、全部で三六相となる。相の始まりの時点の行動によって、「動いている」「止まっている」いずれかに選別した。後で見た地図から判断すると、移動距離は四〇〇メートルほどである。

②結果

全三六相のうち、二八の相で「止まっている」、八の相で「動いている」となった。割合でいえば、「止まっている」相は七八％、「動いている」相は二二％。実際には、「動いている」相に分類された場合でも、動いているのはせいぜい五～二〇秒程度である。また、相の中間や終わりの方で「動いている」場合は、「止まっている」相に分類され、「動いている」相に含めていない。

③分析

およそ四〇〇メートルの距離を三時間かけて進んだ。この三時間のうち二二％が移動時間と配分でき、三九・六分が移動時間となる。つまり四〇〇メートルを三九・六分で進んだので、分速一〇メートル程度の速度で移動したことになる。日本人の大人の平均的な歩行速度を時速五キロメートルと考えると、分速八三メートル。つまり、今回の行動における分速一〇メートルというのは、通常の八分の一のスピードでしか移動しておらず、行動時間中の約八割は止まっているという状態であることがわかる。先に記したように、「動いている」相であっても五分間動き続けていることはなく、止まっている時間はもっと長かったわけだ。いかにストレスがたまる行動か想像できよう。

3　購入した食料

店舗を二重に取り囲んだ列の始点から進んでいくと、まもなく店舗の入口付近に設置された販売場所の脇に差しかかる。最初にここを通ったときには、多くの商品を見ることができた。メモしたものは以下のとおり。

各種缶詰、カップラーメン、牛乳、ジュース、ポテトチップ、せんべい、ガスボンベ（一人一個）、オレンジジュース、米（一〇キロ）、豆腐、油揚げ、ピーマン、焼きそば、味付のり、イチゴ、ネギ、グレープフルーツ、オレンジ、キムチ、アスパラ、ブロッコリー、えのき、インゲン、生理用品、ライター、たばこ、コーラ二リットル、ポップコーン、チョコレート、シーチキン缶、カレールー、シチュールー、ジャガイモ、といったものであった。品物は売り切れれば新しいものが補充される。

待てば待つほど必要性が高いものは売れていき、紙パックのジュースや袋菓子、雑貨が残った。三時間後に販売場所に到着したときには、狙っていたガスボンベや缶詰などはなく、野菜数種類とお菓子、シチュールーしか残っていなかった。三時間並んだわりにはあまりにも収穫がなかった。結局、一人二〇品の制限にもかかわらず、購入したのは一五品。おまけとして納豆をつけてくれた。計算するのが面倒くさいのか、何を買っても二一〇〇円、つまり一品一〇五円相当になっていた。一五品なのでもっと安くなると思ったが、変わらずの二一〇〇円で、交渉するには疲れすぎていて、そのまま帰宅した。

三　教員・研究員

三—一　研究員

最初は水汲みなどの作業は楽しいくらいだったが、だんだんやる気がなくなる

文・研究員・男
（二〇一二・六・二四）

地震のときには、東北大学川内南キャンパス文学研究科研究棟の高層階にいた。友人たちと一緒だった。非常に揺れた。このままだと建物が崩れるのではないかと思った。その後、川内南キャンパスの萩ホール前に移動した。集まっている人々はたくさんいて、みんなテンションが高かった。外は寒かった。

自宅に車で帰宅した。信号なしで四時間かかった。カーナビの映像で津波を見てびっくりした。帰路の途中も余震が多かった。自宅はライフラインが寸断されていたが、プロパンだったのでガスは使えた。冷蔵庫の中に食料があり、腐る前に食べようと思ってたくさん料理したので、夜は豪華な食事だった。電気がなく暗かったので、ノートパソコンを開いて、その明かりで料理をつくる。家には懐中電灯がなかった。電気は三日間ぐらいでついたが、水道は一〇日間復旧しなかった。

数日後ぐらいに食べ物がなくなった。自分の周りのミクロな情報が入ってこない。ラジオで、給水情報やどこで炊き出しをしているのかについて情報が欲しかったが、なかなか入手できなかった。スーパーに並んだりして過ごした。

困ったのは、大学とのやりとりだった。自分は二〇一〇年度に博士後期課程を退学することを希望していた。地震の影響を考慮して、さまざまな手続きの締め切りが延期されたが、退学届の締め切りはなぜか延期されず、どうしても三月三一日までに書類を提出しなければならないと学務係に言われてしまった。その理由についても一切説明がなされなかった。仕方がないので、震災後の困難な状況の中で自分の指導教員に連絡してサインをいただくなど、なんとかして三一日までに書類を間に合わ

せてギリギリに提出して退学した。震災という非常時だったので、締め切りの延期をしてほしかった。また、書類によって締め切りが延期されたりされなかったり、対応が一貫していないのは不適切だと思った。何度も学務係を訪れなければならなかったが、毎回事務員に面倒くさそうな態度をとられ、非常に不快であった。

自分の場合、やる気もなくなっていった。最初は水汲みなどの作業は楽しいくらいだったが、だんだんやる気がなくなる。とくに自分の研究はやる気がなくなってしまった。一か月ぐらいは、気持ちがぐちゅぐちゅしていたと思う。

実家などには帰らずに仙台の自宅で過ごした。家の近所では、シャッターなどに「水がある」といった張り紙があった。原発事故は怖いと思ったが、とくに問題にはしなかった。風呂に入れなかったのがつらかったので、頑張って水をたくさん運んで水位の低いお風呂に入った。

食料確保については八百ふじ（小売店）が早かった。一人何個という制限はなく、八〇〇〇円ぐらい買ったりもした。食料の供給はよかったと思う。四日後、一週間後ぐらいからは営業していたと思う。イオンが開いていたが、粉ミルクと水しかなく、使えなかった。

外国人の被災者には日本人と全然違うルートで情報が入ってくるのがとても面白かった

東北アジア研・研究員・男

（二〇一一・六・一〇）

震災のときは、東北大学川内北キャンパスの川北合同研究棟の四階で研究室の教授らと研究会をしていた。揺れが始まり、とっさに机の下にもぐった。モンゴル人の先生は「何をしている？」とにこにこ笑っていた。揺れがひどいので廊下に出たら、みんながエレベーターホールにいた。ちょうどポンプの下の場所。窓枠が倒れてきてガラスが割れた。びっくりした。みんながしゃがみ込む。その後動けなかった。川内北キャンパスの東北アジア研究センターの別の先生が来て、「建物が倒壊するかもしれないから外に出ろ」と号令。建物の中に荷物があったが、取れずじまい。

家に妻がいるので心配になり、帰宅。家の土壁が崩れていた。建物自体は無事だった。仙台市青葉区三条町の三条中学校が近くなので、そこに避難。畳があり、恵まれた環境だった。食料をまず確保。コンビニで水とおにぎり、八百屋でバナナなどを買った。さらに別の店でパンを買った。雪が降っていた。三条中では武道館に泊まる。一日目の夜と二日目の朝はおにぎりが出た。その後、体育館に集合し、「これ以上、食べ物はないので大人は自活を」と言われた。水は一日五〇〇ミリリットル配給。そこではリアカーで、水の入ったポリタンクが運ばれてきて配給がもらえた。

避難所には東北大学の留学生がたくさんいた。日本語ができる人もできない人もいた。ぼーっとして何もしていない人もいた。自分は中国語ができるので、中国人がすごいネットワークで、いろいろ情報交換をしているのに気がつく。あそこで食べ物があるとか、いろいろ役に立つ情報があった。日本語での情報より早かったと思う。

自分の実家は仙台市宮城野区にある。親と兄弟に安否確認の連絡を取ることができたが、その後、連絡が取れなくなった。

その後は食料を買って、自宅に保存した。三日目には、どこかのお店に並ばないと食料と水がないことに気がつく。その頃から原発もひどいニュースであることに気がついた。同じく三日目に銀行に行く。ダイエー前で長蛇の列。もう一つのところでも列だった。携帯電話の電池が切れたので、青葉通りの荘内銀行近くのビルに行った。実は以前、そのビルでアルバイトしていたから、中の様子を知っていた。入口にいた警備員に、充電させてほしいと頼んだところ、ＯＫだった。警備員も充電アダプターがないというので、貸してあげて彼のも充電させた。荘内銀行に大量の食料が持ってこられるのを見た。

自宅に戻ってお昼を食べた。中国人の妻の情報で、友人が山形経由で逃げていると連絡があった。医学部の留学生の友人が来ていた。「指導教員に仙台を離れることを言わないといけないが、連絡が取れない」と悩んでいたので、「命の方が大事だ」と説得し、逃げる準備をさせた。三条中学校の前に集まることになっていた。ちょうど集まる時間に三条中学校で火事が起きた。自分の荷物が置いてあり、心配になった。妻は「そんなものはあとで買えるから逃げよう」と言う。落ち合うはずだった友人とは会えず。三条中学校付近からは歩くしかなかった。タクシーはつかまらず、荷物を持って歩いていく。偶然、東北大学病院の前で青葉区役所行きのバスに乗ることができた。市役所前（青葉区役所と同じ場所）に着くと、バス待ちのすごい数の人だった。山形行きに乗れなかったらどうしようと思った。「夜一〇時までバスが来るから大丈夫」と山形交通の人が言ってくれたので並んだ。すると一時間ぐらいで乗れた。バス停で待っている間に中国のテレビ局から取材が来ていた。自分の前に並んだ人が取材を受けていた。

バスに乗れたのが夕方五時過ぎ。本当は親のことが心配だった。親は宮城野区にいるが、ちょうどその頃、石油コンビナートの爆発があった。並んでいる前の人がそこから逃げてきた人で、「危ないから戻るのはやめなさい」と助言されたので、そのまま乗ることにした。

山形には七時半に着いたが、宿が取れないと（バスの中で）言われていた。駅の近くに看板を持った人がいた。山形県の上山《かみのやま》温泉、上山市役所観光課の人がいて、「こちらへどうぞ」と誘われる。素泊まりがあるという。温泉宿に着くとお風呂があり、夕食もあった。お金は一人五〇〇〇円。元は高級旅館だったようだ。

飛行機は予約が満杯だった。朝六時に宿がバスを出してくれて、駅に行き、山形県鶴岡市行きのバスに乗る。鶴岡行きのバスにも多くの人が並んでおり、乗れるのはたぶん昼一二時頃だろうと言われる。その後、鶴岡から新潟への特急は二時間おきしか走っていないという情報を得て、今日中に新潟に到着するのは無理かなと思った。温泉宿に一緒に泊まった人から、タクシーをチャーターしようと呼びかけがあった。タクシーでの移動を決心し、八時半に出発。四人で乗り、五万四〇〇〇円を分けて払った。一二時半に到着した。そこで昼食をとり、電車で新潟から富山、さらに大阪へと移動し、夜七時半に着く（二四日）。

移動先は四国の友人宅に行くことになっていた。新大阪から移動し、岡山に着くと、香川に住んでいる友人が迎えに来てくれていた。夜一一時半頃に彼の家に着いた。友人宅に一か月間滞在した。三月二〇日に妻を高松空港から北京経由で内蒙古の実家に帰した。最初は同行しようと思ったが、ビザなしだと二週間しか滞在できないので、あきらめた。親のことも心配だったし、二週間で事態がよくなるとは思えなかったからだ。

アパートの状態がひどかったが、大家と連絡が取れなかった。もうこれ以上住めないと判断していた。仙台に戻る前にネットで仙台の物件を二〇軒ぐらい調べて電話したが、返事がなかった。仙台に行ってから新しい家を探そうと判断した。

四月二〇日に仙台に戻った。仙台を出たときと同じルートで戻る。妻も仕事があったので、新潟で妻と合流した。新潟からは直通バスで仙台に戻った。

香川に滞在中に、ツイッターで三条中学校関連の情報を見たら、「外国人がすごい騒ぎをしている」、「強盗やレイプもあった」と書き込みがあった。その書き込みがあった一三日は火事の後で、避難所は封鎖されているので、流言だとわかった。三条中学校で自分が見た範囲では外国人も整然としていた。外国人の被災者には日本人と全然違うルートで情報が入ってくるのがとても面白かった。

なぜ山形にとどまらなかったのか、ということは香川の友人にも聞かれた。当時はとにかく遠くへ行きたかった。また、妻を国に帰そうと考えていたため、山形にいてはとても帰国できないので、とにかく離れようと思った。

コンビニにはパン、水、おにぎりなど一番欲しいものがなかった

農・研究員・女

（二〇一一・七・一四）

ここ（東北大学）で修士の学位を取ってから製薬会社に二年勤め、今年五月から川渡《かわたび》フィールドセンターの研究員になった。地震のときにはすでに会社を退職することは決まっていた。

三月一一日は仕事で山形県鶴岡市にいた。営業車の中にいるときに地震に遭った。

車のエンプティランプがついていたので、給油しようとしたが、停電でガソリンスタンドが開いていなかった。スタンドの営業には電気が必要なことに初めて気づいた。右往左往していたら、一時間くらいで電気が戻ったので、何とかスタンドで給油した。カーナビのテレビで地震の情報を得ていた。近くの取引先のお客さんのところにお邪魔して、様子をうかがったり、コーヒーを飲んだりしていた。そのときに津波の様子を見た。津波の映像は現実とは思えず、映画のように見えた。他人に何度か確認した。

今思えば山形にいればよかったのだが、その日は山形県新庄～月山《がっさん》経由で仙台に戻ってきた。信号は止まっていたが、とりあえずトラブルなしで帰った。ただ、無理をしても仕方ないので、一一日は宮城県大崎市の古川で電気屋の駐車場に車を停めて、車中泊した。コンビニにはパン、水、おにぎりなど一番欲しいものがなかった。ジュースやお菓子などをとりあえず買って食べた。

翌日は古川から仙台に帰った。仙台はインフラが全部ダメだった。自宅から歩いて行ける青葉区の通町《とおりちょう》小学校に行き、炊き出しのおにぎりをもらった。ただ、あま

り知らない人と密集して寝るのは嫌だったので、自宅に戻って休んだ。

一三日の月曜になると、山形の取引先から電話が来た。宮城から人がいっぱい来ているので物がないとか、ガソリンがないという情報や、商品が届かないというクレームが入ってきた。物流の拠点が関東にあったので商品が取引先に届いていなかった。ガソリンがないので待ってもらうほかなく、電話で何とか対応するしかなかった。

Tさんがこっち（仙台）と新潟を往復して、食べ物を持ってきてくれていたので、思っていた以上に食べ物に困ることはなかった。山形の知り合いにガソリンをもらってきてもらうなど、会社時代の知り合いに助けられた。

もともと楽観的なタイプな上に、食べ物とかにも困らなかったので、三重県の実家に帰ろうとは思わなかった。

携帯電話がつながるようになったのは、たぶん地震から二、三日経ってからだったと思う。

三―二　助教

「何があっても仙台に来るな」と強く指示した

文・元助教・男
（二〇一一・五・二七）

地震のときは文学研究科研究棟のフロアの研究室にいた。揺れが次第に大きくなっていくので逃げようと思ったが、本棚が倒れてしまって逃げられなかった。大型の本が多く危なかったが、揺れの具合で本は自分の方に落ちてこず、助かった。

まず自宅のガス栓が閉めてあるか心配だったので、仙台市青葉区花壇のアパートに戻ってチェックした。その後はまた大学に戻り、学生の安否確認をメールで行った。それほどの人数がいないので、その日のうちに確認は終了した。また、その時点で仙台にいない学生には、自分の判断で、「何があっても仙台に来るな」と強く指示した。自宅は水が出たので、そこに戻って、食料は近くの個人商店に並んで手に入れた。

宮城県塩竈市にいる彼女のことが心配になったが、彼女は仙台にいた彼女の母を車で迎えに来たので、そこで会うことができた。仙台市宮城野区の榴ヶ岡《つつじがおか》公園のあたりが避難してきた人たちのため駐車スペースとして開放されていて、彼女にはそこにいてもらった。榴ヶ岡公園の近くの仙台第三合同庁舎には自家発電装置があって、充電などもできた。

その後、彼女と彼女のお母さんは塩竈に戻った。その後、彼女と連絡が取れなくなったので、一四日か一五日頃に今度は自分が自転車で四五号線を通って塩竈まで行ってみた。時間的には四五分から一時間くらいかかった。その二、三日後にもう一度行った。道路は粉塵がひどく、復旧作業の妨げになるほどだった。国道沿いのお店ではおにぎりを出し始めていた。また、バキュームカーが出動し、路上のかき寄せた泥を吸い上げる作業をやっているのを目にした。道路はこれで早く復旧したのではないだろうかと思った。

近所のそば屋がすぐに復旧したので食料はあった。また、町内会の炊き出しもあった。

その後、研究室の復旧が始まったが、危ないのでできるだけ学生には手伝ってもらわないように心がけた。

仕事のメールを携帯電話に転送する設定にしておいたのは役に立った。パソコンにつながなければ充電できないタイプのスマートフォンを持っている人は苦労したようだ。

地震発生の一〇分後に、指導教員から仙台に向かうよう指示するメールが届いた

工・助教・男
（二〇一一・六・七）

地震のときは京都にいた。三月までは京都大学の院生で、四月から仙台に赴任することが決まっていた。椅子に座って作業をしていたが、小さな揺れが長く続いているのを感じていた。地震の大きさ、長さから、揺れている最中からすぐ頭に浮かんだのが宮城のことだった。嫌な予感がすると思ってウェブサイトを見ると、予感は当たっていた。妻と生まれたばかりの子どもが山形の妻の実家にいたので、心配でまず連絡をしようと思った。すぐにはつながらなかったが、中越地震（二〇〇四年一〇月二三日、新潟県中越地方を震源とし、マグニチュード六・八の直下型、最大震度七を観測、死者六八人）のときの経験から、何度もかけ続ければ、タイミングが合えばつながることがわかっていたので、そうしているうちつながった。

地震発生の一〇分後に、指導教員から仙台に向かうよう指示するメールが届いた。それからは仙台に向かうための、道具の準備や出張の手配に忙殺された。しばらくして指導教員が戻ってきて、何人かの教員や学生を交えて作戦会議が行われた。同じ所属の助教が、専門が津波防災で、かつ宮城県岩沼市の出身であったため、二人で仙台へ向かうことになった。調査に必要な道具類が揃い、レンタカーも調達できたので、二二時頃、京都から北陸道を通って出発した。富山を通過している頃、長野で地震が起こり、かなり揺れた。山形蔵王まで来てみると、高速道路が通行止めになっていたので、そこからは人に聞いて下道で仙台へ向かい、一二日の一四時頃にようやく到着した。時間がかかったのは、チェーン規制のため福井あたりでチェーンを買い、装着したり、新潟の村上

で車をスタッドレスのものに取り替えたりしたことも影響している。

仙台に着くと、まず東北大学へ行こうと思ったが、カーナビで指定される道がすべて寸断されていたので、あきらめて、まず岩沼へ行って助教の実家に泊まった。そこを拠点にして、一週間ほど周辺で調査を行い、最後に東北大学に挨拶に寄って、京都へと戻った。その間、ガソリンがなかったので、山形や新潟へ戻って給油し、再び仙台で調査をするという繰り返しだった。帰り道、東京のシンポジウムで今回の地震の報告をして、京都へ戻った。

仙台へ赴任してきたのは三月三一日。四月一日から働けるかどうか危惧していたが、大丈夫だった。

復旧で困ったことは雨漏りだった

史料館・助教・男
（二〇一一・八・一〇）

地震の日は午前から奈良で学会があって、仙台にはいなかった。仙台空港から伊丹空港を経由し、奈良へ到着した。奈良国立博物館やいくつかの寺院を見た後、午後四時頃、ホテルに戻ろうとしていたときに、資料調査をしているお寺の方から「大丈夫か？」という電話がかかってきた。そのときはなんのことかわからなかったが、ホテルに戻るとテレビで大変なことが起こっていることを知った。

史料館へ電話してもつながらないし、交通手段もなく、仕方がないのでとりあえず土日（一二日、一三日）は学会に参加した。交通手段が途絶えてしまったので、日曜に新大阪のホテルへ泊まることにして、復旧するのを待っていた。結果、三日ぐらい待つことになった。

日曜（一三日）か月曜（一四日）にたまたま同僚と連絡が取れて、史料館の職員は一週間休みになったことを聞いた。仙台にいる人とは連絡が取れず、県外の人と連絡を取りながら、仙台へ戻るための方法について情報を収集した。山形〜仙台間のバスが開通したとの情報が入ったものの、先着順で乗車するバスなので、たくさんの乗りたい人たちの中に自分も入るのは気が引け、あきらめた。

その後、またメールで新潟から仙台行きのバスが開通したことを知った。こちらは予約制で三日間ぐらいはすでに予約がいっぱいだったが、二〇日（日曜）の仙台行きが取れた。

前日の一九日に新潟まで飛行機で飛んで、二〇日に新潟からバスに乗り、仙台へは夕方前に着いた。そして月曜日（二一日）に出勤した。新潟までの様子はとくに変わったところはなかったように思えた。一九日の夜に新潟に着いたが、新潟はガソリンや物資も不足しておらず、まったく平穏だった。

仙台に戻る前にコンビニなどでいろいろ買い込んだ。大阪を出る前に、店で買い物をしたが、大阪でもすでに電池がなくなっていた。また、大阪のホテルでは、まわりの人の話が聞こえてくるのだが、その会話から、関東からこちらに逃げてきたという人たちがけっこういるのがわかった。

仙台には午後二時から三時頃に着いた。仙台に戻るまでは、パニック映画のようにビルの倒壊などを想像していたが、仙台の街の様子は思っていたよりも普通だった。仙台市青葉区一番町などではお弁当を売っていたり、店も開いていたりしていた。とくに物資が不足しているという感じではなかった。

自宅の被害はあまり大したことはなかった。仙台市青葉区霊屋下《おたまやした》にある自宅では、本棚が倒れていたり、食器が落ちていたりと、ある程度想定の範囲内だったし、戻ってきた頃には電気、水道はもう復旧していた。仙台に戻る前に買い込んでいた物資で十分生活できた。また、自宅からは史料館が見えるが、瓦が落ちたのがよくわかった。その後、史料館に行った。

仙台に戻るのに備えて、大阪で物資を詰め込むためのスーツケースと、もともと壊れていたので炊飯器を買った。文学部に行ってみると、外から来た救援物資が山積みになっていた。テレビでは津波などの報道ばかりで細かいことがあまりわからないと思った。

四月七日の余震のとき、自分は家で寝ていたが、原稿を仕上げるために研究員が残っていたらしく、びっくりしていたようだ。次の日は川内キャンパスに行く予定だったので、史料館の様子は後から聞いた。瓦は四月七日の地震のときの方がたくさん落ちてきたのではないかと思う。落ちてきた瓦の量はダンボール二、三箱ほどであるが、瓦の一つひとつが大きいので落ちてくると大変だった。

静岡に避難していた日本思想史の院生がすばやく安否確認が行えるサイトを作り、研究室の学生、院生、教員、そして仙台にいるOBの動向を知ることができるようになっていた。また、ボート部の副部長でもあったので、最初の一、二週間は安否確認ばかりしていた。

ボート部はもともと合宿場が雨漏りで使えない状態だった。前年に改修予算がついたので、改修工事に入っていた。そのため部員たちは当時埼玉で合宿をしており、そのことも把握していたので、仙台空港の近くにあるその合宿場に部員がいないことは明らかだった。管理や工事をしている人はいたが、地震のときは二階から三階に避難して無事だった。

今回の地震では思った以上にネットや情報機器を駆使して情報交換が行われたという印象を持った。しかし携帯電話は全然ダメだった。大阪にいると、関東から東北にかけて全然つながらなかった。O君から電話がかかり、ブラジルからはつながるのに、こちらからはうまくいかなかった。

大学からの指示はあまりなかったと思う。学生の方が安否確認とかいろいろやっていた。復旧で困ったことは雨漏りだった。梅雨の時期に入る前からよく雨が降って、前の日に雨が降るとみんな早く出勤してくれた。古いカーテンなどを使って土嚢のように固め、史料に雨があたらないように工夫した。

助教の任期が三月末だったにもかかわらず、震災後の処理のため実際には四月まで働く

文・元助教・男
(二〇一一・五・二七)

震災時にはイギリスに出張中で、ケンブリッジにいました。日本との時差が九時間なので、朝の六時前だったと思います。夜更かししていたので八~九時ぐらいに起き、メールチェックしたら、フランスの先生から「Tsunami!」というタイトルのメールが入っており、それで地震と津波のことを知りました。それからは、ヤフーなどのウェブサイトニュースで状況を見ていました。イギリスでは原発の問題に報道が集中していました。

震災の第一報を見て初めて頭に浮かんだのは、実家のある神戸が震災に遭い(一九九五年一月一七日)、当時は学生で茨城県つくば市にいて友人からの電話で震災のことを知った、そのときのことです。「またか」という気持ちでした。最初は死者を数十人と報道していたように思いますが、阪神・淡路大震災のときの経験から、どんどん多くなるだろうという予想がありました。心構えと

しては阪神・淡路大震災を思い出しながら対応しようと思いました。阪神のときは抑鬱状態になったので、そういうことに気をつけようと思いました。精神的に阪神の経験は予防注射となっていたと思います。

その後、身近な人にスカイプを用いて電話し、おおよその安否を確認しました。当時は研究室の助教でしたので、学生の安否確認をすぐに始めました。全員宛てにメールで安否確認の連絡をし、すぐに返事が返ってくる人もいましたが、研究室の先生方三人とは、しばらく連絡が取れないままでした。私が海外にいたのは、ある意味幸運だったと思います。というのも、インターネットは常につながっている状況で、新しい情報を手に入れながら、それを学生に知らせることができたからです。例えば、原発の爆発などについてもユーストリームのＮＨＫ放送などを見て知り、すぐに研究室員に流しました。そうこうしているうちに、一、二日ぐらいでほとんどの学生たちの安否確認が取れました。現地では電話はかなり難しかったようですが、メールは時折つながり、なんとかして返事が可能だったようです。教員全員とは三、四日後に連絡が取れました。さらに、三月一五日には約六〇名の研究室員全員と連絡が取れました。

英国での予定には若干の変更が生じました。つまり、ケンブリッジのあとはロンドンで調査をするはずだったのですが、それをとりやめてケンブリッジの友人宅に居続けました。しかし、帰国は予定どおり一六日に現地を出発し、一七日に日本に到着しました。当時は当然、東京から仙台に直接戻ることができない状況であり、東京で足止めをくらうと泊まる場所もなく、計画停電なども行われていましたので、どうしようかと考えていました。また知り合いの情報によると、成田から羽田への移動に一〇時間かかったという話や、関西国際空港発の飛行機が九州の入国管理局のない空港にとまり、そこでそのままかなり待っていたという話も聞いていました。そのようなわけで、私の実家が神戸にあることもあり、東京で足止めをくうよりも一度関西に移動できないかと調べたところ、成田から直接、伊丹空港へ飛ぶ接続便に空席があったため、イギリスにいる間にすぐにそれを予約しました。それで成田から伊丹へ飛び、一七日は大阪に泊まりました。その日のうちに翌日一八日の伊丹から山形便が取れたため、翌日山形へ飛び、そこからバスで仙台に入りました。そのときにはすでに、バスの移動もだいぶ楽になっていました。それ以前には、とくに仙台から山形への移動は大変だったようです。

一八日夜に研究室に入り、本の山を見て愕然としました。自分一人では整理できないと思い帰宅しました。夕食は、仙台市青葉区花壇のそば屋がやっていて、そばは出していませんでしたが、ＩＨクッキングヒーターで調理して丼物を提供していました。塩カルビ丼を食べましたが、この時期に温かい肉の料理を食べられるのが珍しいということを聞いて、自分の不在の間の困難を実感しました。一方、自宅の方は水道、電気が戻っており、ガスがプロパンだったこともあって、その面では不自由がなく、室内も本棚が一つ倒れた程度でした。

一九日には、親戚のいる長野に使っていない家があるので、そこに向け出発しました。自家用車で向かいましたが、山形まで着いたところでガソリンも少なくなりホテルで一泊しました。翌日、あるスタンドで二時間並んで待っていると、二台前で打ち切りになりました。同じスタンドでさらに一時間半待っていると、タンクローリーが来てやっと給油できました。二〇〇〇円限定でガソリン一三リットルでした。軽自動車だったので、余裕をもって新潟まで行くことができました。山形ではスーパーで並ばずに食料を確保できて、仙台との違いを実感しました。ラーメン屋もやっていました。

新潟はガソリン、食料の購入はまったく問題ない様子でした。長野に着くと早速、食料などの買い出しをしました。長野の親戚が農家なので米を一袋もらい、またガソリンの携行缶を持っていたので、それを借りてガソリンを入れ、車の方も満タンにして仙台へ戻ってきました。その次の日から研究室の復旧を始めました。

震災以降のイギリス滞在中は、なかなか研究調査にはならず、また、助教の任期が三月末だったにもかかわらず、震災後の処理のため実際には四月まで働かなければなりませんでした。

三―三　講師・准教授

短期留学プログラムの学生は翌日から募金活動をしていた

国際交流センター・講師・女（二〇一一・六・一〇）

地震のときは、調査のためインドネシアにいた。三月二日に日本を出て、二週間の調査の予定だった。西スマトラの村落調査が終わり、三月一一日はジャカルタ行きの飛行機に乗るため空港に向かっていた。空港に行ったら「日本人か？　今、日本は大変だ」と空港職員に言われ、待合室のモニターを見た。地震の二時間後ぐらいのことで、仙台の津波の映像が映っていた。ターミナル内のインドネシア人がみんなライブで見ていた。あぜんとして見つめていた。飛行機に乗って、ジャカルタに夕方に到着した。そこから夫に連絡し、ジャカルタで落ち合った。夫も研究者で調査中だった。娘もおり、三人で今後について相談した。自分も夫も、予定ではあと一週間調査があった。そのまま残ることを決める。飛行機は手数料なしで切符変更可能だったが、利用しなかった。宿ではNHKが見られた。ニュースを夜通し見ていた。

一二日、一三日も昼間は文献調査を行った。夕方はテレビをつけて見た。そのときに同僚の携帯電話に電話が通じた。その人は避難所にいた。大学に戻るべきかと相談したところ、「東京に着いても仙台に戻るルートがないので、戻る必要はない。食べ物も水もないので、そのままそこにいた方がいい」と言われた。

一六日にジャカルタに飛び、一七日朝に成田空港に到着した。すると、出国希望の外国人であふれ返っていた。空港で配布された毛布で寝ていた人がたくさんいた。中国人の長蛇の列を見た。空港内のお店、レストランすべて、物がない状態だった。

一二日、一三日はキャパシティ以上の人が集まったためか、成田空港は閉鎖されたようだ。一五日ぐらいから空港が動き始めていた。

一七日に成田空港に着くと、爆発を起こした原発に、ヘリコプターで上から水をかけている映像を見た。これを見て、子どもでも考えつくような対策しかできないとわかり、もうダメだと思った。その日は成田のホテルに泊まった。成田から福岡便をその日のうちに三人分予約し、山口県下関市の自分の実家に移動した。夫らは二五日まで滞在した。

私は大学の仕事の関係で二三日にアメリカに行った。職場が国際交流センターで、東北大生の米国への短期留学プログラムがあったため、学生を迎えに行き、二四日の修了式に立ち会った。学生とともに二八日に帰国した。二九日には大学へ行く。「国際交流センターは留学生支援が任務なので、毎日来てくれ」と言われ、出欠が確認された。毎日、仕事を割り振られた。

自宅の状況は、ガスが復旧していなかったが、水はあった。食料はスーパーにあった。長時間並ぶようなことはなかった。

インドネシア滞在中に、担当だった米国にいる短期留学プログラムの学生に携帯電話で連絡し、安否確認をした。そして彼らも動揺しているようだったので、「とにかく落ち着くように」と伝えた。学生は翌日から募金活動をしていた。カリフォルニア大学サンディエゴ校でのことだが、彼ら以外にも寄付活動はあったようだ。彼らは英語も拙いのに、図書館前で訴えかけていた。寄付額も大きかったようだ。その活動は、大学の新聞で報道されていた。

日本に帰った後は、実家などへ避難する学生の連絡先を確かめる必要があった。アメリカの大学は、うちで預かるからと言ってくれたが、東北大学からはスケジュールどおりに帰らせるよう指示があった。なぜ帰らせるのだ、と向こうの大学は言っていた。国際交流センターは留学生と海外の日本人学生の両方を見ているので大変だった。

子どもの手にマジックで×印をつけられ、そんな思いをしなければ食べられないのかと

文・准教授・女

（二〇一一・八・二六）

地震が起きたときは研究室にいた。運悪くここにいた。三階だったのでものすごく揺れ、とにかく通路を確保するためにドアを開けた。立っていることができず、書棚

にしがみついていた。揺れが長く、泣いている学生もいた。何がなんだかわからない状態だったが、揺れが収まってから避難することになり、避難所となっていた東北大学川内南キャンパスの萩ホールに行ってみた。このとき、失敗したと思ったのは、鍵、携帯電話、バッグ、上着も持たずに出て行ってしまったことである。携帯電話とお金、バッグ、上着は持って出るべきだった。学生の多くもそういったものを置いて出てきていたようだったが、隣の部屋の先生はしっかり持って出てきていた。建物が地震直後に立ち入り禁止になってしまうことを考えた上で、出るべきだったと思う。鍵さえあれば、車も運転できて移動もできたはずだった。

萩ホールでは何の情報もなく、その場に拘束されてしまったことは落ち度であった。今後はきちんと物を持って行くように指導しなければと思った。一部の人はヘルメットもかぶって避難していた。自分のところにはヘルメットもなかったし、この違いは何なのだろうと感じた。自分のところには地震の後に配られた。

余震が何度かあった後に、建物への出入りが解除になった。このとき、盗難の心配をした。建物に入って、バッグやらなにやらを持って出てきた。このときまで、一時間ぐらい外にいたと思う。その間、先生たちで今日来ていた学生の安否を確認する。その後、解散になり、子どもが保育園にいるので迎えに行こうとするが、信号がついておらず、保育園までは普段は車で七分くらいなのに、着くまでに一時間くらいかかった。保育園は停電になっていたので、車にエンジンをかけて、中に子どもを入れて暖をとっていた。その後、子どもを連れて家に帰る。阪神・淡路大震災のとき、京都にいたが、こんな地震を経験したのは初めてだった。このときは弁当の配給があると考えていた。夜は、車にエンジンをかけて、車中で子どもにDVDを見せ、寝るときだけ家に入って寝るなどしていた。

仙台市青葉区三条町の三条中学校が避難所になっているので、食料がもらえるのかと思っていたが、もらえなかった。車中でテレビを見ていたが、いつもやっている地元発の番組ではなく、東京発の全国番組ばかりで、食料をどうしたらいいのかなどのニュースがまったくなかった。その後、原発の話ばかりになってしまい、仙台市内の情報はまったく入ってこなかった。マンションなので、タンクに水があり、水は大丈夫だったが、食料がなかった。電気も懐中電灯がなく、パソコンのラップトップの明かりを代用した。

三条中学校ではカンパンしかもらえなかった。子どもがいるのでコンビニに何時間も並んでいることもできなかった。三条中学校で学生を見つけ、彼らから情報をもらう。学生に持っている食料をあげ、学生からも食料を分けてもらい、食料の種類を増やした。家にあったものを中学校の石油ストーブの火で調理して学生にあげた。家の布団を学生に貸してあげたりした。ローソン（コンビニ）でアルバイトしている学生がいて、店長からもらった食料を分けてもらうこともあった。昼間はこうして学生と話をしながら気をまぎらわしていた。仙台から逃げればよかったのだが、そのときはそういった考えが思いつかなかった。配給もいつか来ると思っていた。

三条中学校での配給は、大人はもらえなかった。子どもに対しては、何度ももらいに来ないように、子どもの手にマジックで×印をつけられ、そんな思いをしなければ食べられないのかと思った。ほかには学生が買ってくるお菓子でしのいだ。

学生が県庁で食パンを一斤もらえると聞き、県庁が機能しているとわかる。街の中心地は二、三日で次第に電気が戻り、コンビニでもホットドッグが売られるようになった。仙台市青葉区片平にある片平市民センターにも学生がいるとのことで、ホットドッグや自動販売機で買った飲み物を持っていったが、実はそこでは仕出屋の「こばやし」がけっこう配給していたので、それほど食べ物には困っておらず、あまり喜ばれなかった。片平市民センターの避難所は三日ぐらい経つと解散になり、片平小学校に移ることになった。このとき、学生が車で携帯電話を充電していたが、ガソリンがなくなるとのことだった。自分の車はハイブリッド車で、ガソリンはまだ大丈夫だった。

次第に学生たちが山形経由で県外へ逃げるようになる。留学生たちも同様。実家が青森県八戸市にあるので、行こうとしたが、向こうも津波が来たと聞いていたので心配だった。公衆電話でようやく連絡がついて、どうやら港の方はひどかったが、高台の方は大丈夫だったとのことだったので、八戸へ逃げることにした。

高速道路は一般車両は通行止めになっており、一般道のしかも山道を通って帰ることにした。途中でたぬきが死んでいた。途中、停電になっている街と電気がついている街とに交互に出くわした。岩手県内のコンビニでは、水が止まっているのでトイレを借りることはできなかったが、携帯電話を五分だけ充電させてもらえた。

こうして一五日に実家の八戸へ帰ることができたが、八戸でも石油が来ないため、ガソリンスタンドが開いていなかった。食べるものは農家の人が一〇〇円で売っているようなものがあって、あまり困らなかった。しばらくここにいようということになった。

八戸までは一二時間かかったが、到着するまで子どもが座っていられるかが心配だった。ちょうど子ども用のDVDやマンガをレンタルしていたので、それでなんとかなったが、そのまま延滞することになってしまい、延滞料金がどれくらいになるのか心配になった。仙台では電話がつながらず、八戸に着いてからお店に電話して聞いてみたところ、地震前に借りたお客さんからは延滞料金を取らないとのことだったので安心した。

八戸ではメールのやりとりができるようになる。所属している学会の人などから安否確認のメールが来ていて、その返信に追われた。八戸には一〇日間くらいいた。仙台に戻ってきた頃、ガスが復旧し始めていることをテレビで知った。そこでガス局に電話してみたが、まったくつながらず、直接行ってみた。ガス局では、「もう少し待ってください」と言われる。もう少しと言ったので二、三日かと思ったが、結局、二～三週間ほどかかった。大学に来てみると、部屋は本などでぐちゃぐちゃになっていた。

八戸ではガソリン供給が回復していたので、ガソリンを満タンにして帰ってきたが、仙台のガソリンスタンドはまだダメだった。他の先生には「復旧してから帰ってきた方がよかったのに」と言われた。自分としては、責任なども感じて戻ってきたつもりでいたが、ガスが復旧してからでもよかったのではないかと言われた。

ガスが復旧しないので、仙台市太白区西多賀の極楽湯（銭湯）に数日おきに行った。電気はもう回復していたので、電子レンジで食べられるものを食べた。

部屋をせっかく片づけたのだが、余震が来てまた本が落ちてきた。四月五日から保育園が開始になった。

今回の地震では、何も備えていなかったことを反省した。水のタンクや懐中電灯もなかった。懐中電灯も学生から借りた。いかに自分がなにも準備していなかったのかを考えた。そして役に立ったのは燃費のいい車くらいで、大した物を持っていなかったと思った。ラップトップのパソコンを利用していたが、電気が切れて使えなかった。

小学校の教育などではまず逃げることを教えられるが、必要最低限のものは持って逃げた方がよいことを今回は思った。地震が起こった後、ここには帰れないかもしれないということを考えておかなくてはいけないと思った。萩ホールにいたとき、外国人が写真を撮っていて、邪魔だと思った。他の先生が怒鳴っていた。

留学生に関しては、中国や韓国などの学生はネットワークがあるが、ドイツなどの文系では人数の少ない留学生はとくに不安だったと思う。子どもにおいても同様で、地震の大きな揺れと、その後の食べ物がないことがセットで大きな不安になっていたようだ。また、親の不安な顔もセットになっているようだった。

保育園の中には、業者とのつながりから早々と給食を再開するところもあった。他の保育園が再開するという情報がテレビのテロップに流れる中、自分のところの保育園の園長は、自分の園のことが流れなかったことをすごく悔しがっていた。「どんなことがあっても、必ず職員を二名常駐させておくから大丈夫です」と言われたので、えらいなと思った。

テレビのテロップは、情報が大まかすぎてわかりにくいと思った。給水所に関しても、テレビで流れているときにはもう遅いので、直接、泉区役所に問い合わせに行った学生もいた。結局は口コミしか情報網はないと感じた。

また、配給がないこともショックだった。県外へ逃げればいいという考えが思いつかなかった。

支払いはその場ではせず、手渡された紙に自分で購入商品名と値段を記入

文・准教授・男

（二〇一一・五・三一）

地震のときは研究室にいて、パソコンに向かっていた。数日前に地震があったので、最初はそれと同じぐらいだと思ったが、次第に揺れが強くなってきたので廊下に出た。壁につかまりながら、「なかなか収まらない」と周囲の人と話しているうち、電気が消え、天井からは白い粉のようなものがぱらぱらとこぼれてきて、これはやばいのではと思った。時間は普通の地震ではありえない長さだった。

地震の揺れが収まってから、周囲の人たちと一緒に西側の非常階段から下に降り、図書館脇の駐車場にまずは行った。そこには文学部棟などからかなりの人数が避難し集まっていた。そうこうするうち、駐車場の脇にある建物から突然白煙があがり、みんな一瞬動揺したが、大事には至らなかった。この頃までは、宮城県沖地震がとうとう来たか、というくらいの認識だったが、ラジオや

ワンセグを見聞きしている人から大津波警報一〇～一五メートルと聞き、これはただごとではないと思った。そこから川内南キャンパスの萩ホール前に移動したあたりで、雪が強くなってきた。上着がなくて寒かったし、鍵も財布も研究室に置いてあったので、とりあえず数名と一緒に研究室に戻った。そのときに院生室などもどうなっているか一応確認した。

車で帰宅している途中に、自宅にいる家族、千葉の実家とそれぞれ携帯電話で連絡が取れた。道路は停電で信号機が消えていたが、四八号線を除いてそれほど混雑してはいなかった。宮城県道三七号仙台北環状線沿いの仙台市泉区南中山のイオン仙台中山店前の交差点では、近くのガソリンスタンドの店員が交通整理を行っていた。

帰りがけに、まずは食料などを確保しておこうと、イオンに寄ってみた。店員たちが店の前に集まって何やら話をしていたが、販売はしていなかったのでその場に車を停め、歩いて道路の反対側の生協に行ってみた。すると生協では店の中の食料などを外に運び出して店頭販売を行っていた。まだ人はそれほど多くなく、とりあえず水、カップラーメン、菓子パン、バナナなどを買った。支払いはその場ではせず、手渡された紙に自分で名前と組合員番号と住所、購入商品名と値段を記入し、店の人にチェックしてもらうだけだった。買い物かごも、そのまま持って帰ってよいと言われた。イオンに戻ってみるとこちらでも店頭販売が始まっており、電池や携帯用ガスボンベ、ロウソクなどを買って帰った。やはりこの時点では行列などはなかった。

その後、一二日と一三日は家のまわりで買い物に並んで日用品を手に入れたりして過ごした。一四日になって、不定期運行を始めていたバスに乗って大学の様子を見に行った。張り紙で、研究室の主任は状況を報告せよと掲示してあった。それで院生などと写真を撮り、わかる範囲で報告を行った。また、学生の名簿が壁に貼られ、無事がわかった学生のところに印をつけるようになっていた。先に来ていた院生がそれはもう済ませてくれていた。そのあと、院生の車に乗せてもらい、数名の院生が住んでいる寮に行き、しばらく話をした。そこはもう電気が通じていたので、携帯電話の充電などもさせてもらった。街中へ行くと小さな個人商店などで営業をしているところもあったので、また野菜などを買ってバスで帰宅した。

一五日からは原発事故のこともあって、できるだけ家から出ないようにしていた。その頃に、大半のインドネシア人は大使館の車でもう東京に逃げており、まもなく帰国するということを妻の友人から聞いて知った。その時点でまだ仙台に残っていたのはほとんど日本人の配偶者を持つ人たちで、中には帰国希望者もいた。すでに東京にいるインドネシア人から大使館の担当者の連絡先を聞き、そのような希望者がいることを伝えたが、大使館のお金で、東京まで、あるいは帰国までと、いろいろ対応に差があった。

電気は三日ほどで回復した。水は、地震後すぐにバスタブに貯めており、また温水器の中にも貯まっていたので不自由しなかった。ただ、給水所が家から一キロメートルほどの距離にある坂の下の小学校にしかなかったので、そこに行くことになったら大変だろうと思った。

（原発事故を気にして）外に出られず、子どものストレスがたまってきたので、一八日頃からは実家に家族を連れて行くことを考え始めた。とりあえず山形だろうかなどと考え、一九日の朝五時頃、起きてすぐインターネットで飛行機のチケットを見たら、たまたま当日の四人分の席があいていた。その場ですぐ予約し、七時頃、車で山形空港に向かって、午前一〇時発の飛行機で羽田、そこから千葉の実家へ行った。当時、関東地方は計画停電が行われていて、電車も止まっていたので、羽田からはバスで実家に向かった。実家には夜着いたが、ちょうど停電中で、街中が真っ暗であった。

実家には一週間滞在し、家族を置いて二六日に仙台に戻ってきた。水は戻ったら出ていた。オール電化だったのでガスは関係なし。研究室の片づけやボランティアなどをして過ごした。学生と一緒に仙台市若林区の海岸にも一度行った。四月一日朝五時からガソリンスタンドに並んで震災後初の給油をし、翌日、自動車で家族を迎えに行った。

脱出を考えたが、食料があるうちは緊急を要する人が優先だと思った

文・准教授・男

（二〇一一・六・二四）

妻と子ども一人の家族とマンション住まい。地震のときは、東北大学川内南キャンパスの文学研究科研究棟の研究室にいた。関西から来た技術者に対する調査をしているが、相談の最中に地震が発生した。膝まで本で埋まった。その後、川内南キャンパス萩ホールに下りた。人々が集まっている中で「津波が来る」という話を聞いた。気の利いた人がワンセグで津波の情報を教えてくれた。

訪問していた技術者の人を、仙台市青葉区大町のアークホテルに送っていったが、泊まれず。青葉区立町《たちまち》の立町小学校の避難所に送っていった。山形に二日間泊まってから、自宅に帰宅したようだ。関西の人らしく、たくましかった。震災直後、研究室の写真を撮っていた。

妻は青葉区一番町にいたが、地震のときに女性の悲鳴を聞いたという。地震直後はバスが動いていて、仙台市青葉区国見の自宅へバスで帰ってきた。子どもは国見小学校に通っている。それで妻と子は小学校の体育館に避難してみたが、人があふれていて入れる状況ではなく、自宅へ帰ったところで私と出会った。その後は自宅で過ごす。ロウソクとラジオがあった。食べ物は水とアルファ米もあった。一部屋だけ片づけて寝る部屋を確保した。翌日は片づけをしたが、本をたくさん動かしたので、肘を痛めた。その後、指も痛めた。一か月ぐらいそのままにして、温泉で休んでも治らないので、整形外科に行ったら、もう治らないと言われ、あきらめた。

地震翌日には大学に行った。「一一日の夜は大学に泊まる」と言っていた学生がいたからで、心配だった。その学生は、避難所に行ったようだった。

食べ物がなくなっていくことが不安だった。また子どもが小さいので外に出さずにいたら、欲求不満になってしまい、大変だった。マンションに住んでいるが、食料やガソリン、学校に関する情報はマンションの掲示板の張り紙（学校については携帯電話メール）で知ることができた。「玄米あり」「水あり」といった情報が張り出されていた。普段知らない人との交流ができた。水は一階の共有スペースで出たので使えたが、下水道がダメだった。トイレなきマンションになった。飲む水はあるが、下水が使えない。最初は一階の住人が下水を流していたらあふれた。それは悲惨なものだった。マンションの住民の中に建設会社の人がいたので、管理組合が仮設トイレをつくった。自分は大学のトイレを使った。

ずうっと仙台にいた。脱出を考えたが、食料があるうちは緊急を要する人が優先だと思った。並ぶのも嫌だった。前任地が山形だったので、山形に行けば友人もいるし、なんとかなる、後で行こうと思っていた。

生鮮食品は地震の五日後に一番町のマルシェ・ジャポン（週末に街中で開催される青空市場）に行った。「一時間待ち」と言われ、さらに「待っても買えませんよ」と言われて戻る。一週間後、宮城女子学院大学の人と待ち合わせて、食料の買い出しに宮城県加美町に行った。奥さんが以前からつながりのあるＮＰＯ。北の方だったから安心して行った。その頃、街で売っていた一個五〇〇円のキャベツは買う気がしなかった。二〜三週間ぐらいすると何でも買えるようになったし、その頃には親戚からも食料が送られてきた。

子どもは最初はテレビを見ていたが、津波の映像ばかりなのでやめさせた。それで録りためていたビデオを見せた。

妻の妹に家を空けてもらって、そこに自分の弟たちを入れる手はずを整えた

東北アジア研・准教授・男

（二〇一一・六・一七）

地震があったときは東北大学川内北キャンパスのマルチメディア棟六階にいた。国内から二六、七人ほどが参加した研究会の最中だった。札幌、大阪、京都、東京などから人が来ていた。揺れが長くて、もう終わるだろうと思っていても、なかなか終わらない。まだかよ、と何度か思いながら、机の下に隠れていた。そのうち、とんでもない大きな地震だと思うようになる。揺れが収まって机の中から出ると、マルチメディア棟の六階の部屋の壁がけっこう崩落していた。廊下に出てみると、天井に設置されていたプロジェクターが落ちていて、ケーブルで宙ぶらりんとなり、ぶらぶらしていた。これが頭の上に落ちたらと思うと怖かった。

会場にいた人々が建物の外に避難し始めた。自分もそれにつられて出ようと思った。最初は身ひとつでコートなどを置いて出ようと思ったが、他の人がパッキングし、コートを着て出て行こうとしているのを見た。それで、たしかにそうだなと思い、テーブルの下に落ちていたパソコンなどを入れて、コートを着て階下に出た。それが結果的によかった。その後は、次々といろいろな展開があったし、地震の規模が大きく、すさまじい被害を出していることを知って、また六階に戻るのが怖くなったからだ。

その日は研究会を終えたあと、秋保《あきう》温泉に移動し、懇親会をやる予定だったので、ほとんどの人は仙台市内にホテルを取っていなかった。研究会メンバーは、川内北キャンパスの奥の駐車場に集まった。職場の同僚ともそこで会った。この地区にいた人々もたくさん出ていた。研究会メンバーの中には、「秋保温泉からの送迎バスが来るかもしれないから、待とう」と言っていた人もいた。たしかに来るかもしれないと思いつつも、秋保に行って

も戻ってくるのが大変ではないかと思った。とはいうものの、とくに反論はせず、とりあえず待つ。待っている間に、誰かのワンセグで宮城県名取市に津波が来ている映像を見せてもらい、かなりのショックを受けた。三陸ならともかく、海岸線が入り組んでいない名取で……、と思った。

夕方四時まで待ったが、バスは来ず。それで、研究会メンバーをどうしようかと思った。まずは学内、とくに武道場には畳があると思い、川内北キャンパスの管理棟に行く。職員が外に出ていたので、学内に泊まれないか聞くと、無理だと言われた。避難所指定をしていないので準備がないとのこと。事情を話し、一番近い避難所を聞く。小学校なら大丈夫だろうと聞き、仙台市青葉区立町の立町小学校へ連れて行くことにした。その際に川内北キャンパスの大学生協の前まで行くと、入学準備で来ていた新入生らしき若い学生と大学生協職員がたくさん集まっていた。この中に、秋保温泉の旅行の手配をした生協トラベル職員がいるだろうなと思ったが、探しても仕方ないと思い、そのままメンバーのところに戻った。

この間、東北アジア研究センターの同僚と会話をして、とりあえず怪我人がいないということを聞いて安心した。研究室のある川北合同研究棟の棟屋部分が崩壊して建物本体に食い込んでいるのに気がつき、愕然とした。さらにメンバーがいる駐車場側に戻ると、川北合同研究棟の西口付近はガス臭い。I教授が「ガス漏れで危ないから近づくな」と声を出していた。着の身着のままで建物の外に出た同僚がいた。聞くと、何も持ってこれなかったという。とっさに、ネックギア（マフラー）と手袋を渡す。研究会の副代表に会い、大学内への宿泊は無理で、最寄りの小学校に避難した方がいいと伝え、同意を得る。人が少なければ自宅に呼ぶことも考えたが、受け入れ側の東北大教員は三人、ポスドク一名しかおらず、とても収容は無理だった。

この時点で四時過ぎだったが、まだ家族と連絡が取れていなかったので、他の参加者たちを送って行くのをとっさにためらった。自宅と反対の方向のためだ。東北大学の参加者に聞くと、立町小学校と川内北キャンパスの間にある小学校に子どもがいるので、立町小学校までは行かないという。それで東北大学に以前在籍していた研究員に、他の人たちを立町小学校に連れて行ってくれと頼むと、場所がわからないという。広瀬通りと西公園通りの交差点に行けばわかると説得した。そうしていると もう一人の東北大学の同僚が、自分は家族と連絡が取れたので、送って行くという。非常にありがたかった。それで研究会の副代表と相談し、研究会は現時点をもって解散、あとはそれぞれ自力で帰宅してほしいと宣言した。

東北大学けやき保育園を下って道路に出る坂で、みんなと別れる。見送りながら声をかけていると雪が降ってきた。暗い空で雪が降り、みんなさびしそうで、不安げな表情だったのが印象的。とはいえ、最後のメンバーを見送った後は、頭の中は家族のことだけになり、「さあ、家に帰らないと！」という思いでいっぱいになった。この時点で、研究会メンバーのことはほぼ完全に忘れた。立町小学校に先導してくれた同僚は、翌日も小学校に様子を見に行ってくれたと後で聞く。それを聞いて少し恥ずかしくなった。自分はそんなことをするなどまったく思いつかなかったからだ。

さきほどマフラーなどを渡した同僚とは、自宅が近所だったので、帰るときに交代交代で上着を着られるため、一緒に帰ろうと思った。しかし同僚は見つからず、一人で帰り始める。秋保に行く準備のため、現金をある程度は持っていたし、しっかり服も着ていたことが幸いだった。仙台市青葉区川内亀岡にある酒屋からものすごい酒のにおいがしていたのが印象的だった。店内のアルコール瓶が割れたようだった。歩きながら、食料を買わなければと思った。牛越橋から大崎八幡宮に行く途中で、ローソンとサンクス（コンビニ）を見る。中は数珠つなぎの列だった。レジから店内を一周して、外にまでつながっていた。途中で家族に何度か携帯電話で電話するがつながらない。雪はどんどん降っていて、泣きっ面に蜂。でも負けてたまるかと思った。

八幡神社の信号を渡り、左折。教会の手前あたりで、今まで民家だと思っていた家のガラス越しに饅頭《まんじゅう》が売られているのを発見。これだ、と思った。饅頭とアンドーナツを買う。最初一〇個ずつと思ったが、たまたまこの日、家に妻の母がいたので一五個ずつに増やした。買っている間にも余震があり、不安になる。少し元気になって坂をのぼっていると、神戸在住の研究者の友人から携帯電話で安否確認の電話をもらった。さらに青葉区貝ヶ森から仙台高校への坂を上がって行くと、ヘミングウェイという食堂がある。そこでデリカが売っているのを知っていたので、買えるかもしれないと思って入店すると、店内は停電していたが、デリカを四〇個ぐらい売っていた。ジャガイモ系の三八〇円のものを一〇個買った。加えてフランスパンと食パン二斤も購入。そうしているうちに、こういうときは楽しくやった方がいいと考え、売っていたワインも購入した。普段はそれほど持ち歩かない現金を、たまたま秋保に行くため持っていたので、これらが買えた。

家に着き、家族全員が無事であることを確認できた。妻は高校生の頃、両親の仕事の都合でメキシコに暮らしていたことがあり、メキシコ地震を経験していたので、地震対策はほぼ完璧だった。以前から一八リットルのポリバケツ六個に水を備蓄していた。地震直後にすぐに風呂に水を張った。家族が多いせいで食料もあった。とくに、その日に生協の宅配が来ていたのが幸いした。明るいうちにごはんを食べた。寝るときは、家族全員と妻の母が、二階の和室に集って雑魚寝。全員に暖かい下着を着させ、その上にスキーウェアを用意した。おかげで寒さはほとんど感じなかった。電気のいらないだるまストーブもあったので、心配はなかったが、それも結局使わずにすんだ。暗くなった七時半くらいに寝た。明るくなったら起きればいいと思っていたからだ。一番ショックだったのは、ラジオで仙台市若林区の海岸で多くの死者が出たと聞いたとき。ワンセグで見た津波の映像を思い出した。

ずっと雪だったら嫌だと思っていたら、翌朝は晴れた。停電が続いていたので、冷蔵庫にあった肉を早く食べてしまおうと思い、朝からバーベキューをした。肉を焼きながら東野圭吾の本を読んだ。こんなときだから、楽しく、快適に過ごそうと思った。一四日までは停電が続いていたので、テレビもなく、そのことで逆に深刻さはなく、楽しい気持ちもあった。子どもたちは青葉区吉成の吉成小学校に行き、飲料水をもらいに並んだ。吉成中学校のプールではトイレ用に水を持って行くことが可能だった。たしか、一二日に河北《かほく》新報が新聞を発刊した。それを受け取り、事態の深刻さを知ったが、それ以上に、新聞が出た、そして宅配してくれたという事実に感動し、妻と喜びを共有した。

一四日の月曜に電気が復旧した。テレビで津波と原発のニュースを見て、とても驚いた。実家は福島県いわき市で海岸部にあり、両親と祖母、弟二人とその家族がいる。両親の家と末弟の家は床上浸水、すぐ下の弟の家に津波は来なかったが地面が崩れ、家では暮らせなくなっていた。土曜日か日曜日の夜には、東京の叔母に電話し、全員の無事は確認していたが、直接はつながらなかった。我が家には電気なしで動く電話があったので重宝した。原発の状況を見ていて、小さな子どもがいる弟夫婦二組を避難させないといけないと思った。単に「逃げろ」と言っても、「どこへ行くんだよ」と返されるのがオチだと思ったが、まずは電話した。案の定、そのような答えだった。妻の妹が妻の両親の近く（神奈川県）の比較的大きな家に暮らしていることを思い出す。それで妻および義父に相談し、妻の妹に家を空けてもらって、そこに自分の弟たちを入れる手はずを整えた。それで再度電話し、神奈川へ逃げるよう指示。一四日の夜七時頃だったと思う。もう弟たちは酒を飲んでいた。実家の近くに母の兄がおり、そこはほぼ被害がなかったので、そこに集まっていたのだが、説得は成功。彼らは急きょ移動することとなり、準備を始め、深夜零時頃、弟の妻が運転して出発。ガソリンは十分ではなく、宇都宮近くの道の駅に朝五時頃に到着し、対策を考える。ＪＡＦに電話したら、ロードサービスの一環で給油サービスがあり、昼一時頃に来てくれた。それで最終的には神奈川に避難。この時点では、両親のことはあきらめていた。歳だし、悪いけれど両親の避難場所の確保は難しいと伝えた。

そして、自分の家族も仙台から避難させることを考え始めた。妻の弟が神戸にいて海外赴任で家が空いていたので、そこに行こうかと考えた。そうしているうちに原発の状況はどんどん悪化し、仙台にいるのもやばいと思うようになった。一四日の夜、弟たちの避難が決まった後、八〜九時ぐらいから、インターネットで飛行機の予約を試みた。山形から羽田の一九日の便が六人分取れた。それで避難を決心。その後、山形の友人に連絡し、天童温泉の宿が取れるという情報を得て、宿に予約を入れた。一五日から移動を始めることも考えたが、準備に時間がかかって夕方になり、さらに天気も崩れたので、一六日からにした。一六日に作並街道沿いに山形へ。温泉に入り、少し休養。

一六日の夜に親に電話した。両親の家は当時住めない状態だったので、被害の少なかった近くに暮らす母方の叔父夫婦の家で暮らしていた。そこに電話したら、「お前の父ちゃん、母ちゃんは移動した」と言う。父の妹夫婦と祖母の五人で、父の妹の息子の家である岐阜に、新潟経由で移動したということだった。「叔父さんはどうするの？」と私が質問すると、「俺は歳だし、足も悪いからどこにも行かない」と言う。うまく答えられずに電話を切る（その後、母が東京に暮らす叔父の娘に電話し、東京から迎えが来て、叔父夫婦も東京に避難した）。

一九日には山形から羽田、そこで妻の母と別れ、伊丹へ。そこから神戸にある妻の弟の家へ。海外赴任中の弟夫婦の空き家を使わせてもらった。食卓で飯を食べていたとき、疲れと緊張感が背中から抜けていくような感覚を体験した。妻子は四月九日まで神戸に滞在した。自分は三月二五日には仙台に戻り、大学に出かけるようになった。それからしばらくは仙台と神戸を行ったり来たりの生活を送った。

復旧作業は、最初に雨漏りする部屋から資料を運び出し、乾かす作業より入った

史料館・准教授・男
（二〇一一・八・一〇）

一一日。地震のときは出勤中で史料館の一階にいた。強い揺れが長く続き、他の職員が廊下に出て壁につかまり、あたりの様子を見ていた。棚から物も落ちた。ただし揺れているときには、そのことに気づかなかった。二階の展示室に来客が二人いた。上階に人がいることはわかっており、まずいなと思ったが、揺れているときは上がれなかった。客は建物の外に避難しようとしたが、建物自体が瓦屋根で、瓦が落ちていたので、不用意に外に出ず、中で待っていた方が安全と伝え、待機してもらった。

揺れが収まったあと外に出たら、東北大学片平キャンパスの職員たちが大学本部前の緑地帯に集まっていた。とくに緑地帯が避難地域だと認識していたわけではなく、集まっていたからなんとなく集まったようだ。史料館の職員には、みんな帰ってもらうように指示したけれども、最低限、火災を防ぐ処理をしてから帰るようにと言った。同僚の一人と一時間ほど片づけをしてから、仙台市青葉区桜ヶ丘まで歩いて帰った。

その日はバスで来ており、帰る道中のことはあまり覚えていない。ただただ、食料や電池などの確保について考えていた。妻とは、帰るまでにメールで連絡を取ることができた。青葉区国分町のセブンイレブン（コンビニ）が開いていたので、多少は物が買えた。店には人を入れず、入口で欲しいものを告げ、店員が取ってきて売るシステムにしていた。懐中電灯と電池が欲しかったが、すでに売り切れていて、なかった。食料もスナック菓子と揚げ物だけ。帰りの道すがら、開いている店を探し、ローソンでまたいくつかのものを仕入れた。

家に着いたのは夜八時。電気はダメだった。水は一時期使えなかったが、すぐに復旧。家はオール電化で、電気復旧まではカセットコンロでしのぎ、その後は比較的普通の状態に。ライフラインは比較的早く復旧した。家の前の電柱が傾いていたことを除けば、自宅の被害はあまりなかった。電柱は今でも直っていない。ただ、妻の実家とまったく連絡がつかず、その日のうちに車で様子

を見に行った。

一一日のうちに、一二、一三両日および、そのあとの一週間を含めて、職場には来なくてもよいとメールで指示した。史料館の電源のうち、資料室の電源を切り忘れたか心配になって月曜（一四日）に出勤したところ、案の定、切り忘れていた。どうやら電気が復旧した日曜からついていたらしい。それを人事課の人が見て、「史料館は早くも復旧活動している」と思ったそうだ。

子どもが二人いるが、妻は震災当時、下の子を妊娠中だった。上の子は小学五年生。妻は動けず、そのため自分が職場に行きながら買い出しをした。買い出し先は主に生協。水はすぐに復旧したため確保に苦労しなかった。

病院は開けてくれた。ただ、震災直後は開院していなかった。下の子は四月一日に生まれたが、本来の予定日は四月後半で、生まれたのは検診に行ったときだった。そのため立ち会いなどをするどころではなかった。

福島の原発事故のことがあり、水の摂取に関しては気をつかった。とくに、妻と子どもにはミネラルウォーターを飲ませるようにしていた。

史料館の復旧作業は一週間経ってから。その前にも雨が降ったときは、雨漏りがひどく、二階の収蔵庫に直接雨が当たる状況なので、書架や本の上にエアキャップ（プチプチ）を置き、保護。シートはたくさん在庫がある。書架に本を戻したり、ブルーシートをかけたりした。ブルーシートは本部から持ってきてもらった。救援物資の中にシートがたくさんあった。雨からの保護の目的もあるけれども、余震で漆喰等が落ちてきたときの保護も兼ねている。

史料館は、五月末まで閉館。六月一日から開館した部分は、一階に限定され、従来公開していた二階部分は現在も閉館している。一階が使用できたのは、別の目的で四月から使うつもりで開館用に準備していたから。展示ケースの納入が遅れたこともかえってよかった。

ブルーシートの天井張りは、雨を防ぐだけでなく、瓦を押さえる機能もある。天井シートは今まで三回張り直した。瓦についてだが、同じ形状の瓦を国内で再現することは困難。中国で作れるかどうかを調査中。瓦の貼り方も現在は国内で使っていない特殊な工法によるもの。予算次第で外注も視野に入れている。今まで耐震工事を行うように要請してきたが、史料館は工事が後回しにされてきた。

復旧作業は、最初に雨漏りする部屋から資料を運び出し、乾かす作業より入った。そのときケースの移動も。資料のうち、濡れてぐちゃぐちゃで状態がひどいものに関しては、冷凍庫に入れる。冷凍庫は四月一日に導入した。こうした資料保存に関しては、現在進められている三陸の古文書プロジェクトと連携。四月一日から国立公文書館法が施行されていることもあり、そのための準備と新体制で動き始めたところだった。また、今年入った職員が、水浸しになった部屋に関して、ブルーシートで水の流れを作り、雨水を一箇所に集める工夫をした。

安否確認は、学生アルバイトには個別に確認。職員に関しては、当日来ていた職員が宮城県名取市閖上《ゆりあげ》出身で、帰宅後しばらくの間まったく連絡が取れなくなり、心配するも無事だった。

＊追記

「史料館として震災に関する記録を取るのか?」という木村（とうしんろく共同世話人）の問いに答えて。

――大学事務局として記録を作成するので、史料館は連携。これとは別に、防災科学研究拠点で震災アーカイブをつくる予定。こちらはプロジェクト全体が申請中。東日本全体での取り組みになるだろう。データベースとは別に、紙のものも含めて記録を取るのが史料館の役割と考える。ただ、こちらからまとめるということを提言しないとまとまらないと思う。

そのときの薬局の対応には本当に命を救われた

農・准教授・男

（二〇一一・八・一二）

三月一一日は岩手県盛岡市の岩手大学に、年度末の学会幹事引き継ぎのために出かけていた。会議は農学部内研究棟二階の会議室で一三時から始まり、二時間の予定であった。ちょうど大詰めのまとめのあたりに差しかかっていたとき、ある先生の携帯電話に緊急地震速報が入り、いつもと違う音なので「この音、何?」などと話していると、大きく揺れ始めた。周りには危険なものがとくになかったのでそのまま部屋にいたが、しばらくして停電した。会議の方は簡単にまとめて終わりにし、岩手大学の先生に徒歩で盛岡駅まで送ってもらった。街中は信号がすべて止まり、道路は渋滞していた。スーパーでは店員や客たちが外に避難し、心配そうな様子で立っているのが見えた。

盛岡駅はすでに閉鎖されており、中に入ろうとしたものの、駅員に止められて入ることができなかった。その会議には、東北大学からは私以外に二名、宮城大学から一名が参加していたので、みんなで高速バス乗り場へと移動した。三〇分くらい待つと仙台行きの宮城交通のバスが来て、乗ることができた。運転手自身も「私の自宅が心配なので帰りのバスを出します。どんなに遅くなっても仙台に帰るつもりですが、何時間かかるかはまったくわかりません」と言っていた。

一五時四〇分に盛岡駅前を出発し、まずは高速道路に向かったが、入口が閉鎖されていたのでUターンし、一般道を行くことになった。信号は止まっており、コンビニやガソリンスタンド、道の駅に寄ってトイレ休憩をしながら進んだ。地震直後に、携帯電話のメールで妻と幼稚園児の子どもが無事で家にいると連絡が入っていた。しかし、自分の携帯電話にはほとんど電池がなく、メール送信を試みてもなかなかつながらなかった。それでも一、二時間おきに自分の現在地を妻に知らせ、同時に家族の様子を知ることができた。一六時過ぎに妻から送信された「家族全員無事」というメールを見て、ひとまず安心していた。

バスの中では、同行していた他の先生方が家族と交わしていたメールや通話から情報を仕入れた。また、他の乗客の会話や携帯電話での通話も貴重な情報源となった。一八時過ぎに受信した妻からのメールに「欲しい情報を書いて」とあったので、震源地や地震の規模、被害状況などを聞いた。こうした情報を入手しながら、大津波が来て東北の沿岸全域が呑まれたこと、仙台空港が二階まで水に浸かったことなどを知った。また岩手県南部と宮城県北部が震度七であると聞いたため、もし途中の鳴瀬川にかかる橋が落ちたら仙台に帰れないなどと想像していた。

仙台市青葉区北仙台で下車したときには夜中の一時三〇分になっていた。バスを降りた後、雨宮キャンパスの農学部まで歩き、農学部の研究室の様子を確かめた。途中、仙台北警察署の明かり以外は市街全域が真っ暗で、道路はひび割れ、塀は倒れ、マンホールからは水柱があがっていた。異様な光景に恐怖をおぼえた。研究室からドリップコーヒーと紅茶を持ち出し、そこに停めていた自分の車に乗って帰宅した。自宅は青葉区中山地区の鉄筋五階建て宿舎の五階である。家に帰ると家族（妻と子ども三人）は、もう一台の車の中で寝ていた。全員怪我もなく無事だった。午前二時過ぎのことだった。その夜と翌日の夜は、妻が家に入りたくないというので、車の中で寝た。

ライフラインについては、電気が復旧したのが三月一四日夜、水道が三月二九日、ガスは四月一六日だった。徒歩一分のところに中山市民センターがあり、そこに給水車が来ていて、毎日、水を自宅のある五階まで担ぎ上げていた。エレベーターがないので毎日四〇～五〇リットルの水を運ぶのは大変だった。自宅では地震対策をしており、家具や冷蔵庫はベルトで固定されていたため、被害はほとんどなく、皿が何枚か割れただけだったが、書棚、食器棚、学習机、冷蔵庫の中身、テレビや電話器といった電化製品などは散乱した。三月一一日は次男の誕生日であったが、当日午前中に準備していた誕生会用のケーキも冷蔵庫から飛び去っていた。幸い、ケーキはあまり破壊されていなかったため、翌日の昼にランタンをキャンドルに見立てて薄暗い部屋で次男の誕生日と家族の無事を祝った。

ミネラルウォーターの備蓄があり、知り合いと田んぼで米を作っているので玄米も十分あった。また、震災が起きる一か月ほど前に、たまたまホームセンターで非常用食料を購入して自家用車に常備していたので、食料に不安はなかった。近所のスーパーも大した被害がなかったようで、翌日から駐車場で店頭販売をしていたことも心強かった。私の家族はほとんど並ばなかったが、いざとなれば買える場所があるのは安心だった。トイレは市民センターや、避難所になっていた近くの中学校の仮設トイレが使えた。水が貴重なため、あまり自宅のトイレを使用しないようにした。車の中での寝泊まりはどうしても疲れがとれないので、家族を説得して三月一三日夜から家で寝ることにした。倒れる物がないスペースを確保して家族みんなで一つ所に寝た。ランタン、非常用リュックなどを枕元に置き、いざというときにすぐに避難できるような服装で床についた。こうした暮らしを二週間ほど続けた。

ガスが開通するまでの一か月あまりの間、自宅の風呂を使用できなかったため、娘の小学校卒業式の前日と中学校入学式の前日の二回、知り合いの家庭でお風呂を借りた。その家は、水道が比較的早い時期から利用できた地域であり、電気給湯器の設備があったので入浴が可能であり、その家の方から我が家に対して、お風呂を提供しますと声をかけていただいた。私の家族以外にも、多くの家族がお風呂を借りに来ていた。それ以外の入浴は、二、三日おきに自宅の電気ポットやホットプレート、カセットコンロでお湯を沸かし、風呂場でごく簡単に体を洗い流した。それでもお湯で体を洗えることがとても幸せだった。

県外へと避難することは考えなかった。妻の実家や親戚が宮城県北部にいることや、ガソリンや食料、水などもあったからである。むしろ誰かを助けなければと思ったくらいだった。

役に立ったものは、備蓄の水、カセットコンロ、手回し発電機。とくに車は、プライベートスペースを確保でき、暖もとれるのでとても重宝した。また、地震直後、妻は私が病気治療のため服用している薬をいち早く持ち出して避難してくれていた。家には二〇〇〇ccワゴン車と一三〇〇cc乗用車の二台がある。寝るときにはエンジンは止め、寒くなったらつけるというやり方でガソリンを節約した。寝袋があったので、後部座席を倒して平らにし、子どもをそこで寝かせ、優先的にスペースを取ってやった。新聞紙（雑巾代わり、排泄物処理、体の保温など用途はさまざま）や米や水の備蓄が役に立った。役に立たないと思ったのは、学歴、肩書き。お金もいらないかもしれない。

盛岡から乗ったバスを北仙台で降りた帰りに農学部の部屋を見たときの様子は、翌日、研究室のメンバーに知らせた。震災当日、川渡《かわたび》フィールドセンターにいた研究室のメンバーの安否については、教員のNさんが三月一一日一六時過ぎに無事である旨のメールをくれた。その後、院生から無事との連絡が次々と入り、最終的に三月一四日に研究室メンバー全員の無事が確認できた。技術職員のTさんは、地震当日二一時過ぎにフィールドセンターは全員無事であることを知らせるメールを送信してくれた。またTさんは、震災後に実家の新潟から物資を輸送して自宅近くまで届けてくれた。これは川渡フィールドセンターをあげての物資輸送であり、私以外にも多くの教職員および学生が支援を受けた。

ところで私は自己免疫疾患で、昨年五月から治療のため薬を飲んでいる。三月一五日が血液検査、診察、薬処方の日だった。三月一五日に診察を受けないと、症状を抑えるための薬がなくなってしまうので、東北大学病院に一応行ってみた。中央採血室はめちゃくちゃになってしまったため、血液検査はできないということだった。いつも会計をする一階ホールに机が並べられ、受付になっていた。私の病気は厚労省指定の特定疾患（いわゆる難病）であったため、その証明書を見せると、素早く診てもらえた。

一階受付にはトリアージ（人材・資源の制約の著しい災害医療において、最善の救命効果を得るために、多数の傷病者を重症度と緊急性によって分別し、治療の優先度を決定すること）の札が準備されており、広いホールのあちこちに問仕切りがなされ、ベッドやソファーには地震で負傷したと思われる患者が点滴などの治療を受けており、とても緊迫した状況であった。また、病院上空にはドクターヘリコプターが患者を運ぶために飛んでいたが、受付では親切に対応してくれた。担当医は不在だったが、私を診察した医師は、「こういうときはストレスがたまるけれども、薬を飲んでいれば大丈夫ですよ」と私を安心させるように優しく声をかけてくれたのが強く印象に残っている。

いつも利用している病院近くの薬局は、地震によって棚の品物が散乱してひどく散らかっていたが、開いていた。薬剤師の人が「処方箋では二週間分と書いてあるけど、こんな非常事態のときだから三週間分出してあげますね、その方が安心でしょう」と言って多めに薬を出してくれた。

その後、病院の外来診療体制の立て直しに時間がかかり、次の検査・診察日が三週間近く先になったため、そのときの薬局の対応には本当に命を救われた。そのおかげで、今は順調に回復に向かっている。

レンタカーはすでに行列ができていたが、運よく最後の一台を借りることができた

工・准教授・男
(二〇一一・六・七)

地震があったときは、東京駅で仙台行きの新幹線に乗り、出発を待っているところだった。その週は東京と千葉へ出張で、やっと仙台に帰れると思っていたところに揺れだした。午後二時五〇分台発の新幹線で、発車直前だった。心の中で「頼む、他の場所であってくれ」と思ったが、すぐメールで宮城県が震度七だとわかった。その時点で、ダメだ、津波もあると感じ、どうやって帰ろうか考えた。

新幹線の中では十分な情報は得られなかったが、新幹線は動かないと確信した。レンタカーを探そうと思ったが駅構内には見つからず、八重洲口にあると駅員から聞いて、日産レンタカーへ。三時三〇分くらいだった。レンタカーはすでに行列ができていたが、運よく最後の一台を借りることができ、それで仙台へ向かった。

高速道路は閉鎖されていたが、国道四号線に乗ればよ

いと思ってそちらを目指した。その途中でも何度も余震の揺れを感じた。サラリーマンの人たちが歩いて帰るのを横目で見ながら、ラジオで情報収集をした。津波警報は知っていたが、映像は見られなかった。理性としては仕事をしなければと思ったが、現実感がなかった。

運転しながら家族に連絡を試みたところ、メールが通じた。実家は神戸。妻子は仙台市泉区高森の実家にいた。こちらも夜には無事がわかった。そこからは地震の情報の入手と、どうやって帰るかに集中した。

仙台には翌朝八時半に到着した。タイヤはノーマルのままで、途中、吹雪いていた場所もあったが、どうにかたどり着いた。栃木、福島あたりでは停電で信号もついていなかった。印象に残ったのは、福島の宮城に近いあたりで信号がついていて、しかも赤になるとみんな停まっていたことだった。無視したのは自分だけ。本当に急いでいた。日本は平和だと思った。

仙台に戻り、妻の実家に行くと、家族は避難所にいた。その後、五日ほどの間、避難所にいた。仙台市若林区連《れん》坊《ぼう》の自宅は三日ほどで電気が戻った。翌日には大学へ行き、仕事を始めた。

神戸の大震災のときには韓国の家族と連絡が取れず、今回は韓国にいてよかったと思った

教・准教授・女

（二〇一一・六・三〇）

三月一〇日の午後一時半の飛行機でソウルへ出発していた。九日の教授会のときにも地震があって、三十数年前の宮城県沖地震（一九七八年六月一二日発生、マグニチュード七・四、仙台などで震度五、死者二八人、負傷者一万余）を経験した先生が、「もうそろそろ大きな地震が来るのではないか。前回もこのような前触れがあった」と言っていた。家族にその話をして、一緒にソウルへ行くかと聞いたが、取り合ってくれなかった。小学四年生の息子だけでも連れて行こうとしたが、息子も鼻で笑っていた。朝起きてからずっと、家族に「水を買っておくように」と言った。その先生から、水が大切だと聞いていたからだ。韓国は地震がなく、地震への予備知識はあまりなかったので、逆に、そういう知識はすっと入ってきた。夫は水を買っていたが、買ったのは二リットルのボトル八本だけだった。

普段はドコモの携帯電話を使っている。韓国では韓国用の携帯電話を持っている。普段、会議中は電源を切るのに、そのときたまたま入れていたら、韓国用の携帯電話に兄から電話がかかってきて、仙台が大変なことになっていると知った。すぐにドコモの電話で夫にかけたら、夫も子どもも大丈夫だとわかった。すぐに水を貯め、ガスがあるうちにあらゆるものを蒸しておくように言ったが、それはやってくれなかった。仙台にいる人は情報をあまり知らないようだった。つながった電話を切るべきかどうか迷った。その後はまったくつながらなくなった。

その日の会議の後、韓国の外務省へ。仙台で働いていた領事が対策本部にいて、仙台の状況についてさまざまな調査をしていた。韓国メディアは、夜中じゅう仙台の情報を流し、安否の連絡先などもそこに出ていた。

一二日は家族と連絡が取れず、一三日にやっと通じた。外務省の人と連絡を密にして、仙台の状況を聞いた。メーリングリストなどを通して自分の安全を知らせるとともに、学生の安否確認を行った。一三日には学生の安否をほぼ確認。一五日に仙台空港に帰る予定だったが、仙台空港は（津波で浸水して）閉鎖されていた。原発の問題があったので、周りの人は日本に帰るのはあり得ないという雰囲気だった。しかし子どもと夫のことがあり、気が気ではない。知り合いが山形県鶴岡市にいたので、そこに行くように家族に指示した。しかし電動の駐車場が動かず、車を出せないと言う。一四日にようやく電気が通じた。夫は、自分を一〇日に仙台空港へ送った帰りに、車にガソリンを入れていた。それで、夫は自分の言うことを受け入れて鶴岡に移動した。一七日に私は日本に帰国した。羽田経由で、庄内空港へと向かった。

韓国では、親戚がみんな「大丈夫か」と連絡をしてきて、家族が電話の応対で大変だった。二〇年も連絡がなかった人までもが、みんな「家族を韓国に呼べ」と言っていた。しかし母は、「あなたは行きなさい。仕事がある、家族がそこにいる。帰った方がよい」と言ってくれた。母は一人で一五日頃にお餅をつくっていて、ものすごい量を持たせてくれた。二〇キログラム×三。空港で荷物のオーバー・チャージはとられなかった。

羽田は人であふれていた。戦場のようだった。これは外国人が帰国するためではない。東京から出ていく人たちが、とにかく西へ行こうとしていた。大変混乱していた。東京にいた外資系の会社の人などは、なるべく遠くまで逃げようとしていた。

母の餅を持って、鶴岡へ。外国人のお嫁さんを呼んでお餅パーティをした。外国人のお嫁さんをリーダー的な心配になるだろうと思ったからだ。

人が集めてくれた。外国人は国外に逃げようとしているところだったが、リーダーは「（調査をしている）自分がこうやって鶴岡に帰ってきたのだから、元気を出してここで守りましょう」と言った。

飛行機でも、東北へ行こうとする人はわずかだった。仙台の友人とも連絡を取ったが、食べ物がない、ガソリンがないという状況。そこで、三月二四日に仙台入りするとき、納豆や牛乳、カップラーメンやガソリンなどを持ってきた。お餅や韓国のりも。車いっぱい物資を運んで、大学の事務の人に野菜やカップラーメンをあげた。二四日にはまだ学部の事務の人は風呂にも入れていなかったようだ。教育学部事務室に野菜が置いてあった。昼間、食料を買い出しに行っていたからという。子どもは鶴岡に置いてきた。仙台に戻ったのは自分と夫のみ。仙台では、たくさんの人が自転車で荷物を持って移動している姿が印象的だった。戦争かと思った。ボランティアが炊き出しをやっているのも印象的だった。

神戸の大震災のときには韓国の家族と連絡が取れず、なぜ自分を日本に行かせてしまったのだろうと家族は思ったらしい。今回は、地震のときに自分が韓国にいてよかったと思った。韓国でも流れた地震後の映像がひどかった。自分がそばにいないでこれを見たら、母はきっと

三—四　教授

受験生と親が、本当に入試がないか確かめにぞろぞろ来ていた

経・教授・男
（二〇一一・八・八）

地震のときは東北大学片平キャンパスの本部事務で会議をしていた。三時からの会議予定で、二時四五分から打ち合わせを開始したところだった。タクシーで大学本部へ行って、「これから始めましょうか」と言ったときに揺れが始まった。会議場は片平の事務棟三階だった。すぐに会議の中止が決まり、川内南キャンパスに戻ると、みんな外でうろうろしている状況だった。

研究科長も他の副研究科長もいないということで、自分が経済学部全体の当面の指揮を執り、さまざまな処理にあたる立場になった。まずは、翌日の後期日程の試験をどうするかが問題だった。以後の震災対策を夕方六時頃まで話し合った。暗く、雪が降り、怖かった。耐震補強した建物のバネが地震の揺れでぎしぎし鳴っていた。鬼気迫る状況。そんな中で話し合いをした。津波に関する情報や、原発事故が起きたという情報も入ってきた。最後に、建物内部に学生、教員がいないことを確かめて、夕方六時過ぎに大学を出た。家までは通常三〇分の道のりだが、あの日は三時間かかった。家に着いたら、電気のない中、家族が待っていた。石油ストーブで調理したごはんが用意されていた。おかゆだった。

翌日は朝八時過ぎに大学へ出勤した。入試のために来た受験生と親が、本当に試験がないかを確かめにぞろぞろ来ていた。事務と一緒になって、そのような人たちに、今日の試験が中止だと連絡をした。入試自体もおそらく中止になるだろうと伝えた。お昼までそのようなことをしていた。本部とは連絡が取れないままだった。事務の人が車で本部に行き、情報を取ってきた。月曜から復旧活動を開始することにした。Oさんにもそのとき会ったが、国際交流支援室の人と一緒だったので大丈夫だと思

った。学生とは連絡が取れず。

ガソリンスタンドが閉まっており、ガソリンを使わないようにしていたため、日曜も教会に行けなかった。家には小麦はあったが米がなかった。最後の米を金曜（一一日）に食べてしまったので、その後は小麦を食べていた。一〇日間くらいは食料がなくて苦労した。

月曜（一四日）。夕方に経済学部の電気が復旧し、夜まで情報インフラの復旧に努めた。ネット環境が回復して最初にやったのは安否確認のホームページ作りだった。また、教員全員へ連絡を取った。火曜日も一日、同様の仕事。

水曜には大学の水道とガスが復活。そこに立ち会った。これでやっと荷が下り、自分のゼミ生について考えることができた。すると、留学生が仙台から去っているようだとわかった。手伝ってもらって研究室を復旧しようと考えていたが、それはできなかった。結果的には去っていてよかったのだろう。当時は日本人でさえ何が起こっているかわからない状況だった。留学生の動向を、大使館などにも連絡して、どうしているか確かめた。

インターネットが使えるようになったので、メールで学生に情報を流した。四月いっぱいは、生活、交通、大学、原発に絞って、信頼できる情報をゼミ生に流すようにした。運営側の立場から大局的に震災を見ていたので、学生たちとは視点が違うところがあったかもしれない。

ガソリンがないのには困った。また、近所の一人暮らしの人、買い物に行けない人に救援物資をセンターから持ってきて配ることをやっていた。津波の被災地ばかり報道されるが、市内も生活が大変だとわかった。道路はかなり傷んでいた。

部屋を片づけたあとで、四月七日の地震で本棚がやられ、それが復旧したのはつい最近のことである。

部屋には薬品が飛び散っており、火がついたら誰も来てくれないし、消せない

薬・教授・男

（二〇一一・八・二三）

阪神・淡路大震災を大阪府吹田市で経験しており、大地震の体験はあった。地震発生時には青葉山キャンパスの研究室で椅子に座って来客（大学院受験希望者）の応対をしていた。地震が始まった瞬間、揺れはまだ小さかったが、これはまずいと直感し、「机の下にもぐった方が

いい」と客にアドバイスした。客はためらって頭だけ入れていたので、「それではダメだ」と言った。バタバタと物が落ち、ボードが倒れてきた。研究室が気になったが、部屋を飛び出られるような状況ではなかった。三分くらいはじっとしていた。あのとき部屋を出られなかったことは、今でも悔やんでいる。研究室のものが崩れていく過程は見ていないが、その後見るととんでもない状況になっていた。がっくりきたというより、大変だという感じだった。怪我人が出ないようにと考えた。片づけようと思えるような崩れ方ではなかった。建物も変な揺れ方をしていて、崩れるのではないかとも思った。机の上に大事なものを置いたまま、白衣で外に逃げた。

外でしばらく様子を見ていると、雪が降ってきた。学生たちは「寒い、寒い」と言っていたが、建物にいつ帰していいかわからなかった。震源地もわからなかった。寒いが、上着などを取りに戻ってもよいとも言えずにいた。しかし日が暮れるので、その前に貴重品などを取らねばと考えた。そこでまず、職員が安全確認のため建物に入り、その後に学生を二人一組にして、誰が入っているかわかるようにして五分交代で荷物を取りに行かせた。

薬学部には非常電源があったので、それをどうするか議論になった。誰もいないところで燃料を燃やして余震が来たらどうなるかという意見もあったが、研究資源、とくに細胞などのサンプルは冷蔵庫の電気を切るとダメになってしまうという意見もあった。しかし、火がついてしまうとすべて終わりだし、冬なのでサンプルも二、三日はどうにかなるということになり、結局すべての電気を落とした。

翌日の午前は職員で来られる人が来て、安全確認をしようということになった。余震による被害状況を職員で見て回ったところ、なんとか建物が崩れる恐れはないようだったが、本当のところは施設部に見てもらわなければわからない。また、電気もまだ来ておらず、頑張ろうにもどうしようもない状況だったので、午前中に帰った。

月曜日（一四日）から本部は動き出したが、卒業式、入学式などをどうするかは曖昧で、どのように学生に伝えればよいか苦慮した。夕方四時頃に電気は回復したが、電源を入れる前にコンセントがすべて抜けているかを確認する必要があった。薬品を扱っているところなので、電気の扱いにはとくに慎重になった。部屋には薬品が飛び散っており、火がついたら誰も来てくれないし、消せないためである。夕方にはメール機能が復旧し、見るといろいろなところから安否確認のメールが来ていた。ありがたいが対応が大変だった。電気はあったが、水がなくトイレが使えなかった。仕方ないので水を汲んできて流した。後片づけを何から始めるかは研究室ごとに決め、壊れたものについてはリストを作るようにした。この頃はまだ余震もあったので、そのたびに廊下に出なければいけなかった。学生は呼んではいけないということになっていた。学生の安否確認は、メーリングリストを利用し早々にすることができた。仙台にいる人の無事はほぼすべて地震発生直後にわかった。

食事は、理学部などからもらったものや、岡山大学や静岡大学薬学部から届いた支援物資があった。職員は結婚している人が多いので、弁当を持ってきていたが、独身の人は大変だったのではないか。朝一〇時から夕方四時まで働いた。教員は比較的自由に動けたが、事務の人たちは勤務時間が決まっていてそれに縛られていたようだ。とくに、事務職員の人は全員がいなくなったことを確認してから建物に鍵をかけるということをしていた。そして、朝も一〇時前には鍵を開けなければならなかった。事務の人たちも相当大変だったのではないだろうか。

壊れた実験器具などのゴミをどうするかが問題だった。方針が決まるまでは実験室に置いておく必要があり、配られた段ボール箱にとりあえず詰めていた。四月七日の余震の頃までそのようにしていた。部屋を整理したところで余震が来て、また薬品などが落ちた。みんなと話していると、あれでくじけたという人が多かった。

学生は基本的に来なくていいことになっていたが、ボランティアで来てくれた学生には手伝ってもらっていた。しかし、プレッシャーになってしまうので、それを他の学生に伝えるようなことはしなかった。

壊れた機械については、一次補正がついたというのでうまくいくかと思ったが、なかなかそうはいかなかった。まだ具体的にお金が入ってこないので、どうすることもできず、精神的にイライラする日が続いた。

地震で研究ができなくなった理学部の関連分野の学生などを受け入れた。そうすると一緒に頑張っているんだなぁと思えた。

タクシーで一七時間ほどかけて仙台へ戻った

工・教授・男

（二〇一一・六・七）

震災当日の午前中は東京で、津波に関する気象庁の勉強会に参加していた。地震発生時はオフィス街におり、遅い昼食の後、メールの確認などをやり、リラックスしていた時間だった。三分ほどのとても大きな横揺れを感じた。当初は東海地震だと思ったが、後に三陸地震だと知り、大変驚いた。すぐに海上保安庁のウェブサイトで、宮古や石巻の潮位計の記録を確認し、大津波が来ることを知った。その後、内閣府で情報交換をしている最中に、NHKのニュースで津波が仙台平野に来襲する様子をリアルタイムで見た。当日の夜、六本木にあるテレビ朝日の特別番組に出演、また、国の地震調査臨時委員会にも出席した。翌日、仙台まで送り届けてもらうこととなった。当初はヘリコプターで移動の予定だったが、予定が変更になり、翌日タクシーで一七時間ほどかけて仙台へ戻った。

❖コラム　仙台までの四日間

長岡龍作
（文学研究科教授）

東北地方を襲った巨大地震からひと月半が経ちました。ライフラインの途絶と極端な物資不足でここ仙台でも震災後しばらくは苦労の多い生活でしたが、今はようやく元に戻りつつあります。しかしながら、市内にはまだ避難生活を余儀なくされている方が多くいます。仙台に住む者にとっても沿岸部で眼にする光景は想像を絶するものです。この天災で私はその苦しみを経験していません。それでも寄稿するよう頼まれましたので、ごく個人的な体験をお伝えしたいと思います。

その日、私は日帰りの仕事で東京におり、一五時八分の新幹線に乗って仙台に帰ろうとしていました。御茶ノ水駅に差しかかったとき、電車が急停車しました。窓の外を見ると駅名の表示板が信じられないほど揺れています。まもなくアナウンスが流れ、宮城県沖を震源とする地震が起きたと知りました。ウェブを見ると「宮城　震度七」とありましたので、あわてて妻に電話をすると泣き声が一瞬聞こえ、まもなく電話は切れました。そのとき私の頭には壊滅した仙台の姿が浮かびました。電車の扉を駅員が開けてくれたので降り、とりあえず歩いて東京駅を目指しましたが、よく知っているはずの道がわかりません。明らかに気が動転していました。まもなくまた電話が通じ、息子からもメールが来て、家族と両親が無事だったことを知り、いくらか落ち着きました。携帯電話には安否を尋ねるメールや電話が次々と入ってきましたが、とりあえず無事だが仙台の様子はわからないと答え続けました。

東京駅で過ごした一晩中、仙台のことを考えていました。電話は一切つながりません。構内のテレビは仙台港が燃えている映像を流しています。翌朝、地下鉄で上野駅に行きました。ホームも駅も人であふれています。ともかくなんとしても仙台に帰らなければならないと考えていました。私がこのまま傍観者でいることはできないという思いでした。仙台行きの列車が復旧する見込みはなくバスも動いていません。レンタカー屋、バイク屋にかけ合いましたがダメでした。あとは自転車しかないと思い、それが可能かを検討し始めました。私は日頃ジョギングをしているので体力にはある程度自信がありました。上野から仙台までは三五〇キロで、時速二〇キロで走れば一七時間半で着く計算です。仙台までの道はほぼ頭に入っています。天気予報には二日間は晴れとあったので最悪の場合は途中で乗り捨てればよいと思いました。

かつての勤務先がある上野はよく知った場所です。自転車を買うアメ横の店もすぐに見当がつきました。店員に、仙台まで行く、すぐに乗りたいと言って整備してもらいました。店はスポーツドリンクのボトルと替えのTシャツをサービスしてくれました。店員に見送られて出発したのは午後一時半を過ぎた頃です。北へ向かう車はずっと渋滞していましたが、その脇を自転車は快調に進みました。この日は宇都宮まで行くつもりでしたが、無理だとわかったので行き先を小山に変え宿をとりました。ウェブではまだ白河までの宿は提供されていました。

翌日、目覚めると足が痛くて歩くことができません。尻も痛みで自分のものではないようでした。普段自転車に乗っていないので体は悲鳴をあげていました。ただ、疲れてはいないのでだましだまし進むことにしました。私が自転車で仙台に向かっていると知った友人たちからはずっと応援メールが届いていました。途中、西那須野では知人が自転車ごと拾って車で白河まで運んでくれました。ガソリン不足のときだったのでありがたさが身に染みました。

三日目の朝、宿で作ってもらったおにぎりを背負って出発しました。宿の人は仙台まで行くという私を少し心配げに見送ってくれました。出発以来、開いている店が次第に減っていくのを見てきましたが、ポリタンクを運んでいる人を見かけたときはふいに涙が出ました。この先にどんな風景があるのかとても不安になりました。郡山には思いのほか早く着き、教え子が待っていると連絡をくれた福島には昼過ぎに着きました。最後の難所、国見峠を越えたときはまもなく仙台に着くことを確信できました。すでに見慣れた風景の中に入っているのに店にも車にも人にも生気はありません。夕暮れになっても明かりのつかない名取まで家族に車で迎えに来てもらい、五〇を過ぎて初めてした自転車の旅は終わりました。

明かりのともっている仙台の市街地に入ったときは心底ほっとしました。愛するこの街とともにありたいとそのときも今も変わらずに思っています。

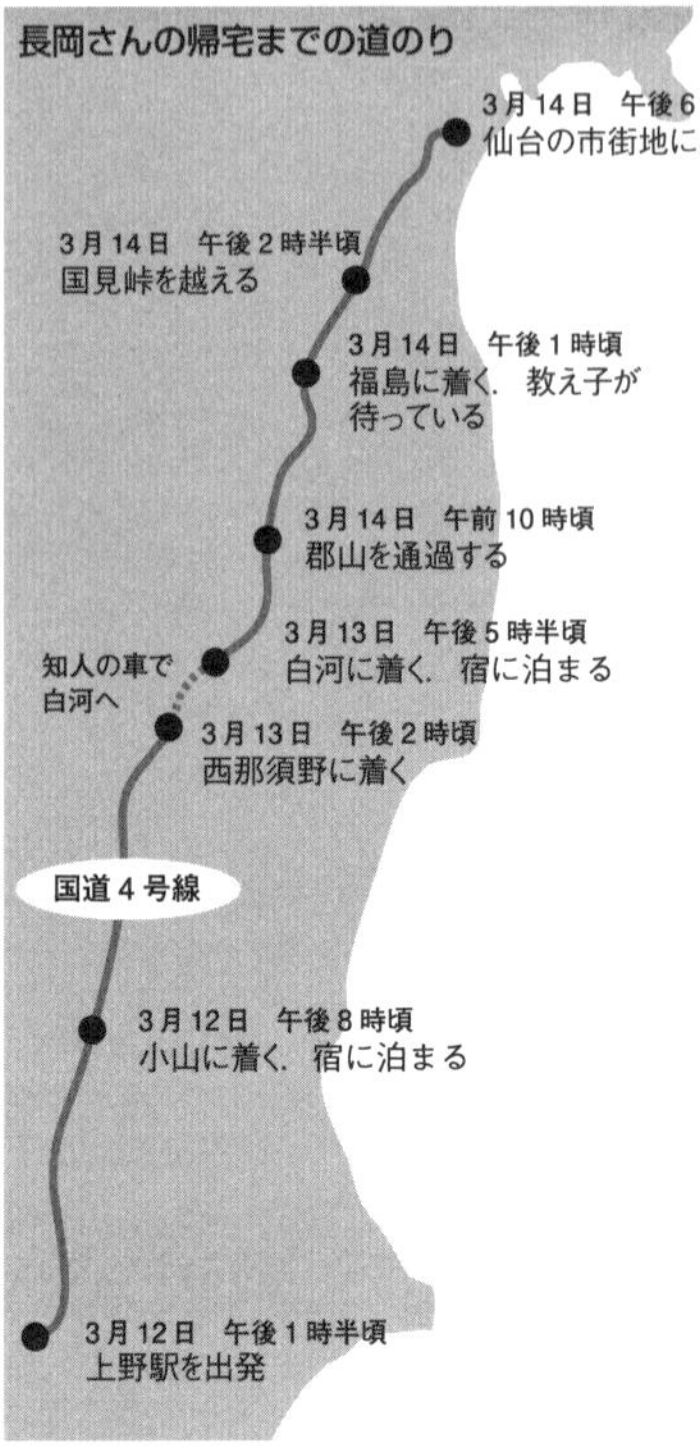
長岡さんの帰宅までの道のり
3月14日　午後6時頃
仙台の市街地に入る
3月14日　午後2時半頃
国見峠を越える
3月14日　午後1時頃
福島に着く．教え子が待っている
3月14日　午前10時頃
郡山を通過する
3月13日　午後5時半頃
白河に着く．宿に泊まる
知人の車で白河へ
3月13日　午後2時頃
西那須野に着く
国道4号線
3月12日　午後8時頃
小山に着く．宿に泊まる
3月12日　午後1時半頃
上野駅を出発

＊　長岡さんは地震発生時には東京におり、その後、自転車で仙台に戻るという決断を下し、実行しました。このコラムはその体験について述べられたものです。『二〇一一年東京六華同窓会　総会・懇親会プログラム』（東京六華同窓会発行、二〇一一年六月一一日）に掲載されたものを、本人の許可を得て転載させていただきました。（編集部）

四　大学職員

四―一　法学研究科

新司法試験まで二か月という時期であり、学習環境の整備を最優先にしました

法・職員・女

（二〇一一・六・三〇）

三月一一日、法科大学院長と話しているときに電話があり、（電話の相手に）三〇分後に再度電話してもらうことにし、時計を見ると午後二時四五分でした。受話器を置いた途端、地震が起きました。法科大学院図書室内には、利用者七名（修了生含む）、職員二名、法科大学院長の合計一〇名が在室していました。利用者に書架から離れるよう声をかけ、入口ドアを開けに行きました。揺れが収まらないので、机の下に入るよう声をかけました。入口ドアを押さえながら外を見ると、大学本部棟や建設中の工事現場から大勢の人が外へ出てきていました。悲鳴をあげる人やあわてている人はいませんでした。揺れが長い時間続き、途中で電気が消えました。揺れが弱くなったとき、机上のものはそのままにして建物の外へ出るよう利用者に指示し、誘導しました。二階から五階にいた学生や教員も外に出てきました。強い余震があり、建物の近くの人には建物から離れるように声をかけました。学生が携帯電話の地震情報を見せてくれて、震度六強と知りました。

余震の合間に一人で図書室へ戻り、誰もいないことを確認しました。机上の荷物を利用者ごとに紙袋に入れて、入口のロッカーのところにまとめました。ヘルメットをかぶっている人を見て、法学研究科が職員に配布したヘルメットがあることを思い出しました。図書室へ入り、ヘルメットを持ち出しました。その後、七名の利用者へ利用証を直接返却し、紙袋に入れた机上の荷物とロッカーの荷物を持ち出してもらいました。紙とボールペンを用意し、外にいる学生に氏名を記入してもらい、安否確認をしました。その場にはいないけれども、地震発生後に見かけた人についても記入してもらいました。

その後、学生の数が増えているのに気がつきました。大学の様子を見に来たとのこと。私は三三年前の宮城県沖地震を体験していることを話し、停電で信号が止まっていること、自宅の中は物が落ちたり割れたりしていて暗くなると危険であること、帰宅途中に食料品が買えるときは何でもいいから入手することなどを話し、早く帰るように促しました。私は、持っていたチョコレートなどを配りました。

建物を閉鎖するので、自習室やロッカーから荷物を持ち出したい人は至急取りに行くようにと事務職員が指示を出しました。その最中に突然、大粒の雪が降ってきました。午後四時過ぎ、法学研究科事務長が川内キャンパスから片平キャンパスへ到着し、全員の安否確認と解散指示がありました。午後五時半に建物を完全に閉鎖。キャンパスの外は救急車のサイレンや建物倒壊の危険があるなどの拡声器の声で騒然としていましたが、片平キャンパスの中は真っ暗で静かでした。

家族の間で、もし昼に地震が起きたら片平に集合するということにしていたことをみんな忘れていました。携帯電話も使えず、連絡が取れないためどこにいるのかもわかりませんでした。午後六時半まで待っても来ないため、車で帰宅することにしましたが、大渋滞で片平周辺から国道二八六号に出るまで三時間かかりました。青葉区米ケ袋《こめがふくろ》の住宅地の中を迂回しているとき、大勢の人が避難所へ向けて歩いているのを見て、地震の大きさを実感しました。車のラジオから流れる地震情報だけが、現状を知る唯一の情報でした。新築の免震構造の建物で体感した地震の感じとあまりに違う状況に、大変戸惑いました。

帰宅してみると、地盤が固い土地のため、自宅はまったく被害がありませんでした。岩手・宮城内陸地震（二〇〇八年）の直後に隣近所の人たちからアドバイスがあり、ヘルメット、カッパ、懐中電灯、ロウソク、水、食品、カセットコンロなどを購入してありましたが、期限が切れているものもありました。一二日（土）午後に家族全員の安否が確認できました。

三月一三日（日）午前一一時、図書室の被害状況を確認し、書籍落下状況を写真撮影するために出勤しました。日曜日開室の時間外開室担当職員（法学研究科研究大学院生）が、図書室の状況を心配して来てくれました。図書室は電気が復旧していて、すべての電気がついていました。地震当日に停電の後、スイッチを切ることをすっかり忘れていました。北門の守衛さんに建物入口を開けてもらったところに、専門職大学院係長も出勤してきました。図書室内は被害が大変少なく、落下本はほんの少しだけでした。開架書架も手動集密書架も書棚の地震対応装置（震度五以上の地震で上部三段が傾斜）が作動したこと、地震に備えてゴムつきのブックエンドにしていたことが功を奏した結果でした。

三月一四日（月）、全職員が定時出勤しました。建物は閉鎖しているため、教職員の出入りは中から手動解錠する方法となりました。建物入口の開閉を図書室が担当することにし、図書室の窓を叩いてもらってドアを開けに行く方法にしました。図書室の被害状況確認があり、開室については問題ないとの判定がありました。余震に備えて、書架備えつけブックサポートを追加し、下から四段目を空にしました。昼過ぎに水道が復旧しました。

三月一五日（火）以降は、片平キャンパスのエクステンション教育研究棟の入館可能時間と同じ時間帯で通常開室しました。一五日の利用者は一七名でした。震災によって建物のエアコンが壊れましたが、震災前と変わらない利用が続きました。貸出期間など状況に合わせた臨機応変な対応をしました。

法科大学院修了生にとっては、新司法試験まで二か月という時期であり、学習環境の整備を最優先にしました。ハロゲンヒーター（一台）を閲覧席に設置しました。毛布（専門職大学院係が災害用に備えていたもの、公共政策大学院長から提供、私が私費購入して提供）、使い捨てカイロ、水、マスク、湯茶などを新学期開始日まで利用者に提供しました。また、修了生用に飲食コーナーを設け（通常は図書室内での飲食は禁止。飲食物の持ち込みも禁止）、休憩や昼食の場を提供しました。

法科大学院長は、全国の法科大学院に東北大学法科大学院生、東北学院大学法科大学院生の受入を要請し、仙台を離れた在学生や修了生へ向けて学習場所の情報提供や心のこもった励ましを頻繁に行いました。東北大学附属図書館で、国立大学図書館協会（東北地方太平洋沖地震対応）ウェブサイト提供の「被災した大学に所属する教職員、学生向けの図書館サービスのご案内」をホームページに掲載しました。法科大学院長と相談し、法科大学院電子掲示板、公共政策大学院電子掲示板に簡潔にまとめて掲載することにしました。協力機関が毎日増えていき、情報は順次更新して掲載しました。

院長から学生へのメッセージ（携帯電話メール宛てや電子掲示板など）、事務室、図書室それぞれからの情報が重複してわかりにくくならないよう、両大学院長、専門職大学院係と密に連絡を取り、対処しました。全職員の通常どおりの勤務に加え、教員・職員間のコミュニケーションが円滑に行えたことにより、さまざまな場面で迅速な対応ができたと思います。

また、法科大学院長から、学生の状況をいろいろと聞いてほしいとの依頼がありました。自宅の状況や家族の安否、困っていることなどを聞くことに加え、食料品の入手や避難所などについてこちらから積極的に情報提供をしました。学生は、震災直後に実家に帰った人も多くいました。経路を聞くと、山形経由で行った人が多く、関西へも山形から飛行機（便数が少なく行列していたら新潟経由の臨時直行バスが出た）などさまざまでした。情報が入らないことが共通していて、その場その場の判断だったことがうかがえる話でした。法科大学院では、学習道具を自習室に置いたまま仙台を離れた学生へ、宅配便で送るサービスを行いました。物流が再開（宅配便再開）と同時に、友人に頼んで宅配便で荷物（自習室の机の図書）を送ってもらう学生もいて、図書室で段ボールやガムテープの提供を行いました。図書室では懐中電灯や救急箱などを備えていましたが、ラジオの備えつけ、蛍光テープ貼付、すべり止めシートなど、できることをただちに行いました。地震など災害発生時の対応（在室者数の把握、避難誘導、安否確認、停電時の状況）について、土日勤務担当職員へ周知しました。


地震の影響で物流がストップし、宮城県に書籍が届かなくなりました。仙台市内の書店も被災しましたが、東京の取次店や出版社も配送予定の荷物が崩れてしまい、復旧のめどが立たない状態となってしまいました。とくに雑誌は、物流復旧直後の最新号から配送再開となったため、震災から物流再開までの間に刊行された分は後まわしとなりました。法科大学院生の学習に影響が出ないよう法科大学院長が個別に手配してくださり、利用頻度の高い雑誌を宅配便の再開と同時に入手することができました。

震災当日にガソリンを使い切ってしまったため、ガソリンが購入できるまでの一か月間はバス・地下鉄で通勤しました。バスは本数が少なく、ものすごい混み方でした。市中心部では震災翌日から電気が復旧している所もあり、片平周辺では飲食店も営業していて食料品の販売も多く見られました。

四—二　薬学研究科

危なくて研究できない状態だったので、薬剤師の資格のある人はボランティアに

薬・職員・男
（二〇一一・八・二三）

地震のときは論文の作成中で、ほぼデータになっていた。自宅は一〇階だったが、頑張ってパソコンをかついで、運んだ。電気が復旧した後、家でメールをして先生と連絡を取る。六〇日間くらいある論文のリバイズ期間のうち、地震のときはあと三週間くらいだった。提出が三月一七日でオンラインでのパブリッシュは四月七日だった。学生から実験のノートをコピーしてもらっていたのだが、地震で全部散乱してしまった。しかしデータはパソコンに打ち込んでいたので、家でも作業できる状態だった。

地震のとき、可燃性の薬品があるので、電気がスパークすると燃える恐れがあるため、揺れ始めたらまずは電源を抜くということを普段から心がけている。ホットプレートがあったので、それはコンセントを抜かなければと思って、よろよろ歩きながらなんとかそれを抜いた。「火だけは出していけない」と思った。自分が対処したもの以外は他の学生が電源を抜いてくれていた。二日前（三月九日）の地震のときも同じようにしていた。

その後、大学の電気は三、四日くらいで戻ったが、二日間くらいは真っ暗だった。最初、大学の建物に職員だけ入ってもいいという期間が一週間ぐらいあり、午前一〇時から午後三時まで入ってもよかったので、危なそうなところ、薬品で割れたらまずいものや、また何が割れていて、割れていないのかなどを確認した。有機溶媒がこの階（四階）で充満していたので、電源を入れると爆発するのではと危惧して入れなかった。週末は電源を入れず、次の週からは有機溶媒のにおいが引いてきたので、電源を入れるようになった。

地震当日、自宅には妻が先に帰っていた。それほど暗

くはなかったが、自宅は農学部のキャンパスの近くで、多賀城での火災の明かりが見えていた。粗品でもらった手回しの懐中電灯を使っていたが、その日のうちに取っ手が壊れて、使いにくかった。ラジオを聴いていたが、原発の話ばかりだった。家に帰るときの車のラジオで津波の話を聞いた。大学で外に避難したときに、薬学部の車のラジオで津波の話をすでに聞いていた。帰る途中、家の近くのガソリンスタンド付近にあるマンホールの水が吹き出ていたのが見えた。しかし、そこを通らないと帰れないところだった。

　大学では実験動物が落下してラベルを食いちぎって大変だったという話もあった。片づけが終わってからも危なくて研究できない状態だったので、薬学部内で薬剤師の資格のある人は被災地にボランティアに行ってくださいとのことだったので参加した。石巻に宮城県の薬剤師会があり、実務経験がある人は石巻高校で薬剤の調剤を行った。また、実務経験のない人は救援物資として送られてきた処方箋の必要ない薬を配る作業にあたった。だいたい石巻高校が中心で、東松島、女川《おながわ》、雄勝町《おがつちょう》にも行った。週に二、三日行ったが、薬学部全体では毎日、車の定員である四人ほどで、順番に召集されていった。四月の末、授業が始まるまで行っていた。全員ではなく手があいている人で行き、病院の薬剤部の人は別に被災地に向かっていたらしい。

　自宅からは自転車と徒歩で通勤していた。

試薬が反応して煙が立ちこめていたり、強烈なにおいがしているところもあった

薬・職員・男

（二〇一一・八・二三）

地震のときは研究室で、研究費の申請書を書いていた。数日前に大きなプロジェクトに加わってくれと言われて、アイデアを練って書こうとしていたところだった。初め、揺れが小さかったのでそこで準備をし、大きくなってきてから部屋を出た。しかし、何人か部屋の中に残ってしまった人がいた。サンプルを持って立っている人もいた。助手に「いつ頃、揺れが終わるのか？」と聞かれ、そのときは「一分くらいでは」と答えたが、終わらなかった。助手と同じ部屋にいたが、彼の方に熱源があり、それを抜いてくれた。自分も周りを見て抜いた。それから消火器を一本抱えて一階に下りて行った。

学生を帰してからも教員は残っていたので、三時間ぐらい外にいたように思う。各研究室、教員二人ぐらいで安全を確認してくるようにとのことだったので、助手と二人で電源を抜くなどした。まずは教員がなるべく早く安全を確保し、それから学生が入ってもいいということになった。建物内では、試薬が反応して煙が立ちこめていたり、強烈なにおいがしたりしているところもあった。いったん建物内に入り、出てきた後、学生を帰すなどして、自分は夕方五時か五時半くらいに帰ってもいいということになった。

車で帰ろうとしたが、青葉山からの道が混んでいたので我慢できず、戻ってきて図書館に車を停め、歩いて帰った。毎年、研究室の芋煮会（家族や友人らとグループで河川敷など野外で里芋鍋料理を作って食べる宮城・山形の季節行事）で歩いて帰る日があるので、それと同じような感じだった。家は仙台市青葉区北山のあたりにある。七時過ぎぐらいに帰宅した。家族とはすぐに連絡が取れた。地震直後に妻からメールがあって、そのとき児童館にいた子どもを迎えに行くとのことだった。無事だというメールがあったので、安心した。実家にもメールを送って大丈夫だと伝えた。

その日はまず、避難所となっていた荒巻小学校に三人で行った。自宅はマンションの一階だが、中は大丈夫で、食器も落ちなかった。隣の人と話すと、「とりあえず家にいる」と言っていたが、でも余震もあるので、自分たちは念のため避難所の小学校へ行った。そこは人であふれており、座る程度のスペースしかなかった。二時間くらいそこにいたが、嫌になって帰ろうということになった。帰る途中で公衆電話があって、実家に電話をしておいた。

マンションでは電気は使えず、水もマンションについているタンクから供給されるものだったので、ポンプがダメで止まっていた。電気は日曜日か月曜日に復旧した。水は、電気が出たら出るようになった。水が出なかったのはマンションのタンクの問題で、近所では出ていたため、近所の民家の人が、「水が必要だったらどうぞ」と言ってくれた。普段は話したこともない人だったが、その後も挨拶をするような関係になった。

食べ物は冷蔵庫の中にある程度はあったので、避難所に行くときも妻がパンやチーズをそこから用意して持って行くなどしていた。何日か後に近所のスーパーが開いて、二時間ぐらい並び、一〇点まで買えるということだったので、買った。トイレが使えない状況だったので、そのせいかあまり食べなかった。そうしたら痩せた。

自分の所属する研究会などのメーリングリストを使い、阪神・淡路大震災の経験者に何をしたらよいか聞いてみた。昔の記憶を掘り起こしてしまうのはちょっと申し訳ないという気持ちもあったが、仕方ないと思い、聞いてみた。そうしたらアドバイスをくれた人がいた。例えば、研究室メンバーが不安だろうから、連絡網を作った方がよいと言われたので、携帯電話のメーリングリストを立ち上げて、大学の状況を知らせた。結果的によかったと思う。ほかにも、学生を校舎に入れるかどうか注意すべきであるとか、具体的な装置の扱い、どれが使えるか確認して予算照会に備えよなど。

被害調査が二回も三回も来て、消耗した。昼は大学の片づけ、帰ると家族との時間だったので、朝早く起きて仕事をした。負の調査ではなく、論文を書くとか、学生と議論するなどプラスの作業をしていると気持ちが前向きになった。

翌日に、車を取りに大学に戻った。自転車で来て、自転車を車に積んで帰ろうとしたとき、うろうろしている外国人がいた。理学研究科の留学生で、日本語もあまり話せず、地震などの状況がよくわかっていないようだった。仙台市青葉区三条町まで車に乗せてあげたが、相当不安だったのだと思う。

自転車が役に立った。マウンテンバイクがちょうどオーバーホールしたところだった。ほかに、手回しモーターつきのラジオは大変役に立った。手回しの充電器はダメ。携帯電話を充電しようと思うと相当回さねばならず、すぐ壊れてしまった。

四―三　工学研究科

貞観地震の研究をしているため、津波の話を聞いてすぐそのことを思い出した

工・職員・男

（二〇一一・六・七）

地震が起きたときには工学研究科の総合研究棟の一〇階で仕事中だった。貞観地震の研究をしているため、津波の話を聞いてすぐそのことを思い出した。テレビで水面が下がる様子を見て、これは来たと思い、ただではすまないと思った。

地震後はすぐに建物から避難した。一、二週間前に予行訓練があったため、避難はスムーズにできた。しばらくは避難場所のカーナビで地震の情報を集めていた。

大学の建物は停電で立ち入り禁止になっていたが、二時間くらいして、服などを取るためにいったん建物に入り、それから歩いて家へと帰った。当日はほかにも歩いて帰る人が多かった。八木山橋のところを通ると、橋に段差ができていて車が立ち往生していた。歩いている途中、周りを歩いている人としばしば情報交換をした。普段このように知らない人と話す機会はほとんどないので、感慨深かった。

水は、住んでいるアパートに貯水タンクがあり、それを開けて使うことができた。他の住人は中国の人が多く、すでに帰国して不在だったので、水は自由に使えた。ガスはプロパンだったので、不自由はなかった。食料は普段から缶詰やおつまみをためこんでいたので、それらと職場に届いた救援物資でまかなった。

地震の翌日には、単独で津波の現場の様子を見に行った。二日後からは大学に出勤して仕事をした。買い物にも半日かかる状況で、一人暮らしで仕事をしていると、物資の確保は難しかったため、各方面から大学に支援物資が届いたことは、大変ありがたかった。

地震後、バッテリー温存のため携帯電話の電源を切っていて、家族から連絡が来ているのに気づいたのはかな

り後だったが、そのときには連絡がついた。

避難所の人はどれほど大変だろうと思いながら、自分のできる仕事を続けた

工・職員・女

（二〇一一・六・七）

青葉山キャンパスの研究室（総合研究棟一一階）にいた。机に強くつかまっていないと投げ出されそうなくらい揺れた。とうとう宮城県沖地震が来たと確信した。何度も長く揺れが来たように感じた。机の上のもの、周りのものが、床に落ちる音。パーテーションやビデオラックがすごい音を立てて倒れ、食器棚の食器が飛び出し、すさまじい音で壊れていった。ただごとではないと思った。揺れの最中に、神戸の友人から「大きな地震みたいやけど大丈夫か？」と電話がかかってきた。「私は大丈夫だけど、すごく揺れてるから切るね」と言って電話を切った。その情報の早さに驚いた。

最初は自分の身を守っていたが、研究室の学生が気になり、大声で「大丈夫？」と聞いた。「書棚が倒れそう」と叫ぶので、「ヘルメットをかぶって、書棚から離れなさい」と大声で叫んだ。直後に書棚が倒れるバリバリという大きな音を聞いた。「怪我はないか？」と叫んだら、学生から「大丈夫」という返事があった。

外の状況がわからないので、外に出るべきか研究室にいる方がよいのか迷っていた。とにかく教授が不在なので、通信網が途絶える前に教授に連絡しようと携帯電話に連絡したが、呼び出し音は鳴るものの出てくれなかった。メールも送ったが返事はもらえなかった。

火災警報を聞いたので、研究室にいる全員を確認し、下に降りた。降りる際にコートを着て、ハンドバッグは持って出た。外は寒かった。曇っていたが、雪が降り出していた。学生から携帯電話の情報で津波注意報、次いで警報、さらに大津波警報が出たというのを聞いた。揺れが大きかったので、間違いなく津波は発生すると思ったが、情報では、青森から千葉まで警報が出ているとのことで不安でいっぱいになった。その後、自分の車のカーナビでテレビが見られることを思い出した。エンジンをかけてナビでテレビを見た。いきなり、仙台平野に大津波がなだれ込んで、平野を呑み込んでいる映像を見て「うそー」と思った。と同時にとんでもないことになってしまったと思った。やはり教授に連絡をと思い、メー

ルを送信したがもう送れなかった。

一緒にいた准教授の先生が「新婚なので早く帰りたい」と言ったが、学生の監督責任があるので、大学として安否確認が取れて、解散許可が出るまではと、とどまってもらった。留学生の一人が、奥さんと一歳になったばかりの子どもがいるので、その安否確認をするために、バイクを持っている学生とともに調べに行かせた。「アパートには誰もいなかった」と言って帰ってきた。

工学部の総合研究棟管理の先生から夕方四時近くに解散命令が出た。学生や他のスタッフに気をつけて帰るように言って解散した。

自宅は宮城県岩沼市にある。帰宅が難しいであろうと思ったが、四歳の孫娘と四か月の孫息子を連れている娘がおり、娘の夫は消防士で、すでに緊急招集がかかっているのは間違いない。もしかしたら海の近くに出かけているかもしれないし、どんなにか心細い思いをしているだろうと思い、何が何でも帰ろうと決心した。

いつものルートで、太白区八木山まで行ったら（八木山）橋が通れないことがわかった。それで戻ったが大渋滞。川内キャンパスまで戻ってきたら、ナビから「二時間経ちました。休憩したらどうですか？」と自動音声のアナウンスがあった。青葉山～八木山～川内はほとんど距離がないのに、いかに時間がかかったかを思い知らされた。

それで大橋～青葉通り～裁判所前～片平前～愛宕橋～長町モール前、モール前から名取～岩沼といった経路で岩沼まで戻ったが、五時間かかった。信号が点灯しておらず、街灯もビルの明かりも消えて、頼りは車のヘッドライトのみ。道路は盛り上がったり、陥没したりしていた。途中、何度も大きな余震で激しく左右に揺さぶられた。電柱や電線が大きく揺れて、いつ倒れてくるかと心配しながら、必死で帰った。

私は岩沼で一人暮らし。まず娘のアパートに行ったが誰もいなかった。その後、娘の嫁ぎ先も訪問したが、いなかった。それで避難所に行った。岩沼小学校が近いので最初に行ったところ、先生から「ご父兄ですか？」と尋ねられた。「娘と孫を探しています」と言ったら、体育館に数人いるということだったので、「確認させてください」と言って懐中電灯だけの暗い体育館に行った。娘の名前を呼んで「いませんか？」と聞いたが、いないということだったので、今度は岩沼中学校に行った。校庭にはかなりの数の車が駐車してあった。

下駄箱の近くに男性がいたので、「受付はどこですか？」と聞いたら、「ない」とのこと。「避難している人の名簿はありますか?」と聞いたが、誰からも返事がなかった。実際に中に入ってみて、娘の名前を言って「いませんか?」とか「知りませんか?」と尋ねても、誰からも返事はなかった。どうしたのだろうかと不安でいっぱいだった。避難所運営はとても重要なのに、誰が来ているのかの名簿も整備されず、担当者もいないということはどういうことだと、日頃の準備のなさに無念な気持ちになった。他地域の町内会には講演の依頼があって、避難所の準備をしようと呼びかけを行っていたのに、地元では依頼もなかった。自分から申し出てでも、呼びかけをしておけばよかったと痛感した。

最後に自宅に戻ったところ、家は壊れずに建っていた。それで携帯電話の明かりを頼りにドアを開けようと思ったら、すでにバッテリーが切れており、役に立たなかった。車のヘッドライトをつけて鍵を開けて入ろうとしたら、玄関に置いておいたスキーと、お祭りのノボリ用のポールが倒れて中に入れない状態だった。まず、それらを片づけてから屋内に入った。懐中電灯を探して、あたりを照らしながら食器戸棚やリビングを確認した。食器は壊れていた。テレビは移動していたが、落ちてはいなかった。一階の書棚は段ボールで止めていたのが効いていて、倒れていなかった。二階に上がると、小型のタンスが倒れて斜めになっていた。大きなタンスは倒れなかったが、タンスの上に置いておいたものは全部ベッドの上に落ちていた。その下から引きずり出すようにして毛布を取り、リビングで仮眠をとった。雪が降ってはいたが、やたらに寒いのと、余震のたびに目が覚めて、ほとんど眠れなかった。

夜明けとともに、娘を探しに行くことにした。「娘と孫を探しています。」という紙を用意し、娘のアパートの玄関、娘の夫の車の窓に貼った。次は嫁ぎ先と思い、車で移動。嫁ぎ先に行くと、駐車場の車の配置が昨晩と変わっていたのがわかった。ドアをノックすると娘が玄関に出てきた。「よかった、心配して探したんだよ」と言って抱き合った。私が「家は?」と聞くと、娘は「食器棚が倒れて、足の踏み場がなく、夫も呼び出されて行ってしまったのでここに逃げてきた」と答えた。昨日の夜、ここに来たが誰もいなかったことを言うと、「おばあさんの家(亘理町逢隈地区《わたりちょうおおくま》)に石油ストーブを借りに行ったから、その間に来たのね」と言われた。「ママも一人でいるより一緒にいよう」と娘に誘われ、孫の面倒も見てやらなければと、私も嫁ぎ先にお邪魔することになった。

この家には石油ストーブがあるが、灯油の備蓄がなかった。私の自宅には灯油とファンヒーターはあったが、電気がなかったのでその灯油を持ってくることにした。防災士なので、災害制御に関わる研究室にいることもあり、日頃から備蓄をしていて、いろいろと食料品や手回しライト、キャンプ用品などを用意していた。

そのとき、やはり部屋の寒さが尋常ではないと思い、窓を確認したら、すべての窓が三〜四センチくらい開いていた。毎日きちんと鍵をかけていたのに、震動で鍵が外れて開いたのだと思った。あわてですべての部屋の窓を閉めて鍵をかけ、鍵止めも全部かけた。

ペットボトルの水もあった。とはいえ、生活用水が足りなくなることは自明だった。そこでラジオで給水の情報を得て、震災翌日の一二日から水をもらいに行き、列に並んだ。防災フェスティバルで水を携帯できる六リットル入るビニール袋を五つ持っていた。娘の婿と、その弟と私の三人で、九時から一三時半まで並んだ。あげくに「水がなくなった」と言われ、ここでは給水できなかった。

このときの給水場所は、自宅から車で三分くらいの岩沼市のハナトピア岩沼（花壇やふれあい広場などがある公共施設）だった。水が手に入らなかったので、「湧き水を取りに行こう」と娘の舅が言い出した。娘の嫁ぎ先から車で一五分ほどにある宮城県柴田町の槻木（四日市場）にある山に行き、給水袋五個と空のペットボトル、合わせて四〇リットルくらいの湧き水を確保した。その湧き水を三日間汲みに通った。トイレ用の水は、娘の舅と姑が近くの阿武隈川から汲んできた。容器がないということだったので、日頃から備蓄していた大きめのビニール袋を容器に入れて、口を縛れば、水をこぼさず運べることをアドバイスした。トイレはトイレットペーパーを捨てず、紙袋にビニールを入れた中に捨てることにし、水を流すのは大便のときのみと決める。

食料は私が備蓄していたものを持参したものと、娘の嫁ぎ先から入手した野菜で何とか食事を作り、不自由はなかった。カセットコンロで調理した。

子ども用品（おむつ、お尻ふき、ミルク、牛乳など）が必要となり、お店は朝一〇時開店なのに、早朝六時から並んだ。それでも買えなかった。

NTTが災害時に非常用の電話サービスをすると日頃から聞いていたので、自転車で市役所に行ったが、そんなものは来ていないとのこと。震災後、一度も広報車も見ていないし、放送も聞いていないので、状況が知りたいと申し出たが、「私もよくわかりません」と言われてしまい、公衆電話もバッテリーがなくなってかけられない状態だった。

一五日の夕方くらいから電気が来た。携帯電話を充電し、メールして安否確認。そうしているうちに研究室の先生から電話が来て、仕事に来てくださいとの連絡。「ガソリンがないから行けない」と答えると、「なんとかするから」と言われ、一六日から仕事を開始した。大学のトイレもポリ容器の水で流さなければいけなかったが、タンクが内蔵なので、便器に直接水を流してもうまく流れなかった。暖房もなく、寒さの中、避難所の人はどれほど大変だろうと思いながら、自分のできる仕事を続けた。手をなかなか水で洗えないため、消毒液で消毒していると、手が荒れて、あかぎれができて非常に痛い思いをしたが、県外の大学の先生が応援に来てくれて、差し入れにハンドクリームを買ってきてくれたので、本当に助かった。

カセットコンロで簡単にできる調理でおいしかったのは、「パスタパエリア」。トマトの水煮缶詰に、焼き鳥の缶詰など肉系缶詰を入れて、そのまま煮る。パスタもそのまま煮て食べる。美味。水を使わずに済むのがポイント。おでんの袋詰めはスープがたっぷり入っているので、おでんを食べて、そのスープで残り野菜を刻んで入れて、炊き込みごはんを作った。冷蔵庫のお肉のかたまりは、冷えなくなって腐ってしまうので塩浸けにしておき、茹でて使った。茹でたスープは、カレーや野菜スープに利用した。

四―四　農学研究科

搾乳には電気が必要なので、一四日に発電機を借りに新潟に行った

農・職員・男
（二〇一一・七・一四）

震災のときは、川渡《かわたび》フィールドセンター（農場）の本部棟の中にある実験室にいた。地震の直前に携帯電話から初めて聞く「うーん、うーん」という音が鳴った。緊急地震速報だった。実験室にいた人たちに「地震が来るらしい」と見せていると、地震が来た。初めは弱い横揺れだったので、「みんな、大丈夫か」と声をかけたり、扉を開けるように指示を出したりした。しかし、揺れが強くなると立っていられなくなり、最後は廊下に出ていた。

揺れが収まった後は、強い余震が来ると思ったので、全員を外に出した。その日、研究室にいた人間は確認できた。次に、研究室の薬品やガスの状態を、N先生、T先生と私が中心になって確認しに行った。それで三〇分から一時間くらいが過ぎた。車のラジオで津波情報などを集めていた。さらに一時間半から二時間くらいして落ち着いてきた。停電なので、研究室の発電機に燃料を入れて、勤務時間どおり午後五時一五分に退出した。

農場の下にある踏切横の高島商店が開いていたので、運よく水やカップラーメンを確保できた。その日は豪勢にカップラーメンやビールなどを飲み食いした。宮城県大崎市古川の自宅アパートには、石油ファンヒーターしかなく、停電で使えなかった。たまたま近所の人が、うちに小さい子どもがいるのを知っていて、石油ストーブを貸してくれたので、非常に助かった。小さい子どもがいる隣のアパートの家族もうちにやってきて、その日の夜は一緒に過ごした。他の家はリビングに物があって倒れる心配があったが、うちにはそういうものがなかったからだ。

情報は携帯電話やスマートフォンで得ていた。津波や

原発の被害を知り、長引きそうな印象を持ったので、一二日に妻と子どもと三人で実家の新潟に行った。ガソリンが心配だったので、出発前にインターネットで調べた山形のスタンドに電話したら、大丈夫だとわかったので出発した。結果的には新潟に行くだけのガソリンは残っていた。

新潟に家族を残して、食料とガソリンを大量に買って、実家の軽トラックで一三日にこっちに戻ってきた。たくさん持ってきた食料は、川渡フィールドセンターの交流棟に避難している学生や、近所の人たちに分けてあげた。いったんアパートに戻り、それから大学に来て、今後のことをどうするか相談した。

搾乳には電気が必要なので、一四日に発電機を借りに新潟に行った。新潟に行くもう一つの目的は、学生たちを川渡から外に出すことだった。山形県鶴岡市ではJRが動いているのを知っていたので、鶴岡経由で行った。発電機については、あちこちの建設機械のレンタル会社の営業所に電話しながら行ったが、結局、山形県内では借りられず、新潟の実家の近くから借りることができた。

二〇〇ボルトという大きな発電機が必要だったので、トラックと発電機二つを借りた。センターの電気が一四日夜九時頃に回復したという連絡を、センター長から受けたので、その日は帰らなかった。疲れていたので正直ほっとした。センターでは電気が復旧したが、さらなる余震で再度停電する心配があり、発電機が必要なので、一五日に借りたトラックで川渡に戻ってきた。その際、東京で被災した先生たちと新潟で合流して一緒に戻ってきた。

一六日は、家が倒壊し、避難所に避難した同僚二名のもとへ物資を届け、自宅で休養した。

一七日は、S先生と研究室の応急的な片づけをし、被害物品のリストを作成した。また家畜管理の仕事を普通にした。

一八日は休みをもらえたので、新潟にいる嫁さんと子どもに会いに行った。原発がそろそろやばいことがわかり、Aさん、T先生なども家族を避難させたいということだったので、車三台で一緒に新潟に行った。T先生は新潟にあてがあった。Aさんは奥さんが東京なので、上越新幹線で新潟から東京に行った。自分は次の日は仙台経由で川渡に戻ってきた。仙台ではO先生に会った。

新潟にはいつも鶴岡経由で行った。普段から新潟にはよく行くので、今回の往復はそれほど苦痛ではなかった。一四日に新潟に行くときは軽トラックを川渡に置いて、乗用車で行った。発電機を持ってくるときには乗用車を新潟に置いて、レンタルしたトラックでこちらへやってきた。新潟に置いた乗用車は、S先生が仙台に戻るときに運転してきてもらった。

長期間にわたり宮城県内、山形県内でもガソリン不足が深刻だったが、度重なる新潟往復の間、ガソリンを購入して戻ってきたため、十分確保できた。通勤も普通にできた。

地震直後、原発問題が深刻化する前に妻と子を新潟に避難させたことは、本当によかったと思っている。最初は電気が復旧するまでと思っていたが、なかなか事態が収束しないため、最終的にゴールデンウィークの頃に迎えに行った。

牛は、出荷時期を逃すと肉質も悪くなるし、エサ代だけで数十万かかる

農・職員・男

（二〇一一・八・一一）

自宅が宮城県大崎市古川にあるのだが、震災のため損壊し、今は更地になっている。地震のときには、牛をどうやって守るかというのが重要だった。

家は潰れたのであきらめるしかない。避難所になっている学校に避難し、しばらくそこで生活した。家族の数に応じて住宅を割り当てる制度があり、それに当選した。罹災証明書や解体手続きを行い、後は解体業者に頼んで解体した。それが終わると家を建てる準備を行ってきた。家のことは業者に頼めば何とかなるが、農場は自分でやるしかない。

牛の餌と水の問題をどうするか。それが一段落すると、今度は牛が乳房炎になったので、それにどう対応するかという問題に取り組んできた。三月一一日の時期には、肥育して卸に出す個体が十数頭いた。牛は、出荷時期を逃すと肉質も悪くなるし、餌代だけで数十万かかる。また牛は、高齢になると病気になるリスクが高いのでそれも心配だった。その健康管理が大変だった。

仙台市若林区卸町に仙台中央食肉卸売市場の屠場がある。震災で閉鎖したので、屠場がいつ開くのか、いつ競りが始まるのかが、心配だった。

最終的には五月末に屠場が開いた。しかし受け入れ頭数は制限されていた。自分たちは幸い、予定した十数頭を出荷できた。二か月遅れだった。この間、川渡フィールドセンターとしての労力は大変なものだった。肥育の

一頭の販売価格六〇万円。十数頭の出荷が遅延すると、肥育を担当している人にすれば、大きなショックだ。生まれてから三六か月、妊娠を入れると四年かけて、肉となって出ていくかたちで育てていく。ともかく出荷できたのがよかった。

予定していた販売金額が達成できないと、センターの収入にも影響がある。飼育の担当者にしてみれば、人工授精からかかわり、四年間かけて育てた牛がやっと肉になって、それが無駄になるかどうかがかかっている。それが遅れるとどうなるかと悩む。いつ出せるかと心配になる。結果としていいときに出したい、という気持ちが強い。幸いに値段がピークのときに出せたので、担当者も喜んでいた。

地震のときには不便な思いをしながらいろいろやってきた。肉の値段は、最初は安かったが、あとは高くなった。肉質もあまり落ちなかった。一般的には肉質は一か月で変わるもので、肉を棒で叩いただけで跡がつくようになる。肥育の扱いには非常に気をつかう。

地震発生時は牛舎の前にいた。揺れていて、舎の中に入れなかったので、揺れが収まってから入った。牛は何かあると興奮する場合があるが、今回は幸いそういうことはなかった。不思議だった。牛舎の施設がどうなっているか確認した。また職員の安否確認もやった。その日は職員を帰すことにしたが、最後に問題になったのは搾乳するかしないかであった。

地震のあと、牛はぴたっと止まって、人が引いても動かない個体が出た。乳牛は驚いていた。ちょっと暴れたのもいた。乳牛は敏感である。とくにつないでいたのは影響を受けたのかもしれない。自分の自宅で飼っている牛は死んでしまった。

自宅は古川なので、ガソリンの問題があってなかなか職場に戻れなかった。それで、あとの対応はできる人に任せた。生活第一。地震直後は帰宅命令が出たあと、帰宅した。古川では店は開かなかったが、いただきものがあったので、食べ物には困らなかった。娘の勤めている会社が旭硝子で、他の支店から食料支援が来てそれが配分されたが、すごい量だった。

家のことは家族の中で分担してやった。解体はじいさん、買い物は息子。娘はガラス工場に勤務しているが、復旧に一か月ぐらいかかったと思う。その間は自宅待機だった。家族がいろいろやっていた。

職場のことでは、時機を逃さず牛をいつ出荷するかで悩んでいた。

飼料を入手できるめどが立つまで徐々に減らしていく必要があった

農・職員・男

（二〇一一・八・一一）

地震のときは、現場のみんなと梅林で剪定を行っていた。地震が来たのは感じたが、そんなに強くはないかなという感じだった。戻ってきて周りを見ると、ジャムの加工をしている人たちがいた。川渡フィールドセンターの技術部の建物が予想以上に壊れていた。

まず、宮城県大崎市岩出山《いわでやま》の自宅のことが気になった。当日は、職場の人たちも、少し早めに帰してもらった。家の方は棚などが壊れただけで、建物そのものは大丈夫だったので一安心した。

娘と息子は就職して東京にいて、地震の後、二人とも心配してメールをくれた。娘はすぐにくれたので、返事を返せたが、息子はしばらくしてからだったため、返しにくかった。

妻の実家は宮城県女川町《おながわ》で、心配だったが大丈夫だった。向こうは電気の復旧に長く時間がかかって、一〇日間くらいは停電が続いた。私の実家の岩手県花巻市も復旧までが長かった。だが、実家にも連絡がついたので一安心した。

一週間くらいは、家で過ごした。国道四七号線沿いは、電気の復旧が早かった。水は、近所に湧き水が二か所あって、一つは長い行列ができていたが、もう一つは空いていたので、そこで手に入れていた。水の容器がなかったので、家じゅうのいろいろな入れ物を集めて、そこに水を入れた。水道の復旧もわりと早かったが、トイレは困った。私も妻も実家が農家だったので、食料はもらえた。電気がないので料理ができず、家にあったカップラーメンを食べた。冷凍食品もあった。ガスコンロはあまり使っていない。ラジオがなく、情報はあまり入ってこなかった。ストーブもファンヒーターしかなかったが、近所の雑貨屋に反射式ストーブを売ってもらい、それを使った。

月曜日（一四日）には、技術職員で近くにいる人たちがみんな農場に集まった。動物の世話などをしなければいけなかったから。月曜から水曜までは最低必要な人数で働き、木曜日からは公用車でみんなを迎えに行って、来られる人は来た。

仕事の内容はほとんど牛の世話。搾乳と家畜管理をやらなければならなかった。搾乳は手でやった。担当係が三人くらい泊まり込みで、一週間ほど対応した。地震の頃、たくさん乳が出る牛がいたので、そのような牛をピックアップしてしぼっていった。しぼるペースは、朝に全頭しぼり、夕方は数頭の出がよい牛をしぼるという感じ。乳牛が四〇頭、そのうち搾乳をするのは一五、六頭だった。しぼった牛乳は、出荷先が来なかったため、処分した。

まだ震災前に戻ったという感じではない。乳牛は搾乳ができないと、乳房炎になってしまう。元の状態に戻るには、二、三年かかるのではないだろうか。他の農産物に関してはそれほどの影響はなかったと思う。

飼料や干し草はあったが、入手するめどが立たなかったのが困った。飼料を一気に減らすことができないので、入手できるめどが立つまで徐々に減らしていく必要があった。その計算が大変だった。

自宅の犬が地震後に死んでしまった。ガソリンは並んだ。復旧は仙台よりもひきずった。県北の道路はひどく壊れている。ポールを立ててあるが、直らない。古川から一関の間がとくにひどくやられている。

「どうやってここから逃げるか?」という話が聞こえたのが、ショックだった

農・職員・男

(二〇一一・八・一一)

土曜日に勤務予定だったので、一一日の金曜日は川渡フィールドセンターにある新しい牛舎を見に行った。牛の管理をしている、この日担当の人と話していたら、突然、ブイブイと音が鳴った。地震警報だった。「地震だよ」と言って、屋外に出た。中にいた人も出てきて、入口で「長いね」と話をしていた。二〇〜三〇秒で地震が来た。電柱や木が揺れているのを見た。とくに大きいとは感じなかったが、長かった。地震後、事務所前に研究室や事務所の人が出てきて、わいわいと騒いでいた。

自宅は農場のすぐ近くにある。車で二、三分なので、心配ですぐに様子を見に行った。茅葺《かやぶ》きの屋根で、築一〇〇年を超えた古い家である。トタンもつけている。妻は地震を怖がって、家の車庫に避難していた。生活道具を持ち出し、七輪で暖をとっていた。「今晩はここに泊まる」と言うので、「寒いから」と説得して家の中に連

れて行った。

農家なので、食料には困らず。ガスはプロパン、風呂は薪《まき》で、トイレは汲み取り。みなさんには申し訳ないけど、電気以外は心配なしだった。

一方で、川渡フィールドセンターの建物に学生がたくさん集まっていた。それで、妻がおにぎりを作って差し入れしたり、炊き出しをしたりした。うちに風呂があると言って、一〇人ぐらいが風呂に入りに来た。自宅の水道は二日くらい出て止まったが、水道は大学農場から持ってきていた。高低差があるので、しばらくは水がもった。風呂用の水は、田んぼの根っこに水源があり、それを使った。軽トラックに二〇〇リットル詰め込み、風呂を用意した。それで夕方、学生と教員を誘いに行く。川渡からすぐ近くの鳴子《なるこ》は水が止まらなかった。今思うと不思議議だが、買い物するとき、遠くても普段行き慣れているところに行った。

ちょっと面白くなかった話を一つ。学生さんに、「今日も風呂にいらっしゃい」と言ったときのこと。日曜日だったと思うが、「温泉に行ったから今日はいいよ」と言われ、ちょっと面白くなかった。また、フィールドセンターで学生と教員との話し合いを聞いていたら、「どうやってここから逃げるか？　学生をどうやって逃がすか」という話が聞こえたのが、ショックだった。自分はいろいろ準備していたのに……。また、自分はここに住んでいるから逃げるなんて考えなかった。食料もたらふくあったから心配はなかったはずなのだが。世話をしたからよけいにそんなふうに感じたかもしれない。

役に立ったものは、キャンドルサービスのロウソクだった。以前、親戚の結婚式でもらってきたものだ。キャンプ道具は使えた。

一四日の夜に通電した。その間はラジオがなく、情報が入らなかった。フィールドセンターに行くと、携帯電話から情報が手に入ったが、「〇〇人行方不明」と聞いてもリアリティを感じなかった。電気がついて、そのときに「電気って、こんなに明るかったか？」と思った。テレビを見て、初めて世間がこうなっているのかと（震災の深刻さが）わかった。

妻の親戚は宮城県南三陸町にある旧歌津町《うたつちょう》。一家五人のうち、奥さん一人を除いてみんな亡くなった。宮城県登米《とめ》市の米山で火葬をした。叔父さんが歌津で行われた火葬に出席し、現場の状況を見て、驚いて電話をかけてきた。旦那さんは、地震後三か月経ってから見つかった。旦那さんかどうかの判別は、奥さんが買ってあげたネクタイでわかったという。

女川の施設（東北大学女川フィールドセンター）にも行った。復旧の手伝いに行ったが、実際に行ってみてびっくりした。五月の連休明けに行き、それから四回ぐらい行った。

仕事は、土曜日と日曜日は休日勤務で、乳牛担当だった。震災後は仕事をした。月曜日（一四日）に集まったときに、担当者の中で、俺は残ることになった。他から意見も出なかったが、俺が近いから出てくるということで決まった。水曜日（一六日）までの三日間、さらに乳牛を担当するために、牛舎で常に待機していた。三人の担当者のうちの一人は、必ず牛舎の控え室にいた。だるまストーブを抱えて、椅子に座って一夜を過ごした。木曜日（一七日）以降は、車で遠くに住んでいる職員の人も迎えに行くようになった。

前の栗駒の地震（二〇〇八年六月一四日発生の岩手・宮城内陸地震、マグニチュード七・二、県境に位置する栗駒では震度六強）のときに、家をやられて対策をしていた。三月一一日の地震よりも、四月七日の余震の方が大きかった。栗駒の地震のときには、家の庭に亀裂が入った。三月一一日は入らなかったが、四月七日は入った。そのときには家が潰れると思い、「机の下に逃げろ」と妻に言った。

四―五　電気通信研究所

なんでこんなにと思うくらい、泣き癖が。自分でも面倒くさいと思った

通研・職員・女
（二〇一二・六・二三）

実家が仙台市宮城野区岩切にあり、自分は宮城野区東仙台でアパート住まい。地震のときは職場にいた。ちょうど図書搬送サービス（東北大学であれば、どこのキャンパスの図書館からも本を取り寄せることができて、どこで返却してもよいというサービス）の赤帽の人に受け取りのサインをしているとき。係長から「隠れて」という指示を受けたが、腰を抜かして「怖い、怖い」と言っていた。揺れが一度収まって、また揺れ出したとき、声をかけられたが、答えることもできなかった。赤帽のおじさんは普通にしていた。

揺れが収まってから、庶務や経理の人と一緒に中庭に避難した。非常勤職員は先に帰ってよいと指示があり、原付バイクで帰ろうと思った。寒い時期で、カバンにカイロなどを入れていたので、同僚のCさんにカイロ、YさんにストールをAした。雪が降っていて、信号もなく、車をすり抜けて帰った。大きい交差点の中には、機能している信号もあった。国道四五号線を通ったが、信号は全滅だった。袴《はかま》を来ているどこかの卒業生を横目で見ながら帰った。

アパートの階段を上がるとき、隣人に「ひどいことになっている」と言われたが、実際、部屋の中は大変なことになっていた。リビングから片づけていたら日が暮れて、電気がないことに気づき、食器を片づければよかったと後悔。上の四階には三越で働く友人がいて、とりあえず四階よりましだろうということで自分の部屋に来た。友人は、二匹の猫のうち一匹が行方不明で、どうしようと泣いていた。家族とは連絡が取れず、あきらめた。充電もできないので、一、二時間に一度くらいかけていたが、あきらめた。日が暮れかけたとき、アロマキャンド

ルがあるのを思い出して、火を灯した。お菓子しかないので、もったいないので食べず。ホッカイロを貼って、布団にくるまる。鍋用のガスコンロがあるのを夜一一時頃に思い出す。タンクの分だけ水が出たので貯めて、インスタントラーメンを二人で半分にして食べた。「あったかいものは幸せだね」などと友人と話した。

その友人の友達が様子を見に来てくれたので、友人はその人と四階の部屋に帰った。そのとき自分はまだ恋人とも連絡がついていなかった。深夜零時頃に連絡が取れ、彼は仙台港近くのアルバイト先の飲食店にいて、キャンプファイヤーをしていると言った。帰ってきてもらって、その日は寝た。

なかなか寝つけず、次の日は寝すぎてしまい、母親が来たことに気づかなかった。母が届けてくれた水が玄関に置いてあった。スーパーに行かなければと思った。四階の友人と私と彼で、スーパーめぐりをしたが、どこも開いていなかった。実家の様子を見に行き、家族の安否を確認。友人の実家が宮城県石巻市なので連絡は取れず。東仙台中学校にトイレを使いに行き、そこで津波のことを初めて知った。その日はあまり食べなかった。食べるとトイレに行きたくなるから。夜になってガスコンロで調理した炒め物を食べる。その日もそのまま寝た。

三日目（一三日）、仙台市青葉区北目町のガソリンスタンドが開いているというので、三人で朝一〇時から並んで午後三時半頃に給油。一人三〇〇〇円まで、一リッター一五五円だった。彼が「仕事に戻る」と言うので、反対した。「女の子を置いて行くのか」とケンカになり、怒ってアパートに帰った。夜に電気、水道、ガスが戻る。駅が近いので、駅に電気がついたのが見え、ブレーカーをあげてみたら電気が来ていた。また、トイレの水が貯まる音がしたので、確かめたら水も出ていた。水を実家に持って行った。岩切はライフラインの復旧が遅かったので、実家の充電池をまとめてアパートで充電してくれと頼まれた。

電気が来て、携帯電話で友達とやっと連絡がついた。東北福祉大のそばの友人に連絡できず。一四日に通じたので、とりあえず家に来るように言い、女性三人で暮らした。彼女の実家は岩手県遠野市。帰るルートがわからず、私の母がツイッターで情報提供を呼びかけた。遠野の友人の母は楽観的で、仙台の状況がわかっていなかった。盛岡行きのバスで友人を帰した。

その後は一日五時間並んで商品を買うような生活。買えるものも非常食やすぐには使えないものばかり。朝九時から宮城野区の幸町生協やイオンに並んだ。

一週間は生きるのに必死。週末になって、「何かできることはありますか？」と上司に連絡したところ、「火曜日（二二日）から復旧に来てください」と言われたので、それから出勤した。友人は三越がダメな状態だった。

四月七日の余震の方が怖かった。木曜の夜中、彼が飲み会で私が迎えに行く約束で部屋に一人。ガスコンロを押さえるので必死。リビングの携帯電話が鳴ったのを取ると彼からの電話で、そこからは記憶がない。友人に抱きついて泣いていた。過呼吸になりかけていた。電気はついていた。そこから呼吸があがる癖がついてしまった。四月一一日の余震のときにも、泣いてしまった。今朝の地震でも。なんでこんなにと思うくらい、泣き癖が。自分でも面倒くさいと思った。

近所のヨークベニマル（スーパーマーケット）はずっと開かなかった。カワチ薬局は並ばずに入れた。入場制限のみ。胃腸薬や風邪薬を買った。生協は五時間待ち。友達がいたので、行列に並んでもトイレで抜けられた。岩切の実家が、ライフラインがなく、食料や水の手配で苦労していたので、そちらにもあげていた。母と妹が食料調達に励んだ。

地震当日の帰り道、電気がなく、岩切は真っ暗、多賀城は燃えていた。月がとってもきれいだった。多賀城のオレンジと月のコントラストが印象的だった。咳《せき》が止まらず、病院へ行って漢方を処方してもらった。

職場に拘束されるということは、家族を放置しなくてはいけない

通研・職員・男

（二〇一一・六・二三）

1　地震発生時から帰宅まで

そのとき、私は片平キャンパスの職場（電気通信研究所図書室）のデスクにて執務中、病休の同僚に近況を確認するメールを書いていたところでした。一四時四五分頃、図書搬送サービスの赤帽運送さんが部屋に来ていて、部下のAさんが受領業務を行っているところで地震が始まりました。

二日前にもそれなりに大きな地震が来たのですが、被害がなかったので最初はあまり気にもしていませんでした。ですがだんだん揺れが大きくなり、「これ以上強くなったら隠れるように」と言ったところですごい揺れに

なりました。東西南北にぐるぐる回るような今まで経験したことがない揺れでした。この建物は一九五〇年代の建造なので、これはダメかなと思いました。急いで机の下に隠れようとしたのですが、キャビネットがあって入れません。そのキャビネットを外に出そうとしても、揺れが激しくて物を動かすことすらできません。そのためわずかにあった隙間に頭だけを突っ込んでいました。

そんな中、大声でAさんと赤帽さんに「隠れて」と呼びかけたのですが、返事がないのでどうなっているのかと不安に思いました。揺れる音がすごいので、声が全然届いていないように思えました。地震は五分くらい続いたと後で知りましたが、そのときは一〇分くらいずっと揺れっぱなしのように感じられました。途中、何回か揺れが収まってきたような気がしましたが、すぐにまた大きな揺れが起き、いつまでこの状態が続くかとても不安でした。いろんな体勢で隠れていたのですが、最後の体勢のときに、先祖の吉植庄亮氏の歌集が目に入り、ご先祖様に「頼むから揺れをここで収めてくれ」とお願いしたのを覚えています。

完全に揺れが収まったところで、二人にもう一度呼びかけたが返事がないので、そちらに行ってみると、赤帽のオヤジさんはまったく怖がっておらず、「荷物が心配なので帰る」と、そそくさと帰ってしまいました。逆にAさんは、腰を抜かしていて動けない状態でした。

そのAさんを励まして、とにかく建物の外に避難させるよう小走りで外に出ました。その間に、家内が心配なので電話をしようとすると、すでに家内から四度も着信があり、揺れで電話のバイブ機能に気づかなくなっていたことがわかりました。予想はしていたのですが、家内は半狂乱状態で、泣いているのか叫んでいるのかわからない声を出しており、とにかくこれは一回落ち着かせることが大事だろうと思って、一度怒鳴って「早く外に出ろ!」と命令しました。後で聞いたのですが、仙台市宮城野区岩切の自宅アパートは滅茶苦茶になり、倒壊してここで死んでしまうのではないだろうか、せめて最後に電話で話したい、という気持ちで何度も電話したそうです。その後、四月七日の二三時三〇頃に同じく震度六強という大余震があった際、私も自宅が倒壊する、そして圧死してしまうのではないか、と本当に感じましたが、それだけ怖かったことをそのときはわかってやれませんでした。

さて、研究所の建物を出ると、すでに所内の人の多くが中庭に避難していました。事務職員の固まりに合流すると、研究所首脳陣(所長、事務長、事務長補佐、庶務係長）はすべて東京出張中で、この場にいる副所長と安全衛生管理室のS先生、経理係長、そして私で指導的立場に就かねばならないことに気づきました。その後、点呼や安否確認などを開始したのですが、その間も余震が頻発していました。ふとSS30（住友生命仙台中央ビルの愛称で三〇階の高層ビルのためランドマークとなっている）を見上げると、てっぺんにあるはずのアンテナが倒れてぶら下がっているのが見えました。それを見て初めて、これは大変なことになったと感じたのです。安全衛生管理室の人が、ラジオなどを出してくれて中庭にぶら下げていたのですが、そこからは大津波警報が出ており、各地で大きな被害が出ていることが続々と伝えられていました。しかし、そのときにはまだ大津波などの震災の本当の怖さをみんなが理解しておらず、泣いている職員一人を除き、あとの教職員学生はみんなが「怖かったねー」と笑っていたと言っても過言ではないです。

雪もちらついてきたので、副所長判断で一六時頃、院生、学生、非常勤職員に解散が指示されました。家内のことが気になったので私も帰宅したかったのですが、まだ勤務時間ではあるし、残った中でも役職が高い方なのでしばらくいなくてはならないと覚悟していました。そのうち、電話がつながらなくなり、家内とはメールやツイッターを介してでしか連絡を取ることができなくなってしまいます。今考えると、津波到達地区でなかったからよいものの、職場に拘束されるということは、家族を放置しなくてはいけないわけで、そのための連絡手段や覚悟を日頃から確認しあっておかねばならないと思います。

その後、残った事務職員と教員で、建物内部に残っている人の探索と被害状況の確認を行い、それが終了してから施錠しました。一七時頃には吹雪が強くなり、暗くなってきました。われわれ残留教職員は、災害対策本部の立ち上げをするため、電気通信研究所一号館の談話室に灯油、食料、緊急物資の搬入を行いました。また安全衛生管理室からは発電機を搬入し、態勢が整いました。

一八時頃、設営も終了してみんなが手持ち無沙汰な感じなので、思い切って副所長に帰ってよいかと聞いたら、許可をもらうことができました。そこで帰宅準備に入りました。家内からは、近所の町内会集会所に避難しているとメールが来ていたので、そこへ向かうことにしました。すでにキャンパスから外を見てもわかるくらいの大渋滞が周囲で発生している模様で、これはどうやって帰ろうかと少々頭を悩めました。というのも普段の通勤は電車と原付バイクなのですが、その日はたまたま車で来ていたので、この渋滞をどうやって回避して岩切まで帰るかが難題だな、と思った次第です。ガソリンの入手が困難になることはそのときから予想していたので、ここで大渋滞に巻き込まれて消費できないと考えました。車列を見ると、さっぱり動いていないのも不安を増幅させました。

しばらく考えてひらめいたのですが、普段通勤に使う原付バイクが仙台駅の地下駐輪場に置いてあるので、それに乗って帰ろうと思いました。ですが、この停電なので、地下駐輪場が開いているかどうか、とても不安でした。閉鎖されている場合、無駄足になるので少々悩みましたが、原付バイクでなければとても帰宅できないからと肝を据えて仙台駅に向かいました。

キャンパスを出ると、予想したとおり車は大渋滞でまったく動かず、それに街灯がほとんど消えていて真っ暗に近かったです。そんな中、南へ向かってものすごい人の流れがあり、まったくもって、非常時の光景でした。それをかき分けて仙台駅へ向かったのですが、白ヘルメットをかぶっていたので、行政の人と勘違いされ、よく避難所への道を訊かれました。二〇分くらい歩いて仙台駅の地下駐輪場に到着すると、カラーコーンで駐輪場入口は封鎖されていましたが、真っ暗な地下車庫から原付が一台出てきたのが見えました。そこで、それを送り出した職員に聞くと、さきほどまで入口は閉鎖していたのをたった今、解除したので、置いている場所まで懐中電灯で誘導すると言ってくれたのです。その職員の方のおかげで、無事、原付バイクを出庫することができたのですが、まだ職場に残って働いている人の姿を見て、引け目も感じました。その後、片平に置いている車に、原付バイクが出庫できなかったときのための荷物を入れていたので、それを取りに一度、電気通信研究所まで戻りました。その際にTさん（かつて図書室で働いていたアルバイトさん、現・宗教学研究室博士課程後期在籍）に会い、無事を確認して喜びました。

荷物を取った後、再出発をして一路岩切を目指しました。どこでも渋滞がひどく、道は真っ暗で、信号はほとんど消えていました。とても寒く、こごえながら運転したのを覚えています。途中、国道四五号線では、「石巻」方向にヒッチハイクを頼んでいる人もいました。その頃、その「石巻」が大変なことになっているとは、自分はまったく知らなかったのですが、きっとその彼もまったくわからなかったのだと思います。彼の笑顔が忘れられません。帰路、仙台市宮城野区小田原の伯母宅に顔を出し、無事を確認してから、手の感覚がなくなってしまうくらい寒い思いをしてやっと集会所へ到着しました。着いたのは二〇時近くだったと思います。

2　三月一一日の夜から一三日まで

・三月一一日の夜

集会所は停電で真っ暗でした。その中に、大勢の人がごろ寝しているのはなんとなくわかったのですが、家内がどこにいるかわかりません。集会場にたどり着く途中、他の町内会の集会場は非常用電源を準備していたようで、電気がついていました。楽観的であった自分は、自分らの避難所も電気があると思っていたものの、その期待は裏切られることになります。

家内の名を呼んでみると、横になっていたようであわてて立ち上がってきて、互いの無事を喜びました。話を聞くとアパートの揺れはかなりひどく、家の中は滅茶苦茶とのことでした。話を聞きながら家内のことを落ち着かせるようにしました。私の町内会は岩切台ヶ《だいが》原《はら》町内会というのですが、普段から防災の準備が整っていたこともあって、私が集会所に着いて数十分でお椀に一杯のもつ鍋がふるまわれました。凍えた体には、とても美味しく感じられました。その後、ロウソクの明かりを頼りに、自分の場所を確保し、毛布をかぶって雑魚寝しました。

大変疲れた一日だったのですぐに眠りに落ちてしまったのはよいのですが、余震が頻発し、そのつど飛び起きました。前に寝ているおばあさんが余震のたびに念仏を唱えていて、自然の暴威の前には祈ることしかできない、自らの無力さを痛感したのを覚えています。暗闇の中、防災ラジオは常に電源が入れられた状態で、非常時だということを醸し出す雰囲気を演出しております。とくに仙台市若林区で三〇〇体の遺体とラジオは言うのですが、意味がわからず、何が起こっているのか、そのときはさっぱりわかりませんでした。また福島第一、第二原発の状態が予断を許さない状況であることも不安を募らせました。家内はもともと持病があり、安心できない空間では不眠になり具合が悪くなるため、地震のショックも含めて一睡もできない一夜を過ごしたそうです。

朝になり、新聞の号外がまわってきて初めて、大津波が沿岸部を襲ったことがわかりました。岩手、宮城、福島の沿岸は壊滅的な打撃を受け、かつて家内と行った福島県の楢葉《ならは》町《まち》、岩手県の陸前高田市、そして日夜釣りに通った宮城県七ヶ《しちが》浜町《はままち》、名取市の閖上《ゆりあげ》、亘理町《わたりちょう》の鳥の海は跡形もないそうです。さだまさしの歌に「海は死にますか、山は死にますか、私の愛した故郷もみな逝ってしまいますか？」というものがありますが、本当に逝ってしまうことはあるのだと、呆然としたのを覚えております。

集会場には公衆電話があるので、東京の実家へ朝一番に無事であることを連絡したのですが、両親はまったく事の重大さを理解しておらず、震災前から係争中だったことを持ち出して、説教するような状態でした。つまり東京では被害がそれほどではなかったということが、両親とのやりとりからわかるのですが、そのときはそんな余裕はないので、なんて話がかみ合わないのだろう、と憂鬱になったものです。

・三月一二日

三月一二日は、前日と一転して暖かい一日でした。滅茶苦茶になったアパートの片づけを午前中に行い、午後は職場に置いてきた車を回収しに行きました。原付バイクで片平へ向かったのですが、昨日の渋滞が嘘のように、車道にはほとんど車が走っていませんでした。それはそれは、異様な土曜日でした。道の至る所が陥没や隆起をしており、気をつけて走行せねばなりません。職場に着いてみると、災害対策本部を設営した場所には誰もおらず、建物は全部施錠されていました。

車を回収して帰宅したのですが、停電が続いていたので今晩はどこで寝るか、また集会場に行くかどうかを決めるために、岩切地区の指定避難所である岩切中学校、岩切小学校を見に行きました。ですが、どちらも体育館で段ボールやシートを引いて寝ているようなひどい環境で、少なくとも畳敷きの集会場の方がよいことがわかりました。町内会費を嫌々払ってきましたが、そのお金で地区の老人のみなさんがしっかりとその日に備えて準備してくれたことに感謝したものです。

続いて部下のAさんの実家の様子を見に行ったら、Aさん以外は家に集合しているとのこと。とはいえ、Aさんも一人暮らし先の宮城野区東仙台で元気にしている旨を聞いてほっとしました。Aさんのお母さんは気をきかせてくれて、ペットボトルの水を三本くれました。実は水道が朝まで出ていたのですが、昼くらいから止まってしまい、水を貯めることを忘れていたわれわれはけっこう狼狽していたのです。これでひと安心したほか、Aさんのお母さんはツイッター上でも有名人なので、現在の周囲の県の情報を教えてもらいました。とくに、山形県酒田市の人がほとんど変わりなく暮らしていると言っている、というのを聞きまして、それは羨ましいな、と思いました。というのは、妻が一晩避難しただけでかなり滅入ってしまい、持病の腹痛が悪化していたので、どこか少しでも平穏な所に土日だけでも連れて行ってやりたいな、と思ったからです。妻の実家は塩竈市ですぐに行けるのですけど、電気が消えているので、そこへ行くのもストレス解消にはならないだろうということで、では山形へ行ってみようということになりました。また福島第一原発の様子が思わしくない（一五時三六分、一号機が水素爆発）ことから、不安に拍車がかかるため、やはり電気がつき、水が出て食事ができる、安心できるところで体を休めようということになりました。

車のガソリンが半分くらいあったので、一九時頃に山形へ出発しました。途中、山形に行ってもあまり変わらないのではないか、と不安に思っていましたが、国道四八号線の関山峠を越えると街灯がついていて、ガソリンスタンドも普通に開いていたのでとても驚くとともに感動しました。山形駅前の東横インで泊まれるか尋ねると、ついさきほど電気が点灯したので、これからオープンするとのことでした。それをよいことに宿泊させていただきました。店も普通にやっており、仙台とはずいぶん環境が違い、とても考えさせられたものです。

この後、ホテルで電話やノートパソコンの充電を行うほか、電波が入るので各方面に無事を連絡しました。しかし最も驚いたのは、ホテルで見た津波の映像です。これまでラジオか新聞でしか見聞していなかった情報ですが、テレビで見るとその凄惨さに言葉を失いました。その光景に釘づけになってしまい、今度は自分が眠れませんでした。

・三月一三日

翌朝、ホテルの前のマックスバリュー（イオン系列のスーパー）では、それなりの行列がありました。しかし、午後に行ってみると品切れの商品があるものの、ある程度は普通に買い物をすることができました。そのため自宅分と家内の実家のため、多めの食料や物資を調達させてもらいました。

ガソリン不足が心配で、昨晩給油できただけでは安心できず、他でも給油しようとしたのですが、どこでも大行列が始まっていました。また仙台に帰っても風呂に入れないことが予想されたので、山形県大江町左沢《あてらざわ》の日帰り温泉に行きました。その温泉にいたとき、仙台市若林区荒浜出身の友人（東北学院大学の図書館の職員）から電話があって、無事を喜んだのを覚えています。

3　三月一四日以降

月曜（一四日）の早朝に山形を発って、仙台へ向かいました。発つ前に山形大学附属図書館の職員で懇意にしている方が、見送りにわざわざ来てくれて、そして餞別に栗をくれました。家内も彼女も泣いてしまい、ハグをしてお別れしました。道の悪い箇所もあるので、気をつけながら一時間強ほど運転して仙台に到着し、そのまま職場に出勤したのですが、建物内は危険なので、必要なものだけ取って、外で待機ということになっていました。そんなとき、福島第一原発三号機が爆発しました。研究所の所長補佐の先生が、二時間後に放射性物質が仙台に到達するから屋内に避難するように所長に進言して、とくに業務がない人は解散帰宅し、われわれ正職員は建物内に入って待機ということになりました。そのまま図書室に入り、テレビをつけて片づけを少しずつ行っていましたが、どのチャンネルを見ても原発事故の深刻さを伝える報道ばかりで、そっちが気になって目が離せませんでした。

当面、図書室に置いていてもしょうがない私物を搬出し、夕方に一度帰宅した後、その足で塩竈へ行って、妻の実家の様子を見てきました。義父、義母、義兄みんな、なんとか元気でいてくれました。その際に山形で調達した物資をあげました。妻の兄は透析患者なのですが、この混乱で、かかりつけの病院で透析をすることができず、青葉区台原《だいのはら》の社会保険病院に連れて行く必要がありました。とはいえ、ガソリン不足で家内の実家の車は塩竈から台原には行くことができず、われわれの家が近いので義兄を預かり、その後は一週間その対応をすることにしました。その間、仕事には行かず義兄のことに専念するほかは、寝ているか、買い物かに追われていました。日に日に原発の事故が悪化して行くので、精神的に逼迫してだんだんと力がなくなっていくことも実感しました。

その間、天皇陛下のお言葉があり、玉音放送と同じようなこれは歴史的な大事件なのだと思って、言葉にできない思いをしましたし、自衛隊のヘリコプターが福島第一原発の三号機に水をかける映像を見て、なんとも弱々しく放水しているものだ、と落胆する反面、何か心に熱いものを感じたりもしました。

そのうち、電気と水の復旧が着々と進み、透析の態勢も復活してきたので、週末から義兄のかかりつけの病院が義兄を預かるということになりました。三月一四日の週から職場には出勤している人もいたので、義兄のことも家のことも一段落したことから、翌週より出勤しようと考えました。Aさんからも出勤できるという連絡があったので、次の週からお互い出勤することにしました。

その週は思い出すにしんどい週でした。食料は長蛇の列、水もガスもなく、ガソリンも給油できず、毎日歩いて情報を集める必要があるものの、原発の状況からおそらく仙台にも放射性物質が大量に飛来しているという恐怖と、今生きていかねばという気持ちの間で何度もくじけそうになりました。

翌週からは、地下鉄の台原駅まで一時間半歩いて地下鉄に乗り、五橋《いつつばし》駅まで行けば職場はすぐなので、その経路で通勤しました。ガソリン不足が結局、三週間近く続いたので、行動が制限されること甚だしかったです。

さて、職場である通研図書室は、四万冊の蔵書のうち図書七千冊が震災で落下しました。最低限の復旧を三月二二日から開始しまして、部下のAさんをはじめ、震災でパート先が休業してしまった家内、そして宗教学のTさんや紀伊國屋書店の営業さんが手伝いに来てくれて、なんとか執務できる場所と態勢をつくることができました。図書室の書庫は被害がかなり激しく、同時並行で年度末会計処理をせねばならなかったので、上司から許可をもらいAさんの知り合いのSさんという方をアルバイトに雇用しました。それが三月末のことです。彼も震災のため会社が休業してしまい、新卒で就職できるところを自宅待機していました。柔道などの有段者だったので力仕事をよくやってくれ、とても助かりました。回復が進むので、暫定措置で図書室を限定的に開けてみたりもしました。

4　四月七日、夜半

そんな中、四月七日に家で晩酌をしていると、二三時三〇分頃、突如激しい縦揺れが発生し、アパートが倒壊するかと思うくらいでした。私の家は二階なのですが、玄関に出たところ、廊下で揺れが激しくなり、まったく動けなくなってしまいました。これが家内の言う「死ぬ思い」というのか、と初めてここで実体験したわけです。おまけに腕を擦って怪我もしました。ガラスは割れ、家は三月一一日のようにめちゃくちゃになってしまいました。岩切地区はすべて停電し、揺れている最中に電線から は蒼い火花が散っていて、これも不安感をあおりました。今回はガラス戸すべてが外れてしまい、夜中の停電なので復旧作業もできず、車で二人で寝ました。

アパートには、頭がおかしくなって一晩中酒を飲んで大声をあげている人もいました。ここまでずいぶんと復旧してきたところだったので、その気持ちもわかるのですが、なんとも寝心地の悪い一夜でした。夜明けとともにすぐに起床してしまい、せっかくなので家の中を最低限片づけ、そしてガラス戸をはめて戸締まりをできるまで修理しました。ですが、今回はアパートの骨格が少々変になったようで、戸もふすま戸もうまく入らない所がありました。それを無理して押し込むようにして入れたので、現在でも開かずの戸になってしまった箇所があります。そのまま家内を車に乗せて片平の職場に出勤しました。

出勤すると研究所は通電しており、今回の余震では図書の落下がほとんどないので驚きました。後でわかったのですが、私の住む宮城野区が震度六強で、他はもっと弱かったそうです。また、岩切地区は停電だったのですが、Aさんの住む東仙台では通電しているなど、今回の被害は局所的だということでした。たまたま自宅は被害の大きい箇所だったということもあったのですが、私も初めて死ぬかと思い、精神的にこたえました。また岩切では三月一一日は耐えたが、四月七日の余震で引導を渡された家屋が多かったらしく、その後もビニールハウスで暮らすお宅や、ブルーシートがずっとかかっている家、気づくと解体されて更地になる家など、多数の方が被災されました。

ただこのときは、三月一一日からの何週間かをまた繰り返すのだろうかと恐れていた反面、復旧が早かったのが不幸中の幸いでした。おそらく復旧のため県外の多数の業者や応援が現地で活動中だったというのが大きかったのだと思います。

5　図書室の復興、心の復興

そうして四月末、図書室を完全復旧することができ、サービスを再開することができました。

それと同時に四月二三日には以前から活動していた「みちのく大学図書館職員連合（MULU）」のお花見会を開催しました。研究所内の咲き誇る桜の下で、近隣の図書館職員を集めてお互いの無事を喜ぶ企画をしてみたのです。仙台市内にとどまらず各市町村、そして山形などからの図書館員三〇人以上がこの会に集まってくれて、夜半まで大騒ぎをしました。また、全国の図書館職員がこの日のために各種食料、酒、そして支援物資を送ってくれました。それまで今年の桜はいっそう白く見え、まるで葬式のときの花のように見えていましたが、このときを境に気持ちも晴れやかになっていったと思います。このとき思ったのですが、月一度でよいから、みんなが集まって話せる場をつくる必要があるのだなあ、と感じました。当たり前のように知り合いに会えて、顔を見て話すこと、これができるのが日常性の回復を促進し、ひいては心の復興を進めることになるのだと思います。

このたび、このように私の経験を聞いていただき本当に感謝しております。話すことでまた一歩、心の復興につながる感じがしています。図書室の復旧などテクニカルなことについては、また別途まとめていきたいと思いますし、それは私たちが記録として残しておくべき大事な仕事だと考えております。

四―六　東北アジア研究センター

仮事務室は電話が一台、パソコンもなく、正直、仕事ができる環境ではなかった

東北アジア研・職員・女
（二〇一一・七・二九）

地震のときは、東北大学川内北キャンパスの東北アジア研究センターの事務室で仕事。しばらく強い揺れが続く。棚からファイルが次々と落ち、食器棚から食器が落ちて割れる音が響く。重いはずのＦＡＸ機が動き、机の上のパソコンが倒れ、電気が消えた。それでも逃げるこ とは思いつかず、隣の席の同僚と手をつないでいた。上司は外にいて、建物が揺れて土煙が出るのを見たらしい。それで建物が崩壊すると思い、中に走ってきて、「逃げろ！」と言いに来てくれた。天井からコンクリートが落ち、非常用扉は閉まっており、そこを開け、急いで外に出ると、川北合同研究棟の建物の上部は壊れていた。各部局から人が集まっていて、しばらくは、建物から離れた場所にいた。ワンセグでテレビを見ている人が、悲鳴をあげていた。そこには、津波で車が流される様子が映されていて、事の重大さを知った。「これが宮城県沖地震なのか？」と口ぐちに言っている人がいた。これが宮城県沖地震なら、こんな怖い思いはこれで終わりであろうという心境からだと思う。

電話はつながらなかった。小学四年生の息子から地震直前に帰ったコールがあった。一人で家にいるかと思うと、心配で胸が張り裂けそうだった。その日、飲み会の予定があったので、息子から電話があった後、息子が帰宅した旨を夫には伝えておいた。それでも地震があった後、早く帰るよう夫に電話したがつながらなかった。いつもは車で通勤しているが、飲み会の予定だったため、この日は車ではなくバスだった。息子と夫には連絡できず。後で知ったが、夫は仙台市泉区からすぐ戻ったようだった。私は、事務の上司とセンター長の命令があるまでは帰れなかった。

夕方四時頃に帰宅命令が出た。とはいっても着の身着のままだったので、建物の周囲や内部はガス臭があったものの、荷物を取るために、ヘルメットをかぶり、建物の中へ入った。数時間前に仕事をしていた事務室とは、別ものかのようなありさまとなっていた。急いで荷物を取り、外に出る。そこで同じ方向に自宅がある教員と会い、同僚と一緒にその車に便乗させてもらった。どのルートで帰るか悩んだ。西道路はトンネルが壊れていたら……、八幡町経由は橋や崖が崩れていたら……、青葉山経由は山が崩れていたら……と、地震の大きさは、どれもが当てはまるくらいの状況だった。その教員が選んだのは、宮城教育大学経由で青葉山を下りて行くルートだった。即決だった。渋滞はなく、西道路の途中で降ろしてもらった。後で職場の同じ地域に住んでいる友人に聞いたら、彼女は四八号線を通る八幡町経由で帰宅し、自宅に着いたのは夜八時過ぎだったそうで、青葉山ルートを選んで正解だったと教員の選択に感謝した。

帰宅途中、友人に会ったが、息子が通う折立《おりたて》小学校の周りの家が地盤のゆがみで壊れただとか、仙台市青葉区西花苑一丁目の家が崖から斜めに落ちているとか、地震の被害を教えてくれた。

明るいうちに自宅に着く。息子が泣きながら、駆け寄ってきてくれた。近所の瓦屋根の家は瓦が落ちていた。私の家は、テレビや食器が落ち、床一面にガラスの破片が落ちてはいたが、先に帰宅していた夫が簡単ではあるものの片づけをしていてくれた。電気も水道もガスも使えない状況。明るいうちに、夕食やロウソク、懐中電灯の準備をしたり、余震が怖いので一階で就寝するため、二階の布団を一階に持って行ったりした。その日の余震は揺れも大きい上、回数も多く、近所の人たちは避難所に行く人もいれば、車で過ごした人もいた。

大学で解散するときに、月曜日(一四日)の朝一〇時に合同棟の西側に集合するということで別れた。月曜日に出勤すると、同僚はみんな無事で安心した。月曜の朝までに電気が復旧した地域がほとんどだが、それでも水やガスが出なく、お風呂に入れないままの出勤。二日間を避難所で過ごした同僚もいた。建物の損傷がひどく立ち入り禁止となったため、自宅待機を命令された。連絡はメールで行うとのことで、アドレスをセンター長や上司に伝え、その帰り足でスーパーに並び買い物をし、食料を買った。スーパーはどこも三、四時間並ぶ状況だった。お一人様二個限りという店が多く、それでも、きちんと並んで順番を待つ日本人はすごいと思った。自宅待機の間は、スーパーに並び、川に水を汲みに行く、それで一日が終わった。

三月一六日の水曜日に文学部に仮事務室が設置され、一七日から出勤可能な方は来てくださいと連絡があった。「家庭の事情もあるから来られる人は来られる時間に来てくれ」という感じだった。仮事務室は電話が一台、パソコンもなく、正直、仕事ができる環境ではなかった。それでも同じ学内で本部からは震災前と何も変わらず普通に仕事が来るという状態だった。こちらはヘルメットをかぶって、まず立ち入り禁止の建物に入って、パソコンを取ってこないといけないという状態だったのだが。

建物に入ることが許可されたのは、三月一四日。最初は、大事なものだけを取りに五分程度で、というセンター長の指示だった。私は机の中に通帳を置いていたのでそれを一四日に取りに行った。そのときに余震があり、かなり怖い思いをした。だが、だんだん慣れてくるもので、次はパソコン、次はファイルだというかたちになり、なんとか仕事もできる環境となった。一七日の木曜日以降、そんな状況で仕事が始まった。スペースも十分でないので、膝の上に書類を抱えてパソコンを打つこともあった。それでも、できるだけ仕事のできる環境をと、いろいろと配慮してくれた文学部の係長に感謝した。年度末で、通常の年でも一番忙しい時期の上に、この震災で急きょ海外出張取り消しや変更をされる先生も多く、必要以上に忙しい年度末だった。他の部局は普通に動いていて、安否確認や被災状況調査や、帰国外国人調査等の照会が次から次に来る。文学部は、震災前と同じ環境で、何もなかったかのように仕事をしている。同じ大学の中で状況の違いをすごく実感した。

自分も大変だったが、小学生の息子は前倒しで春休みとなった。夫も仕事があるところを、息子を一人で自宅に置いておくわけにはいかず、なんとか都合をつけてもらった。岩手の実家に預けたくても、ガソリンもなく、行く手段がなかった。二〇日に高速バスが運行されると聞き、それに乗せて避難させた。今より放射能に敏感だった。「雪に触るな」などと話し、マスク、帽子は欠かさずかぶせた。週末ごとに息子に会いに行っていた。そのことがとても印象に残っている。

自分たちの仕事は、拘束時間が決まっていたので、家庭の方の食料調達や水の確保は仕事が終わってからとなり、その時間にはほとんど買えるものがなかった。それを察してくれたある秘書さんが、「空いた時間に買い物するから」と名乗りをあげてくれたり、文学部事務では、仙台朝市に買い物に行き、それを事務室に持ってきて必要な人に売るというかたちがとられたりした。姑がパンを食べたいのに、どこにもないと言うと、同僚がパンを探して買ってきてくれたりしたこともあった。みんなが助け合っている感じがした。後で聞いたが、この買い出しを手伝ってくれた秘書さんは、ご主人の実家が福島県で被災され、ご両親の安否が未確認の状況だったようだ。そんな中で、自分のことより周りを気づかう余裕、懐の広さに、改めてこういう状況だと、その人の人となりがわかるものだと痛感した。

また、今回の地震で、ご近所同士の助け合いと日頃からのおつきあいが大切だということも感じた。地震の翌日、まず水の確保と思い、自宅の庭で雪をかき集めていたら、お隣さんが見かねてペットボトルの水とお茶を差し入れしてくれた。とても助かった。また、近くの小川は飲料水には適してはいないものの、トイレや洗い物用にと、小川に水を汲みに行くと、近くの家の人が汲みやすいように川にホースを入れてくれていたり、桶を用意していたりと、利用しやすいように工夫してくれていた。ご近所同士では、避難所でのおにぎりとお茶の配給情報や、給水車、ガソリンや灯油の販売情報のやりとりなどがあり、電気が復旧すると、電気調理器の貸し借りがあった。

現在、生活は普通に戻りつつあるが、東北アジア研究センターの建物は依然立ち入り禁止のままで、仮事務室で仕事をしている。息子の通う小学校も立ち入り禁止で、中学校の体育館より小さな武道館で、段ボールで仕切りをしながらの授業のままである。

感謝の気持ちやいたわりの気持ちを持てたことがこの震災の中での大きな収穫だった

東北アジア研・職員・女

（二〇一一・七・二九）

地震発生時の状況は前出の同僚と同じ。ひどい揺れだった。外に出ていた専門員が「早く外に出ろ！」と叫びながら事務室に走ってきた。頭では外に出た方がいいと思っていたが、あまりの揺れに、タイミングがつかめずにただただ机にしがみつき、同僚と手をつないでいる状況だった。だが、専門員の声で携帯電話だけを持ち、一気に駆け出した。外に出てからもしばらく揺れが続き、恐怖と寒さとでガタガタ震えながら不安な時間を過ごした。同時に春休みで自宅にいる娘（一八歳）のことが気になり、携帯電話にかける。なかなか通じなかったが、数回チャレンジして娘が入れていてくれた「こっちは大丈夫！　そっちは大丈夫？」という留守番電話を聞くことができ、一安心した。

解散後、仙台市青葉区吉成台の自宅に車で帰った。帰るルートとして牛越橋ルートか淀橋ルートか悩んだ。淀橋ルートで行くと、夕方四時頃だったがすいていた。国道四八号線はびっしり渋滞。それで尚絅《しょうけい》学院高校あたりから四八号線に出るのに一時間かかった。八幡神社の裏参道をいつも通るが、こばと幼稚園から四八号線に出て仙台第一中学校につながる細道をいちかばちか抜けると渋滞はなく、スムーズに子平町《しへいまち》に抜けることができた。そのため、気になっていた八〇歳になる実家の両親の様子を見に、三条町を経由した。普段はきっちり施錠しているが、鍵があいたままの状態で二人とも不在だった。実際は、すぐ近くの三条中学校に避難していたのだが、そのときはまったく気づくことができず、心配しながら自宅に向かった。後で両親に聞いた話によると、三条中の避難所は外国人が多く、というよりほとんどが外国人で戸惑ってしまったとのこと。余震があるため自宅に戻るのは躊躇したが、避難所にいるより落ち着くということで、二時間程度で自宅に戻ったとのこと。

三条町から国見ケ丘経由で吉成台の自宅へ戻るが、こも渋滞はなく、スムーズに帰宅できた。一八時頃には到着。自宅では娘が一人で私の帰りを待っていて、お互い顔を合わせた瞬間、心から安堵の表情だった。夫は建設業という職業柄、帰宅できないかもしれないとのことだった。余震が続く中、家の中に入るのが怖かったので、その晩は娘と二人、車中で過ごした。なんとか毛布とお菓子は自宅から取り出し車に戻るが、とても寒い。頻繁に起こる余震と寒さで体が硬直していた。昼から何も食べていなかったが、お腹も減らず、ただただ時間の過ぎるのを待った。

夜中一一時頃にトランクに積んでいたおせんべいを二人で食べながら、お互いの地震時の話をときには笑いながらした。ふと、娘が「星がすごくきれい！」と言い、しばらく二人で車中から星を観察して感動していた。

朝方うとうとしていると夫が帰宅。娘は、かなり安心した様子。余震のたびにびくびくして騒ぐ私では、やはり心細かった模様。私も心強く安心した。夫は、自宅で寝ようとしていたが、私と娘に止められ、仕方なく車中で夜を明かした。

我が家の一角では断水することがなかった。そのため友人が三、四キロメートル歩いて水を調達に来たり、姉が車で調達に来たりした。少しでも多く分けてあげたいが、水を入れる容器がないために、限られたわずかな量になってしまった。ペットボトルなどの準備が必要だと思った。現在は三〇リットル分のペットボトルをストックしている。

二日目の夜から自宅の一部屋を使用して生活した。部屋は、北側に面した壁が一階、二階とも、ところどころクロスが剝がれたり、石膏ボードに亀裂が入ったりしていた。また、外のブロック塀に多少の亀裂が入った。それ以外は家具の転倒、食器類の破損などもほとんどなかった。

生活する上では幸い、反射式のストーブやカセットコンロがあったため、冷凍庫内に入っていた生鮮食品類、冷凍食品などを焼いて食べることも、温めることもできた。また、夫が会社から支給されるおにぎりを分け合って食べたり、カップラーメンを食べたりして過ごした。

食料の調達は、たまたま通りかかった近所のスーパーが、店内から食品を外に出して、販売してくれた。このときは、開店していることをまだ知らない人が多く、一〇分ほど並んで買い物をすることができた。調達したものは、カップラーメン、スナック菓子など。懐中電灯用の乾電池を探したが、すでに完売。

その後、乾電池を求めて近所の電器店に行くが、一時間並んだものの数人前で完売となり、ぐったりした。なんとか、残っている電池で懐中電灯をつけ、庭用のソーラー電気を使用し、明かりをとることができたので、これも幸いだった。

五、六日後には電気も回復した。風呂は電気を使用しているため、入ることができるようになり、安心した。不眠不休で仕事をしている夫の会社関係の人がお風呂に入りに来ることになり、あわてて大掃除をすることになる。カビキラーを撒きすぎて、床がムラになってしまった。普段から掃除をしていれば、このようにあわてることもないのに……、と反省。比較的早い段階で入浴ができるようになったことで、不自由している方へ提供できればと思った。自己満足になるかもしれないが、そういった意味で少しでも貢献できたのではと、感じている。

また、狭い一部屋で家族が生活したことによって、普段とは違って会話が増えたことと、夫が一生懸命に仕事をしてくれたことで、夫に対する感謝の気持ちやいたわりの気持ちを持てたことがこの震災の中での大きな収穫だったと思う。

四―七　史料館

雨漏りが起こり、屋根にビニールシートを張っていたが、それでもカバーしきれず

史料館・職員・男
（二〇一一・八・一〇）

地震のときは史料館にいたが、揺れている最中はずっと部屋にいた。背中に本棚があったので、机よりも体を低くして、倒れてきても大丈夫なように防備していた。その部屋には三人の人がいたが、揺れている間は全員ずっとそこにいた。上の階にお客さんがいて、下りてきたので上の状況などを聞いた。その後、外に出た。一〇～一五分くらい史料館の中にいた。他の部局の職員もみんな外に出てきていた。顔見知りの職員と話したりした。また史料館に戻るわけにもいかず、かなりの時間、外にいたように感じた。

同じ史料館の専門研究員を家まで送ろうとしたが、渋滞に巻き込まれ、その人を尚絅学院高校のあたりでいったん降ろしてから、文学研究科に行ってみることにした。日本思想史出身なので、研究室に行ってみると、誰もいなかった。そのときはすでに夕方五時くらいになっていた。文学研究科は勝手に入れる状態だった。再び車に戻った。道路はまだ渋滞していて、車に乗ったまま駐車場にいたが、埒があかないので、そのまま歩いて、友人宅の近くで避難所となっている若林区荒町の小学校まで行き、そこで一晩過ごした。その後、同僚のNさんとは連絡が取れなかった。

避難所には食べ物はなかった。途中で何も買うことができなかったが、一緒に避難所にいた友人が、家にあるものや買ってきたものを分けてくれた。しかし、あまりお腹がすいたという感じでもなかった。車に置いてあったベンチコートで寒さをしのいだが、避難所では毛布もなく寒かった。翌日、毛布が届いたが、お年寄りや子ども優先で、もらえなかった。

次の日、友人の原付バイクを借りて、仙台市太白区八

木山の自宅に帰る。書架などが倒れており、丸一日家の片づけをしていた。水はないが食料は缶詰などが多少あって、なんとかそれで食いつないだ。

その後、一か月くらい、荒町の友人宅で友達同士で共同生活を送った。荒町の方が八木山よりも比較的ライフラインの復旧が早かったからだ。お風呂はまた別の友人の家で、一週間に一度のペースで借りて入っていた。

もともと月曜日と木曜日が史料館への出勤日だったので、一四日の月曜日に史料館に行ってみた。そこでNさんに会い、話し合ってから「一週間ぐらいは来なくていい」ということになった。その後、研究室に行き、片づけをした。

その翌週から史料館で復旧作業を始めた。前の週に雪か雨が降って、二階で雨漏りがするようになる。そこでNさんに呼び出され、二階の書庫の上にビニールシートをかぶせる手伝いをした。その他、地震で落ちた物を片づける。雨漏りが最初に起こり、屋根にビニールシートを張っていたが、それでもカバーしきれず、だんだんそうした部分が広がっていった。最初は落ちてくる水を受け止めるだけだったが、カバーしきれない部分を毎回拭くのは大変で、雨が降ると午前中は全部潰れてしまうので、次第に面倒になってきた。そこで、四月半ばくらいからビニールシートを使って、落ちてくる水が一箇所に流れるように工夫した。水は天井のボードの接合部に沿って落ちてくるので、部屋の中空にシートを吊るして、一箇所に水が貯まるようにした。これで八割ぐらいの水は処理できたが、壁伝いに落ちてくるのは受け止めきれない。本当に雨漏りがひどい部屋の史料は一階に下ろしている。今もこの状態でいる。屋根の部分は、梅雨明けにシートを張り直したので、わりと大丈夫になった。数日前に大雨が降ったが大丈夫だった。雨漏りする場所がだいぶ限定され、梅雨もあけたので最近は甚大な被害はない。

全体の完全な復旧には時間がかかる。二階については漆喰がはがれたり、ひびが入ったりしたところを修復中である。書庫から史料を下ろしてくるのは自分と学生アルバイト二人と先生たちで行っていたが、アルバイトや自分たちは膝や腰が痛くなった。

四―八　総合図書館

三号機の爆発を知った人たちが仙台から逃げているので、避難するよう言われる

図書館本館・職員・女
（二〇一一・九・二八）

一一日、地震が起こったときは東北大学川内南キャンパスの東北大図書館本館事務室のデスクまわりにいた。縦揺れを感じ、いったんみんなデスク周辺に集まったが、ぐらぐら来たので、頭だけでもかばおうと思い、机の下にもぐった。頭を突っ込んだ状態で、職場の同僚のIさんと一緒に揺れが収まるのを待った。そのときは宮城県沖地震だと思った。そのうち、電気がショートし、停電。事前に訓練していたこともあり、訓練どおりヘルメットを出し、暗い中で職員通用口から外に出た。職員は利用者誘導にあたった。図書館の正面玄関前で三〇～四〇分待機。利用者も含め、避難誘導はもっぱら職員が行った。利用者、職員とも、全員怪我はなかった。あとで館内を見ると書架が倒れており、よくみんな無事だったなと思う。みんな動揺していた。

みんな動揺しながら、携帯電話で大津波警報が出ているのを見るなどしていた。それから公衆電話なら電話がつながるということで、文学部棟と法学部棟の間にある公衆電話に行列ができていた。文学部と法学部の間の電話ボックスに並んだ。

非常勤職員には解散の指示が出たので、まっすぐ保育園へ子どもを迎えに行く。保育園は仙台市太白区長町にあり、そこまで歩いて行った。雪が降り出し、寒く、ちょうど館内用のエプロンの上にコートを着て歩いていたので、あとから考えればなんだか変な格好だった。雪の中、傘もなく歩いていたが、道中のサンモール一番町アーケード付近で露店を出しており、投げ売り状態だったので、そこでいちごを二パック買う。保育園への道中、夫から無事だと電話があった。一時間近く歩き、三時五〇分くらいに保育園に到着した。

子どもは無事だった。保育園の規模は小さく、園児は計二〇名ほどいる。到着が遅かったので、園児の迎えは自分で最後から三番目だった。保育園の建物はあちこちひびが入り危険なため、いったん園児たちを校庭で待機させていたが、雪が降り出したため、保育士が車の中で待機させていた。そのあと長町の自宅へ帰る。主人が家の前で待っていた。

自宅はアパートの二階にあるのだが、足の踏み場もないひどい状態。荷物は全部ひっくり返っていた。ただ断水はなく、すぐにトイレを使うことができた。家にはいられないので、いったん車に避難してカーナビのテレビで情報を集めつつ、避難所に向かうかどうするか主人と話し合う。子どもが二歳半であり、避難所はしんどいので家にいることにする。ひとまず布団の周囲だけ片づける。カセットコンロを取り出し、インスタントラーメンを作って食べた。ロウソクで明かりをとった。

ガソリンの確保が心配になり、夜になってガソリンスタンドに買いに行く。今考えれば停電だからどこも開いていなくて当たり前なのだが、近所を回ったところやはりどこもやっていなかった。「停電の影響で星がきれいに見えるね」と話す。その日は電池式の防災ラジオを聞きながら早めに寝た。

自宅がオール電化で、断水もなかったので、食料が確保されれば何とかなると思い、あまり危機感はなかった。もともと二、三日分の蓄えはあった。灯油が買えなくて寒かったが、一六日ぐらいまでそのような感じだった。電気が戻り、テレビが見られるようになると、原発の話が深刻になっていた。次の日から近所のスーパーを回って食料を買った。近所のモリヤ（スーパーマーケット）は穴場だった。長町ザ・モール（ショッピングセンター）はまったく開いていなかった。物品は並べば買えた。オール電化なので、前日のお湯が貯められているが、今後、入浴しづらくなると思って二日目の朝にお風呂に入った。二日目の夜には電気も復旧した。

図書館からは、しばらく自宅待機と言われていた。のんきに過ごしていたが、電気が戻り、原発事故のことをテレビで知ると、逃げた方がいいかなと思う。だが、他の人に比べて自分はライフラインが確保されていて恵まれており、仙台の他の人を置いて逃げるのは申し訳ないと思う気持ちになる。北海道出身なので、両親、友達や親戚から「北海道に逃げては？」と勧められる。

一五日（火）に主人から、三号機の爆発を知った会社の人や家族が仙台から逃げているので、自分と子どもは避難するよう言われる。一六日（水）の朝に仙台市役所前から山形方面のバスに乗ることに。

一六日、朝九～一〇時くらいの一時間の間、バス停に立ち、山形県酒田市行きのバスに乗る。事前に飛行機を予約したが、一七日昼頃の青森空港発のフライトしか取れなかった。一六日に青森に泊まるためのホテルも予約する。計画停電の影響でJRの路線が止まり、慣れない土地で迷ったりし、しかもどこも行列で子どもも抱えていたので、結局、夕方一七時まで山形にいた。道中、満員のバス車内で、目の前の子どもが吐き、その片づけをしている最中に、自分の子どもも酔ったらしく吐いてしまった。クリームパンをその前に食べていたが、もどした。同じ境遇の子連れで移動している周囲のお母さんたちとティッシュなどを分け合う。お尻拭きシートもなく、分けてもらう。当初は終点の酒田まで行く予定だったが、子どもが酔ったため、鶴岡で途中下車した。トイレで子どもの着替えをさせたが、さすがにジャンパーの替えがなく、子ども服を求めて駅前をうろうろしたものの、買えなかった。

夜には、自分が北海道までたどり着けるか不安と緊張で寝られず、睡眠不足と疲れで完全にグロッキーになった。しかも計画停電でその日は秋田までしか行けないことがわかり、秋田のホテルの予約と、次の日の飛行機に間に合う路線の検索とを主人に頼む。スマートフォンなので自分で調べることもできたが、そんな余裕はなかった。鈍行列車で移動し、二一時に秋田のホテルに到着。二二時に寝る。

翌朝は朝四時の鈍行で青森に向かったが、寒いし眠いしつらいし、泣きそうになる。実際、車内で泣いた。子どもを抱えて座席に寝かし終えたら、泣いてしまった。移動中はいろいろな人の助けがあった。バスの中で出会ったお母さんたちもそう。電車の中で出会ったおじさんは、私が「タクシーで移動するつもりです」と言うと心配し、自宅に電話をかけ、家の人に頼んで青森空港行きのバスの時刻を調べてくれた。空港にはなんとか着いたが、天気が悪く二時間近く飛行機が飛ばなかった。

空港では家族の迎えがあり、実家に着くも一週間は力尽きて動けなかった。避難することを職場に言っていなかったため、仕事をほったらかしにしているという悪い気持ちになる。もう辞めようかなと思う。図書館の人と連絡を取り、ともかく子どももいるのでしばらくこちらに避難させてほしいとお願いする。

職場には四月一一日に復帰。子どもを実家に預け、自分だけ先に帰った。放射能のこともあるので子どもは心配だが、自分は仕事があるので帰ることにした。辞職の意志を告げた際に、上司が今のところ作業は本を棚に戻すだけだし、また新人に仕事を一から教えるのも大変だから、復帰の意志があれば待つと言われた。

　子どもは五月まで実家に預けるつもりだったが、向こうで泣いたりなんだりして大変だったので、結局四月末に迎えに行った。

　逃げるとき一緒だったお母さんは、卒園式があるか心配していた。子ども用の物資について言えば、おむつが足りなかった。ストックだけ。食事は、二歳なのでミルクは卒業したが、離乳食などについて栄養面等をあんまり考える余裕はなかった。それでも水も電気も使えてラッキーだったと思った。とにかく移動が大変だった。荷物は三個あり、リュックと傘と手提げなどが重かった。

心の中で謝りながら、本を踏みつつ通路の間を抜け、地下に人がいないか探しに行く

図書館本館・職員・女
（二〇一一・一〇・三）

一一日は事務室にいた。本館の事務室は文学部の建物と真向かいの場所にある。ちょうど午後三時前だったので、菓子をいただいて、食べようとしたところに揺れが来た。揺れの中、カウンターに向かい、カウンターの横でしゃがみながら状況を把握する。まだ揺れているときに誘導すると、怪我をする恐れがあるため、通常、マニュアルでは揺れが収まってから人員を外へ誘導することになっている。ところがなかなか揺れが収まらないので、おかしいと思う。ちょうど三月から電源を取り替える工事が入っていたが、その工事の人たちが逃げるのを見て危険だと判断し、まだ揺れているし、マニュアルの規定外だけど、館内にいる人を逃がす。

　中央出入口以外の他の出口も使って、職員が手分けして中にいた人たちを逃がした。中央閲覧室の裏側の出口からも逃がす。館内東側にいた人が何人かおり、西側にいた人たちはベランダにとどまっていたが、それぞれに逃げてくださいと伝えた。その人たちに「荷物はどうするのか」と問われ、「持って逃げてください」と伝える。揺れているときに、何人かが書庫にいたらしく、揺れが収まると同時に職員が様子を見に行く。書籍を取りに行ってほしいと頼まれていた女性職員が、書庫で一人腰を抜かしていた。もう一人職員がいたが、自力で脱出した。点検で見に行ったとき、地下書庫は真っ暗だった。非常

灯はついていたが、一つあたり四〇〜六〇ワットで、暗くて周りは全然見えない。書架と書架の間にぎっちり本が詰まっているので、目を凝らして見る。心の中で謝りながら、本を踏みつつ通路の間を抜け、地下一階と二階に人がいないか探しに行く。暗いので本当に怖い。学生閲覧室は日中で明るく、避難は大丈夫だった。ただ、ホールの上で大きな電球が揺れているのを見て、怖かった。今考えればあの日は本当に大変だった。

学生に避難指示を出したあと、正面玄関にいったん集合する。余震の合間を見て荷物を取りに行く。一〇人くらいをグループにして、それぞれ職員がついて荷物を取りに行った。「友達で今、見つからない人はいませんか？」と聞いてみたが、とりあえず全員いるらしく、大丈夫そう。全員の荷物を取りに行くためには時間がずいぶんかかった。ホール、ラウンジ、学生閲覧室などを回ったら、一時間くらいかかった。全員分の荷物を回収したあと、二人分残されていた。どうやら学生が図書館に荷物を置いてどこかへ行っていたようだ。それらの荷物は、図書館の復旧後に持ち主が取りに来た。

解散は夕方四時半くらいだった。いったん全員解散。図書館の建物自体に崩落の可能性があり、帰宅困難者についても気になったが、それについてのマニュアルもない。現場から、毛布など備蓄できるものはあった方がいいとの声も出た。

解散後、非常勤の人は学生と同じ時点で帰らせた。一般職員は、その後に戸締まりと、張り紙をする。職員の中には、宮城県亘理町《わたりちょう》に住んでいる人もいて、その日のうちには帰れなかった人もいる。自分は、仙台市青葉区北仙台駅の近くに部屋を借りているので、徒歩で帰宅する。直属の課長と一緒に帰った。青葉区大町あたりの信号機は不思議とついていた。遠回りになるが、何か食べ物を買えたらと思い、通り沿いを歩く。途中から東北アジア研究センターの職員と一緒に帰る。建物が崩落していると思っていたが、青葉区大橋を越えたあたりで、市内の建物は大丈夫そうだと思う。

青葉通りのダイエーに行ったが、やっぱり今は入れないとのこと。そのまま自宅の方へ向かう。道中いくつかのコンビニが開いていたが、ちょっと並んでいたので、そのまま通り過ぎて、家の近くのセブンイレブンに行く。そこでは手計算でレジをしており、ノートに名前と連絡先を書けば、ツケ買いもできた。ラーメンはすでに売り切れで、少しでも炭水化物系のものを選ぼうと、スナックと飴玉を買った。水もなく、甘い飲み物だけだった。ジュースを二本買う。互いに遠慮する気持ちがあり、自分だけたくさん買えない。パニックにならずに、誰もが静かに並び、報道のとおり、混乱していない。整然としていた。すぐに払うからと言ってツケ買いにしてもらった。

自宅は一一階建ての一一階にある。一階にみんなが集まっていた。大家さんもいた。危険だと言われるが、部屋が気になるので、とりあえず自宅に行くことにする。上がるのがけっこう大変だった。時間も一七時をまわり、暗くなっていた。ドアは開いたが、中になかなか入れない。足下に荷物が散乱しており、入るときに何かを踏んだ。玄関からなかなか部屋までたどり着けない。一メートルくらい進んであきらめ、そのまま戻った。

母親が青葉区桜ヶ丘に住んでいて、安否確認のため実家に歩いて行く。震災時、母は友達とともに宮城県利府町にいた。震災直後にメールで無事を確認していた。宮城県沖地震のときも地盤が固くて実家は無事だったので、たぶん大丈夫だろうと思っていた。途中で八百屋さんが開いていた。ざるの中にお金を入れて手計算で商品を売っていた。火を使わなくても食べられる果物、トマトなどを買った。水は母親の買い置きが少しあった。夜中の一時に水道は復旧し、それからずっと大丈夫だった。水が出たのは、桜ヶ丘地域の中でも実家周辺のみで、幸運だった。濁ってはいるが飲めなくもない。一一日の夜は実家に泊まった。

日曜日(一三日)に、山形にいる弟一家が迎えに来た。そのまま山形に移動し、一週間過ごした。一番状況がひどかったときに山形にいたので、比較的無事に過ごした。山形もパニック状態で、ガソリンスタンドに行列ができていた。パンとカップ麺はどこも売り切れており、親戚も避難してきて、弟の家が手狭になったため、三日後にはホテルへ移動した。ホテルの食事は、最初はごはんに味噌汁もあったが、最後の方はカレーのみ。食料が入ってこないと説明を受け、食べられるだけでもありがたいと言う。

一九日に仙台へ戻る。その間に、来られる職員は図書館に来て復旧作業にあたっていた。原発事故のこともあり、「死にに行くのか」と言われた。山形のバス停では脱出するための長い行列ができていた。川内キャンパスは、電気も早めに復旧していたので、毎朝九時に集まって作業していた。戻ったときは閲覧室の本はだいたい片づいていた。疲れるので、四五分作業して一五分休むというペースで作業する。

アルバイトやボランティアの申し出が三月末からあったが、建物と人員の安全が保証されないとの理由で最初は断っていた。環境科学研究科の人を中心にしっかりとしたボランティア組織を作るということだったので、お願いした。その頃には職員に疲労がたまっていたことも大きかった。

四月七日の余震で、また四分の三の書籍が落ちた。その頃は学生ボランティアもいたので、早めに復旧作業に取りかかることができた。年度末だったため、非常時だが、できることは行うという姿勢だった。業務のサーバーも大丈夫だったので、事務的な作業は可能だった。

マイクロフィルム室などのキャビネットは倒壊しており、おもちゃ箱をひっくり返したようだった。二号館の書架も痛んでいるが、現状ではそのまま使っている。書棚が傾いているものもあり、倒壊を防ぐためのスチール製の梁が曲がっている。地下一階の書庫では、ダクトのパイプが落下し、移動式の書架にダメージを与えた。とりあえずパイプを上にあげて結び直したが、一つの書架は曲がったまま。地下一階のマイクロフィルム室の被害が一番ひどかった。奥の可動式書架が曲がってしまってまったく動かない。その手前のキャビネットも倒壊し、それらをボランティアの力で上げてもらってやっと奥の状況がわかった。

書籍のダメージも大きく、今は買えないものと買えるものに区分けした上で、修理できるものと修理できないものへと分けている。とくに二号館の雑誌類で対応できないものが多い。貴重書の類いは、幸い大丈夫だった。

今回の震災で、具体的に求められる行動がマニュアルになかったところが困った。建物は以前から雨漏りしていたが、だんだんひどくなる。今後、大がかりな改修工事が入る予定だが、冷暖房も長い間壊れていて、そこから水漏れもするので、暖房を使ったときに不安もある。耐震工事のあとだったので、かろうじて建物が守られた状態だった。

もうこのようなことは、とにかく経験したくない。

四―九　本部事務局

「がんばろう○○」というフレーズが氾濫していることに違和感

本部・職員・女
（二〇一一・六・一四）

・地震発生時〜当日夜

地震発生時は片平キャンパスの三階トイレにいた。揺れが収まるまで出られなかった。事務室に戻ると机上の書類やパソコンが散乱していたが、余震の恐れもあるのでヘルメットと携帯電話、防寒着を持って中庭へ避難して二時間程度待機した。その間は雪がちらつく中、点呼したり、携帯電話のテレビをみんなで見たり、家族と連絡を取ったりしていた。同居している両親と県外にいる兄弟すべてとこの時点で連絡が取れた。すぐに連絡できたのは、家族全員が同じ携帯電話会社（ドコモ）だったのも一因かもしれない。また、他のところでは役職者らが集まって対策を検討していた模様。

一六時過ぎに主任以下解散の指示が出たので、一度建物内に戻り、荷物を持って徒歩で帰宅。泉区の自宅に到着したのは一八時くらいで、外は暗かった。家の中は物が散乱していた。暗くて危ないので最低限の物（毛布、ラジオ、ライトなど）を車に持ち込み、近くの小学校の校庭に車を停めて家族三人で寝た。夜遅くに水とおにぎりの配給があった。小学校の先生や町内会の方が手配してくれたようだった。

・地震発生後の数日間

ライフラインの回復時期は、だいたい電気が三日後、水道が一週間後、ガスが一か月後だった。最初の土日（三月一二日、一三日）は明るいうちは家の片づけ、食料確保、水の確保、情報収集などをしていて、暗くなったら寝た。

大きなスーパーや飲食チェーン店よりも、個人経営の商店や飲食店の方が復旧が早く、助かった。近くのコンビニの中ではセブンイレブンがかなり早くから商品が並んでいた。

電気が通るまでは、手回しでライト、ラジオ、充電が切り替わる災害時用のグッズが役立った。それを使って携帯電話を充電し、災害・ライフライン情報を入手していた。

三月一四日（月）は出勤したが、片づけや安否確認などで仕事は手につかなかった。その後、仕事上は安否の確認、通常業務、震災によるイレギュラー対応などで徐々に忙しくなっていった。

・その他
「がんばろう○○」というフレーズが氾濫していることに違和感がある。また何かにつけて「収益は寄付します」と枕詞のようについていて、それをつけないと商業活動ができないかのような風潮も気になっている。これらはつきつめると洗脳のようで怖い。「震災に興味がない人」や「ボランティアや寄付をしない人」が許容されない世の中はちょっと窮屈だと思う。

地震の翌週から妻のつわりが始まり、あまり食べ物を欲しがらなくなった

本部・職員・男
（二〇一一・六・一四）

地震のときは、研究協力課の課内ミーティング中だった。「なんだこれは」と思った。みんなヘルメットをかぶり、机の下へ。前々日の地震とは違うと思った。しばらく揺れが過ぎ去るのを待っていた。一緒にいた仲間は案外冷静だった。笑いながら、「サーバー壊れちゃったね」といった感じ。

人事課の方から指示があり、外に出て、史料館の前に集まる。「待機しろ」と言われたが、とくに指示がなかった。寒い中で、冗談も言いながら過ごした。案外みんな落ち着いていた。一時間以上は外にいた。その後、夕方四時半ぐらいに震災対策本部が課長以上で組織された。それで結論が出て、係長以上は大学に残り、あとは帰宅することになった。

家は大学から徒歩で四分。連れ合いが仕事をしていて、連絡が取れなかった。自宅からはさらに四分ぐらい歩く

と実家がある。それで実家に行った。兄の奥さんと新生児が遊びに来ていた。全員無事を確認した。そのまま妻の職場に自転車で迎えに行き、そこで妻に会い、一緒に帰宅した。

家では電気はなし。ラジオは実家から借りてきた。真っ暗の中でヘリコプターの音が響くのが不気味だった。やることがないので、物がなくて安全なリビングで夜七時半頃に寝る。寒かった。

翌日、妻は国際センターで仕事なので、送って行った。その後、片平キャンパスの職場に寄ってみた。施錠されていて誰もいなかったので、そのまま帰宅した。それから家の片づけをした。自宅の場合、水は一度も止まらず、日曜日（一三日）の朝には電気も通った。プロパンだったので、ガスも問題なし。シャワーが使えたので実家の家族や友人などが来た。

自分の父が東北学院大の研究者なのだが、大学建物に損壊があり、建物に入れなくなった。それで父が食料の買い出しに出た。そうしたこともあって、とくに食べ物は困らなかった。一〇日ほど経った頃より、関西の友人から段ボールがどんどん届くようになった。最初は佐川急便で、配送センター止め。その後、クロネコヤマトで比較的近くで受け取れるようになった。

実は、一〇月に妻が出産予定。地震の翌週から妻のつわりが始まり、あまり食べ物を欲しがらなくなったので、それがはからずも役に立った。

家の近くの個人商店の肉屋や八百屋はずっと営業していた。一方でコンビニは時間限定で、しかも缶コーヒーしかなかった。コンビニは役に立たないと思った。

自分の仕事は科学研究費補助金の事務。仕事が始まると、文科省からは来週ヒアリングをやりますなどといった連絡が来る。「（対応）できない」という連絡をするのが仕事だった。また科研の繰り越しについて本省とやりとりを行った。その後は、四月に向けての内定業務を淡々とこなしていった。

震災後初出勤となった月曜日（一四日）は、片づけや、被害状況の撮影、それで終わった。初日はとくに動きがなかった。

外（被災地外）の人がみんな物資をなんでも送りたがるので、被災地がわりとひとくくりにされている感じがした。

実際に被害状況をすべて測定し、写真に収める作業で、ものすごく時間も人数もかかる

本部・職員・女

（二〇一一・六・三〇）

地震からしばらくの間は、仕事で世間とは断絶状態だった。

・三月一一日

午後一時三〇分から片平キャンパス本部棟の一階床下ピットの中に潜っていた。一二月のゲリラ豪雨のせいで一階床下ピットの内に水がいっぱいにたまって、その行き場のない水が、壁の隙間の部分から地下の書類倉庫に浸み出して大変なことになってしまっていた。その対策をするために業者と三人、ヘルメットをかぶって懐中電灯で照らしながら現地調査をしていた。

現地調査を終えて、二時過ぎに施設部に戻ってきた。床下の埃《ほこり》っぽい空気を吸ってきたので、うがいをして温かいコーヒーを入れて自分の席に座った。本部棟の図面を見ながらコーヒーを飲み始めた途端に、ゴォーっと下から響いてくるような音がしたかと思うと、次は急に視界の範囲にあるものが大きく揺れてバタバタと床に落ちていっている。自分自身も普通に立っていられなくて、「これはおかしい！」と思って、地面に足がついているのかそうでないのか、ふわふわとした感覚の中、急いで外に走って行った。

玄関の出入口を出てから、なんとなく建物の裏側、生命研の温室側の大丈夫と思える所まで走っていた。そしてひとまず揺れが収まったと思ったら、今度はそれ以上の揺れが始まった。あわてて周りを見ると、史料館の屋根瓦がぴょんぴょん踊って何枚も地面に転げ落ちてきていて、生命科学研究科のガラスの温室はものすごい音をたてて軋《きし》んでいた。建物というか、片平全体が何か固いものに何回もぎゅうぎゅう押しつけられているような感覚がした。

考えられないような揺れが収まったと同時に、建物の中からみんながヘルメットをかぶって飛び出してきた。上司が「びっくりしたなぁ。急いで途中までのデータを保存したよ。みんなは図面データ保存したか？」と話しているかと思えば、別の上司が「震度いくらかと思ってテレビをつけようと思ったら、テレビが落っこちてきそうで、支えながらスイッチを何回も押したけどつかなく

て、停電になったんだなぁ」と話していた。そうしていると、総務係長に「みんないるか？　点呼をとるので、急いで中庭に集まるように！」と言われ、まだ地面が揺れているのか自分が揺れているのかわからないまま、ふらふら小走りで中庭に向かった。

課ごとに人数確認をして、それぞれ総務係長に報告しているのを聞いて、みんな無事だったということがわかってほっとした。

この後どうすればいいのかわからず、指示もないまま、中庭でワンセグを見ている人の携帯電話を覗いて見たり、ウォークマンでラジオを聞いたりしていると、「津波が押し寄せているので高台に避難してください！」といった様子のことを何回も唱えるように言っていて、今の状況が緊急事態ということは伝わってきてはいるのだが、私はその状況が飲み込めず、そのときはすぐにすべてが元どおりになると簡単に考えていた。

三〇分くらいすると、部長と次長が片平団地（キャンパスのこと。大学事務の言い方ではこれが正式名称）をひとどおり回って被害状況のチェックをして戻ってきた。そしてすぐに施設部内の課長と補佐が集められ、状況報告と今後の行動について話されているようだった。そうしていると、課長補佐が「今から施設部の二階に施設部の災害対策本部を構えるので、係長以上は残るように。停電しているので、片平で施工している工事業者に声をかけて発電機を集めるように。それ以外は、今日のところはこれで解散とします。気をつけて帰るように。月曜日は通常どおりに出てくること」と伝えられた。

あたりが薄暗くなり、雪の降り方も急に強くなってきたし、帰ろうかと時計を見るともう四時半を指していた。すると急に向こうの方から課長補佐の大きな声がして振り向くと、「もしすぐに電気が復旧したら、実験装置は壊れるぞ。いきなり大きな電流が流れて、パワーＭＡＸで運転していて止まった装置は爆発するぞ。特高変電所で片平団地全体の電源を落とさないとダメだ！」と言って、電気係の数人と特高変電所に走って行った。その状況を見ていて、帰っていいのかどうか迷っていると、課長に「大丈夫ですから、月曜日に出てきてください。電車も止まって、停電で街も暗いでしょうから気をつけて帰ってくださいね」と言われ、帰ることにした。

歩き始めて北門まで来ると、あれっ？　そういえば！と不安になってきた。いつも電車通勤なので、片平から自宅の仙台市青葉区北山まで、どこの道を通って帰ればよいのかわからないということに気づいたのだ。だが、このような状況でタクシーもつかまらないし、家族に連絡して迎えに来てもらおうと思っても電話も全然つながらない。とにかく歩かなければ家にたどり着ける手段はないと思い、以前タクシーで帰る際、大学病院の裏からユニバーシティハウス三条（学生寮）の脇を通った記憶があったので、なんとなく思い出しながら北に向かって歩くことにした。歩いている最中、私は自分の家に向かって歩いているけれど、古いアパートなので倒壊していたらどうしよう、今晩眠る場所がなかったら、そのときはどうなるんだろうといろいろ考えていた。電気のついていない街の中、ヘルメットをかぶり、雪が降っている中で傘も差さずに無言でぞろぞろ歩いている人たちはとても不気味で、とてつもない恐怖を感じた。交差点の信号は停電のせいで消えていたが、人が横断歩道を渡ろうとすると車が停まってくれていたことに、びっくりした。仙台は交通マナーが悪いのに、こんなときには譲ってくれるんだと感心した。

大学病院が近くなるにつれて、コンビニに列ができているのに気がついた。みんなお弁当や飲み物を買っているんだろうけど、今ここで並んで買っても重いし、まだまだ家に着きそうにもないので、あきらめることにした。どんどん進むにつれて見えてくるコンビニは、最初に見たコンビニの列とは比べものにならないくらい長い列ができていて、三〇分以上並ばないと店の中には入れないようだった。

記憶をたどって歩いている私は、間違いなくゴールに向かって進んでいるようで、ユニバーシティハウス三条の脇までたどり着くことができた。ここまで来れば間違いなく家に帰れる自信があったので、急に元気が出てきた。近くにコンビニがあることがわかっているので、行ってみると並ばなくても中に入ることができた。中はもちろん真っ暗で、何の商品をつかんでいるのかよくわからない。パンコーナーはここらあたりとわかっているので、急いで行って携帯電話の明かりで照らしてみるとパンはすっかり売り切れていて、バウムクーヘンとチョコブラウニーと和菓子がいくらか残っていた。バウムクーヘンとチョコブラウニーをあわてて五個つかんでレジ脇にあるペットボトルのお茶、ジュース四本と一緒に会計してもらった。制限があるわけではないので、もっと買おうと思ったが、他の人に申し訳ないような気がして、それだけにした。会計は暗くて電卓も叩けないので、すべて一個一〇〇円だった。

コンビニから出ると時間は午後六時半を過ぎていて、車のライトを頼りに足元に気をつけながらアパートまで急いだ。アパートの前まで来ると一階のうちの部屋がぼんやりと明るく見えて、玄関に回らず、表のサッシめがけて走った。「大丈夫だった？」と勢いよくサッシを開けると、そこには母がいて「おかえり。お母さん、さっき帰ってきたんだよ。雪すごかったね。五〇分も歩くとヘトヘトだね」と言いながら、ラジオを聞いていた。ぼんやり明るく見えていたのはテーブルに置いていた仏壇のロウソクだった。家の中に入ってみると、不思議なことに何も倒れていなかった。「片づけたの？」と聞くと、母は「びっくりすることに何にも落ちてなかったんだよ。仏壇の花瓶も食器棚の皿も割れなかったんだよ」と言った。「お母さんに何回も電話したんだよ。大丈夫かと思って」と私が言うと、「こっちも何回も電話したんだけど、通じなくて。でも、あんたは大丈夫だと思ってたから」と母は話していた。そうしているうちに父が帰ってきた。父も帰りにコンビニに並んでいる人を見かけて、コンビニに寄ったと言っていた。そこのコンビニでは、商品はあるだけ、何個かずつお客さんに無料で配っていたそうで、父もお茶二本とカップラーメン二個、カロリーメイト二箱をもらってきた。

家の中がすすけるからと、使っていなかった反射式のストーブを倉庫から持ってきて、それで部屋を暖めながらお湯を沸かした。晩ごはんはカップラーメンとバウムクーヘン、冷蔵庫に入っている冷たいおかずを食べた。食事をしているとき、父がテーブルの上のロウソクを見て、「キャンドルサービスみたいだね」と言った。危機的状況なはずなのに、なぜかちょっぴりわくわくするような感じがした。

青葉区北山は地盤がよいせいか倒壊しているような建物もなく、電気とガスが止まっただけで、断水はしなかった。おかげで飲み水や手を洗う水には困らなかった。

・三月一二日

余震で何回も目が覚めて、あまり眠れなかった。朝からラジオを聞いていると、前日の津波の被害状況を伝えていて、行方不明の人数の多さにびっくりした。ラジオでは、水・食料の確保のためにスーパーやコンビニに行列が殺到しているということが何回も伝えられ、パニックにならないようにと呼びかけていた。うちにはカップラーメンやお菓子などはいくらかあったが、これからもこのような状態が続いていくと思うと、心細いような気がして、急いで父と青葉区荒巻のヨークベニマル（スーパーマーケット）に行くことにした。出発したのは朝一〇時を過ぎていて、お店に行く途中でエコバッグが山盛りになるくらい買ってきている何人もの人とすれ違った。

この様子では、商品がなくなってしまうかもしれないので、早歩きで向かうことにした。

　お店に着くと、ラジオが伝えていたとおり、駐車場に何列にも人が並んでいた。お客さんを店内には一切入れず、店頭販売のみで、商品が少なくなるとヘルメットをかぶった店員が店内からカートに積んで運んでくるというシステムになっているようだった。販売個数は決められていなかったので、みんな手当たり次第に買い物かごに詰め込んでいた。蛇のように長い列に並んで二時間、やっと自分たちの順番がやってきた。驚いたことに、陳列カートには卵や野菜も並んでいた。停電なのに大丈夫？　と不思議に思うと、荒巻のヨークベニマルには自家発電機が設置されていた。そういえば、並んでいるときに「ブーン」と大きな音が聞こえていたのは発電機の音だということがわかった。卵とカップラーメンにお菓子、四〇〇〇円出してお釣りがくる程度の買い物をした。

　買い物の帰りに、ヨークベニマルの近くに住んでいる父の兄（伯父）の家に寄り道した。伯父は私たちが手に持っているエコバッグを見て、「何買ってきたの？　買えた？」と聞くので、買ってきたものの内容を伝えると、「うちでは朝の五時から並んで七時に店が開いたのと同時に、店頭に並んでいた食パン、菓子パン、うどん、焼きそば、ウインナー、チョコレートを買ってきたよ。朝早く行くといいものが買えるみたいだよ」と言っていた。伯父の家からの帰り道、もらったチョコレートを食べながら、明日は朝五時半に出発だからと父と約束をした。

　その日も電気は復旧することはなかった。夜、また余震があって何度か外に飛び出した。そして偶然、上を見あげた瞬間びっくりした。停電のせいで真っ暗な空に、ライトみたいに星がきれいに光っていた。仙台の空にもこんな表情があるんだと、新たな発見をした。

・三月一三日
約束どおり、父と朝五時半にヨークベニマルに出発した。早朝で太陽も出ていないので、寒くないように帽子とマフラー、手袋。それと長期戦に備えて、ラジオを聞くためのウォークマン、折りたたみの小さい椅子を持って行った。

　到着すると、もうすでに三〇人くらい並んでいた。周りを見ても開店時間の案内がどこにも貼られていないので、何時に販売スタートするのかわからない。こんなに期待して早起きしてきたのに、通常どおりの開店時間だったら、あと四時間も並ばなくちゃならないことを考えると、めまいがしてきそうになった。そんなことを心配していると、後ろに並んでいた女性に声をかけられた。その女性は「昨日は中山のイオンに並んだけど、商品の数を数えられて一人一〇個しか買えなかったんです。そしたら近所でここのヨークベニマルに買い物に来た人がいて、いくらでも好きなくらい買えるからと話していたから、頑張って早起きしてきました」と言っていた。その後もいろいろ会話をしていたら、列の後ろの方で「こんな状況なのに初売りに並んでいるみたいで楽しいね」と聞こえてきた。案外、私もそんな気分かもしれないと思ってしまった。並んでいると、周りから自然にいろいろな話が聞こえてきて面白かった。そうしているうちに、もう七時を過ぎていた。店の中に店員の人たちの姿がちらほら見え始めると、店長らしき人が出てきて、八時開店という張り紙を貼った。

八時半過ぎ、やっと自分たちの順番が回ってきたと思ったら、今日は販売個数制限があって、一人一〇品となっていた。父と私で二〇個、忘れないように紙にメモしてきた品物を買い物かごに入れ、余裕があった分で、カートに乗って運ばれてきたばかりのイチゴとキャベツ、白菜を買った。それでもまだ余裕があったので、ホットケーキの粉を買った。ホットケーキにはジャムと思ったが、並んでいなかったので、店員さんに店内からチョコレートとブルーベリーのジャムを持ってきてもらった。

その日の帰り道も伯父の家に寄ろうということになった。伯父の家でジュースやお菓子をさんざんごちそうになって、もう午後二時になるので帰ろうというとき、家の隣のパチンコ屋に電気がついていることに気づいた。「テレビがつくよ!」と母に教えてあげようと、父を置いて走って家に帰ると、母はすでにコーヒーを飲みながらテレビを見ていた。

地震が起きてからそれまで、ラジオばかりが情報源だったが、テレビで観る津波は、私の想像を超えていた。見た瞬間、「何なの? あの真っ黒な水は?」と思った。どんどん家や車が飲み込まれて……。はっきりいって信じられなかった。映画のワンシーンを観ているような感覚だった。次々と被害の状況が映し出される中、家族も家も失ったという人が力なく涙を流す場面が映し出された。この瞬間、私は初めてこの状況、この地震の甚大さ、恐怖に気づかされた。

・三月一四日

この日も早起きをした。昨日、母に「職場でごはんに困っている人がいるかもしれないから、おにぎりを多く作って持って行きなさい」と言われたので、時間どおりに職場に着くためにはと逆算して、五時に起きた。電車もバスも止まっているので、職場に行く方法は徒歩しかない。そうなると必然的に、いつもの起きる時間より二時間も早いこの時間になる。

ちょっと張り切って、おにぎり二〇個とお弁当五つを作った。いつもお世話になっている方へのお弁当には卵焼きと、湯煎のミートボール、ペンネを入れた。作り終わると、もう出発しないと間に合わない時間になっていて、リュックサックと手提げ袋二つに分けて入れて急いで家を出た。

出発して歩き始めると、思いのほか荷物が重すぎて、しかもけっこう時間が経ったわりには全然職場に近づいていないようで、このペースだと時間どおりに到着するのは無理そうな感じがしてきた。でも、昨日のテレビで観ていた映像を思い出すと、「私にできることを頑張らなくちゃ！」という元気が湧いてきて、休むことなく足を進めた。

一時間二〇分もかかって、やっと出勤時間に間に合うように到着すると、私の所属する整備課には誰もいなかった。おかしいな？　と思って、隣の管理課に行ってみると、そこには一〇人前後の人たちがいて、テレビを観ながら話をしていた。「おはようございます。みんな来るの早いんですね？」と聞くと、「俺たち、昨日から泊まってるからだよ」と返ってきた。電気係と機械係はライフラインの状況把握、復旧の作業で日曜日に召集がかかったと説明された。さらには建築係の数人にも連絡があったみたいで、職場に来られる状況の人は来て作業の手伝いをしていたということも言っていた。それを聞いた瞬間、ショックだった。私には連絡が来なかったので、戦力外なのかなぁと思うと、とても悔しかった。

持ってきたおにぎりのことを思い出したので、みんなに朝ごはんを食べたか聞くと、昨夜から食べていないという人もいれば、今朝二人でおにぎりを半分こして食べたという人もいて、すぐに持ってきたおにぎりを配った。

九時を過ぎた頃になると、いつもの整備課メンバーが集まり始めた。すぐに点呼確認、ミーティングをすることになった。資料が配られ目を通すと、すでに今後、施設部が作業を進めていくチーム編成が書き込まれていた。

①文科省対応チーム……被害状況とりまとめ、報告、マスコミ対応等
②応急危険度判定チーム（建築）……各建物の構造的な危険度レベル調査
③インフラ復旧チーム（電気・機械）……インフラの被害状

況確認、復旧

④庶務チーム……食料・ガソリンの物資調達、契約中の工事状況把握、本人および家族等の状況確認、通勤手段の確認

各チームに担当者の名前が割りつけられているのに、私の名前はどこにもなくて、どうしてなのかと思っていると、課長から「女性の方の名前は入っていません。土、日曜日で各団地を回ってきましたが、危険な場所が多すぎます。とくに薬品の瓶が割れて散乱しているような所もあります。これから子どもを産むのに万が一何かあったら大変なので、女性の方は文科省対応のお手伝いをしてください」と伝えられた。それからすぐにチームごとに分かれ、作業をスタートした。

私は文科省対応チームで、全団地、全建物の被害状況をとりまとめて文科省に報告する係になった。すでに企画調査係長が日曜日に、各学部、各研究所に被害状況を報告するようにと照会のメールやFAXを送っていて、少しずつ情報が集まってきていた。送られてきた内容を見ると、どこの学部、研究所もあわてて送ってきているので、どの建物の、どの場所がどのように被害に遭っているのか全然読み取れない。係長からの指示で、電話での聞き取り調査も併用してまとめていく作戦にすることにした。

まずは同じキャンパス内の近くの研究所から始めようと電話をかけ、相手方の担当者に聞き取り調査の内容を話した途端に、怒られた。「こんな水道もガスも止まっている状況で、研究室の先生方の対応だけで大変なんだ！　すべての建物の被害状況なんて、まだ把握できていない！　くわしい報告なんてできるわけないだろ！」と、電話を切られてしまった。たしかにそれはそうだろうけど、もう少し違う言い方もあるでしょ！　と苛立ったが、速報提出期限の一七日まで時間がないので、次々電話をかけていった。

電話の相手方はほとんどが事務系で、施設系の職員ではないので、被害状況の表現が抽象的で理解するのに苦戦した。現場を見ないで言葉だけでやりとりするのは、こんなにも難しいのかということを実感した。

自分の作業に夢中になっていると、あっという間に夕方六時からのミーティングの時間になった。各チームの進捗状況をそれぞれのリーダーが話していく。応急危険度判定チーム、インフラ復旧チームとも土、日曜日の各団地現場把握の作業で車のガソリンを使い切ってしまっているため、その日は徒歩と自転車で各団地の調査エリ

アまで行っていた。その不便な移動手段のせいで、時間も体力もかなりロスして、なかなかうまく進められないことを話していた。その後、明日のグループ編成やエリア分けを再検討し、明日は今日以上に頑張るということで解散となった。

・三月一五日

その日も時間どおり朝のミーティングが始まった。始めるとすぐに課長から応急危険度判定チームにトランシーバーが渡された。そして課長から「今日は天気が悪いので、テレビで話していたように放射能混じりの雨が降るかもしれません。核理研の先生が放射能の数値を測定していて、数値が高くなると施設部に連絡が入るということになっていますので、そのときはみなさんのトランシーバーに指示が行きます。その際には指示に従って、建物の中に入るか、すぐに片平に戻ってくるようにしてください」と伝えられ、準備ができたグループから自転車と徒歩で出発して行った。仕事と割り切ればそれまでだけど、危険だとわかっていながらも応急危険度判定をしに出発したみんなの姿を見ていて、何とも言えない気持ちになった。

私は昨日に引き続いて、災害報告書をまとめるために電話の聞き取り調査を進めた。作業を進めるにつれて、各団地、各建物の被害のすごさがわかってくる。気づけば二日でA４サイズの報告書は三〇ページを超えていた。それでもすべての学部、研究所の電話とFAXが復旧して連絡がついているわけではないので、これからも次々出てくると思われる被害状況の量を想像すると、明後日までにこの報告書をまとめるのは難しすぎると思った。

・三月一六日

なかなか進まない応急危険度判定に、山形大学から二名が応援に駆けつけてくれた。その応援のおかげで今日中に応急危険度判定は終えられそうだった。

私の報告書もある程度はかたちになってきたはずだったが、昨日の午後あたりから少しずつライフラインが復旧してきたおかげで、信じられないような数の報告、写真がメールで届くようになってきた。締め切りは明日なのに、どんどん送られてくる報告をどうやって一人で処理すればいいのか焦っていると、企画調査係長に「とりあえずの速報だから大まかで大丈夫。しっかりした報告書は再度提出だから」と言われた。大まかでも届いている被害状況すべてに目を通さなければならないし、内容も書き漏らすわけにはいかないので、必死で作業を進めた。
「ごはんだよ！」と、同じ整備課のSさんに声をかけられるまで時間も気にせず夢中で仕事をしていた。時計を見ると午後七時を過ぎていて、炊き出しのおにぎりが届いたところだった。施設部が夜遅くまで仕事をしているということで、資産管理の方で生協のおにぎりを手配してくれていた。おいしくごちそうになっていると、計画課の補佐から、「今日も遅くなりそうなら片平会館に泊まるといいよ。部屋を借りられたから」と鍵を渡された。このペースでいったら明日の締め切りに間に合わないとバタバタしていたのをわかってもらっていたようで、ありがたく泊まることにした。それ以降、五月の連休まで週三日のペースでSさんと施設部に泊まり込みで仕事をしていた。なんとか午前二時くらいに、手元にある分の届いた資料のとりまとめを終えて、パソコンの電源を落とした。

二人で片平会館に向かっていると、真夜中なのに本部棟の玄関に大きなトラックが停めてあって、引っ越し業者のような人たちが荷物を運び出しているのか、荷物を下ろしているのか、真っ暗な中で作業をしていた。このときはわからなかったが、二、三日後に理由がわかった。支援物資が届いていたようだった。

・三月一七日

前日で応急危険度判定は終了し、応急危険度判定チームはこの日から、各団地の一つひとつの建物と外構の被害調査を進めていくことになった。被害調査は、私がまとめている報告書をもとに実際に被害現場へ行き、被害状況の内容をすべてスケールや巻尺で測定し、写真に収めるという作業で、ものすごく時間も人数もかかる。さらにはその後、測定したものを図面化するという作業もある。文科省にこの被害調査を報告するのは三月中となっているが、どう考えてもこの地道な作業は、三月中にとりまとめて報告するのは難しすぎる量だと思った。

私の方は、昨夜遅くまで作業をしたおかげで、この日の速報提出の締め切りには間に合わせることができた。

・三月一八日

朝のミーティングで、課長から被害調査の今後の進め方について話をされた。やはり被害調査は施設部の建築一一人、電気・機械一七人のスピードでは提出期限までにはとうてい間に合わないようで、翌週から他大学とゼネコンの応援をもらうという内容だった。その後、前日の作業に引き続き準備のできたグループから担当団地へ調査に向かった。

私のその日からの作業はというと、朝の課長の一言により、ますます忙しくなっていった。前日提出の速報をもとに提出用の被害報告書の作成と被害報告書に添付する写真整理、被害状況を文字で書き込んだ配置図の作成(二七日提出)。それと並行しながら、ゼネコンに応援をもらうためにエリア分けした資料の作成と図面一式の用意。こんなにもやることが山盛りなのに、私一人でできるか不安になったけれど、私が今できることを精一杯やろうと思い、手を動かし続けた。

・おわりに

その後、休日も関係なく、期限に間に合わせるために、施設部全体が働き続け、四月末に建物等の復旧の実施計画書(片平・雨宮団地、遠隔地分)、六月中旬に別の実施計画書(星陵・川内・青葉山団地分)を、他大学の応援もあり、文科省に提出することができた。

今まで私たち施設部の行ってきた作業は、ここに示したくらいで片づけられるものではありません。これは私が見えている狭い範囲の一部でしかないものです。同じ東北大学の職員として、地震の際に家庭や家族のこと、自分の危険も顧みずに仕事に打ち込んできた人たちがいることをわかっておいてください。

一千年に一度の大震災に、命があったことへの感謝。つまり、自分は何かをするために必要とされていること。だから私は、採用してくれた東北大学の復興に全力で尽くさなければいけないと心に留めています。

やっと予算がついて、これから整備を進めていくわけですが、巨大な地震によって壊されたキャンパスが元どおりになるには、まだまだたくさんの時間がかかりそうです。だけど、一歩一歩着実に前進していることには間違いありません。

きっと数年後、復興した東北大学には、すべてにおいて素晴らしくなっているキャンパスがあるはずです。

家族がいると、父親の役割として食料確保が必要となる

本部・職員・男
(二〇一一・六・一四)

地震のときにはネットワークの切り替え作業をしていた。ちょうどそれが終わったところで地震が来た。NT

Tの人も来ていた。課長の机が目の前で、その職員が、偉い人の机に入っていいのか戸惑っていたのが印象的だった。自分は、自分の机の下に隠れた。終わりそうかなと思うとまた揺れる。途中で蛍光灯が切れて、そのときには不安になった。

上司が三年前の宮城県北の大きな地震（岩手・宮城内陸地震、二〇〇八年六月一四日）の際に、宮城県栗原市花山で被災していた。それで、彼から「外に出ろ」と指導があった。一時間ぐらい外にいたが、どうすべきかなかなか決まらなかった。その後、解散命令が出て、徒歩で一時間ぐらいかけて仙台市太白区富沢の自宅に帰った。たまたま妻と娘が山形の妻の実家に戻っていた。夜にメールが送れた。その後、携帯電話の充電が切れた。日曜日（一三日）の夜に公衆電話で連絡が取れた。

家の中では、食器棚が前に倒れ、電子レンジの耐熱ガラスが割れていた。何かが倒れ、水道の蛇口が押したままの状態になり、水が出たままになっていた。とはいうものの、家族が無事だったのでよかった。すぐに水を汲み置き。ガスも水も夜に止まり、携帯電話も充電切れで、不安になった。車のラジオを聴き、沿岸部で死者が出ているることを知った。職場で、事務職員は当初は楽観的だったと思う。この放送を聞いて、これはやばいと思った。その後すぐに寝た。

翌土曜日（一二日）は近くのヨークベニマル（スーパーマーケット）に行った。二時間並んで一〇〇〇円分しか食料が買えなかった。一三日の日曜日ぐらいに水が出た。情報収集のために、ちょくちょく小学校に行った。小学校の避難所で印象的だったのは、赤ちゃんを連れているお母さんで、大変そうだった。ミルクを作るのは大変。自分の妻子は、実家に帰っていてよかったと思った。

月曜日（一四日）に職場に行った。こんな地震だからしばらくは休みになるかと思った。教員が動かないので、そうなると事務も止まるはずである。しかし、とにかく来いという。やることがない職場もあった。原発事故の中では、やることはないという気持ちになった。聞くところでは、ある研究科が一週間動かなかったようだが、いずれにせよ、もう少し計画的に指示がないと大学に来る意味がなかったのではないかと思った。

LEDライトが役に立った。小学校の自家発電機で充電できたが、ものすごく並んでいた。

自分の仕事としては、安否確認を二人で一緒にやり、それが一週間続いた。一人と連絡が取れなかった。東部道路近くにいた人、仙台市若林区で避難所にいた人とも連絡が取りにくかったが、結局は両方とも連絡が取れた。

東部道路の近くの人の話を聞いて、今回の地震の深刻さを実感した。なお、食料の買い出しは勤務時間内で可能だった。家族がいると、父親の役割として食料確保が必要となる。職場の仕事だけだと食べ物を確保できない。

❖報告　東日本大震災による東北アジア研究センターの被災状況

東北アジア研究センター執行会議（佐藤源之）

二〇一一年三月一一日に発生した東日本大震災は、東北地方に多大な人的・物的被害をもたらした。犠牲になった方々のご冥福をお祈りするとともに、被災者の方々にお見舞い申し上げる。東北大学の学生は津波によって入学予定者を含め三名が犠牲となったが、幸い教職員に直接の犠牲者はなかった。また、東北アジア研究センターで研究に従事する教員・学生に人的被害はなかったものの、本センターが入居する川北合同研究棟の塔屋が大きく壊れた。三月一一日の地震後は東側が浮いていて西へ傾く状態だったが、四月七日の最大余震でさらに崩壊が進み、水平に乗る状態になった。また四階、五階にも壁のひび割れや床面の曲がりなどが発生し、二階でもドアの開閉が困難になったりしている。震災直後の建物危険度判定の結果、この建物は立ち入り禁止となった。ちなみに、東北大学全体の大型建物で使用不能になっているのは他に工学部の三棟のみである。

本センターでは建物の危険度を考慮し、教員・学生については三月二八日まで自宅待機としたが、事務職員ならびに数名の教員はセンター機能維持のため文学部に仮事務所を開設し業務を続けた。東北大学では五月九日に全学で新学期を開始したが、センターでは文学部、法学部、教育学部、環境科学研究科、工学部、理学部、図書

塔屋基礎が崩壊した川北合同研究棟（2011 年 3 月 11 日 14 時 53 分，吉田睦撮影）

館、多元研など多くの部局の協力をいただき、教員・学生の研究環境を整えた。また一時帰国していた一部の留学生も復帰している。一方、四月下旬から安全確保のため塔屋の取り壊し作業が始まり、七月中に完了する予定である。今後、川北合同研究棟の修復工事の内容が決まる予定であるが、完全復旧には最低一年以上が必要であると見込まれている。その間、川内北キャンパス内にプレハブを建設する予定である。

東北アジア研究センターでは、二年前より文部科学省予算により「防災科学研究拠点」を立ち上げ、東北大学全学体制として、防災に取り組む準備をしてきた。災害直後から防災科学研究拠点は、さらに大きな組織として、各種の救援緊急活動を行い、本学の震災科学における、まさに拠点の役割を担っている。その一例として、平川新教授が中心となり、被災した文化財や書籍資料などを救出・保存する取り組みを行ってきた。このグループは今回の災害では被災地から多数の資料を救出したが、津波被害によって水に濡れた資料は、国立奈良文化財研究所の持つ真空凍結乾燥装置によって修復作業を行う手はずをとっていた。ところが本センターでも損傷した建物で一部雨漏りが発生し、資料の二次的被害を受けたが、この制度によりセンターが保管する資料の修復を行うという思いがけない救援の手も差し伸べられた。また全国附置研究所・センター長会議や地域研究コンソーシアムなど外部組織からセンターに対する暖かい援助のお申し出もいただいている。

以上のように、今回の震災により、東北アジア研究センターは大きな物的被害を受けたが、学内、学外より多くの支援をいただき、センターの構成員はみなそれぞれ分散した研究環境ではあるが鋭意研究業務を続けており、大きな研究成果を挙げるために努力している。皆様のご支援と励ましをいただければ幸いである。

＊『東北大学 東北アジア研究センター ニューズレター』第四九・五〇合併号（二〇一一年七月）の巻頭言を転載しました。

なお、本文に出てくる大規模損壊した川北合同研究棟の棟屋部分は、二〇一一年一〇月までに撤去されました。それにより、合同棟に対する大学施設部の判定は赤紙（使用禁止）から黄紙（注意しながら使用可）に変更され、同年一一月以降、東北アジア研究センター事務室や多くの研究室は合同棟の利用を再開しました。二〇一二年度中には建物の補強改修工事が行われる予定となっています。一部利用不能の研究室や資料室もありますが、それらについては二〇一一年一〇月に設置されたプレハブの仮設研究棟で代用されています。（編集部）

五　大学生協・業者・訪問者

五—一　大学生協職員

どこの店も開いていないとみんなから聞き、在庫がある分だけならと思って営業した

大学生協職員・女
（二〇一一・七・一九）

　地震発生時は、川内北キャンパスの川内厚生会館にあるパンショップにいて、午後の発注作業が終わったところで従業員たちと話をしていた。ショップにお客さんはいなかった。まだ揺れが収まらないうちに、食堂へ移動した。棚などが揺れており、食堂のお客さんには、テーブルの下に隠れてそのままもぐっているように指示した。食堂には設置してある机の半分くらいの客がいた。

　揺れが収まった後、お客さんを外へ避難させるために誘導し、厚生会館の脇に職員同士で集まり、どうするか話し合う。川内南キャンパスの萩ホールにみんな集まる。お店の方は、貴重品などを取り、レジまわりの鍵を締め、自分の荷物を持つ程度。とにかく建物から離れた方がよいということで、とくに見回りなどはせずに出た。厚生会館はその時点で施錠。萩ホールの前にはだいたい一時間ぐらいいたが、その後、解散ということでその日は帰宅した。その日はそれ以降、誰も会館には入っていないはず。

　家族とは最初はまったく連絡が取れなかったが、自動車で仙台市青葉区八幡を通って帰る頃には連絡がついた。車で通勤しているが、帰宅には五時間もかかった。青葉区愛子《あやし》の先に住んでおり、青葉区折立《おりたて》のところに行くまでにだいぶ時間がかかった。大きな通りの信号は、たぶん非常電源でついていた。

　自宅はとくに被害もなくて大丈夫だったし、家族も無事だった。ライフラインについては、ガスはプロパンで使えたが、電気と水は止まっていた。水道の復旧は遅かったが、電気は早くに回復した。水は車で一〇分ほどの小学校で給水してもらった。お店ではペットボトル二本までなどの制限があって、そういったものを買った。し

かし、だいたいは給水で水を手に入れていた。ガソリンが心配なので、車ではなく自転車で水をもらいに行ったので、重かった。

次の日、仕事場にはガソリンがあったので、出勤することができた。一一日の段階で、車で来られる人は来ようと話していて、「店の片づけができる人は来てください」と店長に言われていたので、一二日は出勤した。その日は店長、正規の職員とで合わせて三人が来た。営業すると言えば、もっと多く来たかもしれない。しかし、この日は片づけのみだから無理して来なくてもいいという感じだったので、出勤した人はあまりいなかった。ペットボトルがたくさん落ちていたのでそれらを元に戻す。食堂の中はよく見えず、食堂に関する指示はとくに聞いていない。だがおそらく、一三日に様子を見に来た人がいたと思う。

一二日の土曜日、片づけをしていると、一人の学生から「物を売ってもらえませんか」と言われた。そのときは手元に金庫がなかったため、お釣りを支払うお金がないから難しいと思ったが、自分の財布にいくらかお金があったので、それで対応できる分だけで品物を売ることにした。その後、店長が来て金庫を出してくれた。だいだい朝一〇時過ぎくらいから売り始め、その後たくさんの人が来た。品物はあるだけ、在庫にある分だけを出した。その日は夕方五時くらいまで営業し、客が引いてきたので終了した。次の日も出られるのなら販売しようと決めた。普段は日曜は営業しないが、どこの店も開いていないとみんなから聞き、在庫がある分だけならいいんじゃないかと思って営業した。

一三日の日曜日はお昼近くから販売を始め、自分の子どもも連れて、店長と三人で営業した。その日は職員がいなかったので、子どもにも手伝ってもらった。日曜は前日よりもお客さんは少なく、午後三時にはお客さんは引いた。閉店時には品物はだいたい品切れになり、とくにチョコなどの大袋の商品やカップラーメン類はなくなったが、グミや小袋のチョコなどはまだあまっていた。日曜は、前日の土曜に学生の間で開店していることが口コミで広がり、いつも来ている学生などが、それに引かれて来ていたようだった。

《この話者の知人による補足……停電のため、店内は暗く、手元を懐中電灯で照らしながら作業をしていた。基本二人がレジに立ち、あとの一人が誘導や値段確認のために走り回っていた。メモを取り、電卓で値段を集計していた。話者の方はだいぶみんなを待たせてしまったと言っていたが、私の印象ではスピーディだった。コンビニや個人商店でいくつか同じ作業を見たが、もともと店内がわかりやすく、品目やフロアも限られていることから、作業は効率的だったと思う。列が店の外にまで出ることもあまりなかったようだ。私が行ったのは両日（土日）とも午後二〜三時くらいで、そこでスナック菓子やペットボトルを買った。初日は文学研究科の院生と一緒に並んだ。大学生協が開いているという情報は彼から聞いた。土曜はヨーグルトなども少しはあったが、私が行ったときにはカップ麺の類いはすでになかった。ティッシュが置いてあったので、それも購入した。記憶が定かではないが、学生が生理用品かティッシュがあるので助かる、と言っていたかもしれない。また、買い物かごの代わりにパンのトレイを使っているのが印象に残った。日曜には、厚生会館の玄関前の水道で給水している人を何人か見かけた。土曜までは自販機に水（ミネラルウォーター）が残っていたが、日曜には売り切れていた。しかし、他の飲み物はかなり長い間売り切れずに残っていた。その後しばらくして学生から聞いた話では、大学生協である程度のものを買うことができて安心した、ということだった。》

この日以降は商品が入ってくる見込みがなかったので、自宅待機となった。お店の再開はゴールデンウィーク前、だいたい四月末くらいからだった。一度、出られる人だけが集まった日があり、そのとき自分は行けなかったが、復帰の日程に関する連絡があったようだ。品物の入荷の見込みが一部で立ったので、再開することになった。

再開当初は欠品が多く、今も飲み物はキャップやラベルが不足して十分に入荷できない状況になっているため、あまり品物の種類は多くない。お弁当はお店が再開したときからあったわけではなく、だいたいのものが揃うようになったのはゴールデンウィーク明けくらいだった。

苦労したことは、お客さんが、最初は買えるなら何でもいいという感じだったのが、次第に品揃えへの要望が増えるようになったこと。今は入荷できないという旨を説明するとわかってくれるが、揃っているのが当たり前だったためにいろいろな要望が出てくる。とくに多かった要望としては、山崎パンといったものよりも北キャンパスで作っている手作りメロンパンなどの手作り感のあるものが多かった。また、野菜ジュースなどの需要が多かったが、農協が被災しているため、ドリンク類を中心に、現在でも品薄状態は続いている。

アルバイトの留学生たちはみんないったん帰国した。最初は連絡がつかなかったので心配していたが、後から帰国したことを聞いて安心した。彼女らはまとまって青葉区八幡の方に住んでいた。

地震直後の頃は大変さというものがまだ感じられなかった。一二日まではできることをただやっていたという感じだったが、大変になったのは商品が買えないということを実感するその後の時期だった。

一二日の土曜には、アイスなどはもうドロドロに溶けてしまい、その場で廃棄処分することになった。

アルバイトの留学生の中には、日本に戻ってきた姉と国に残った妹という姉妹がいる。両親が心配するので妹だけ残っているようだ。他の学生は戻っている。

入荷するものとしないものを確認した。七月に入ってからようやく落ち着いてきた

大学生協職員・女
（二〇一一・七・二九）

昨日、震災直後の書き置きを見てきた。震災後も余震が続いたので、けっこう大変な日々だったと思い出した。自分は大学に近いマンションで暮らしている。

三月一一日は年休を取っており、家にいた。地震が起きたときには、めまいがするな、と思ったら、玄関の方から息子が「出てこい、出てこい」と大声で叫んでいるのを聞いた。外に出て、駐輪場のポールにつかまったら、あとは動けなかった。そのときは着の身着のままだった。自分の暮らしているマンションの築年数は古い。揺れている中で、なんとなく道路に行ったり、駐車場に戻ったりした。他の人も駐車場に集まってきていた。私たちのところでは駐車場が避難場所だったからだ。建物が崩れるのではないかとあたりの様子を見ていた。すると、「あら、自分はスリッパだ」と気がつく。それで建物に入ったが、靴を取った後、その後上着、さらにリュックと二、三回家に入った。自家用車の中に一時避難した。リュックの後にはティッシュ、その後に水も持ってきた。

管理組合がしっかりしていて、マンションの一階集会所に老人を避難させていた。隣に老夫婦が住んでいたが、あたりには見えない。心配になったので、ドアホンを鳴らすが出てこない。その後、どこからか彼らは戻ってきたが、その家のドアは開かなくなっていた。ほかにもそのような家はあった。管理組合と一緒にガラスを割り、格子を外して中に入り、内側からドアを体当たりして開けた。

マンションは一二〇戸ある。断水はしなかったので、

トイレは家の中でできた。電気は一二日の夕方に復旧した。ガスは一か月使えなかった。食料もストックしてあった。生ものは足りなくなかった。自分は防災グッズが好きでいろいろ集めている方だった。

車に毛布などを入れて寝た。しかし寒くて明け方には家に戻り、靴を履いたまま寝た。その後、思い出したことだが、自分の家には寝袋もあった。一一日の夜のことはパニック状態で思い出せなかった。携帯ラジオは常に聞いていた。若林区で二〇〇~三〇〇の死体が見つかったという報道を聞いて、これはデマだと思った。

その後は、余震におびえる毎日だった。地震警報が来るたびに凍りついた。一二日以降は上着を着てそのまま寝た。布団の中にいると、七階建ての一階なので、余震で崩れるかもと思い不安だった。マンションの外壁も亀裂だらけだった。余震の前に建物のどこからかピシピシと音が出て、その後に地震が来る。怖かった。

家には、卓上コンロなどもあった。電気ポットでお湯を沸かし、行水していた。ラジオとテレビで被災状況を聞くたびに、自分の境遇が恵まれている方なので申し訳ないと感じた。

スーパーで並ぶということはなかった。マンションの管理組合と近くの老人ホームのスタッフ、町内会が食料の注文をとりまとめるようになったからだ。ジャガイモ一袋、といったかたちで注文した。ほかには葉物、タマネギ、ニンジン、納豆などを注文した。希望の種類・数が入手できたわけではないので、みんなで相談して分配した。向かいの魚屋さんは、地震後四日目ぐらいから店を開き、調達した魚や野菜も売ってくれた。開店時間は二時間ぐらいだったと思う。そのこともあり、食料の心配はあまりなかった。しかし先がわからないので、食料はセーブしながら食べた。それ以外には、息子が片平丁地区などの個人商店に行き、個数制限や少々高額などの条件はあったが、調達できた。

常にラジオはつけっぱなしでいた。それでニュースを聞いていると、精神的には落ち込んできた。この先どうなるのかと思った。とくに原発事故で、仙台からどこに逃げようかと思った。

実家は仙台市内にある。義理の姉の家族が、福島県相馬市から避難していた。実家は満杯だった。避難してくる人の対応で大変だったようだ。悩みは日によって変わった。

一四日の月曜日に仕事に復帰した。大学生協の同僚が同じマンションに暮らしていて、一一日に勤務だったたので、当日の状況を聞いていた。一四日の場合、朝一〇時から午後三時ぐらいまで店舗を開き、電卓で計算してお客様にマンツーマンで販売した。一人あたり上限を一〇〇〇円ぐらいと決めた。正規の職員がそのやり方を決める。一一日は「パートはすぐに帰れ」となったらしい。土日の間に、正規職員が店舗内を片づけた。月曜日には最初は正規だけで営業する予定だったが、パートが一〇名ぐらい来た。その週はあと二日間、店舗を開けた。青葉山キャンパスなどの他の店舗から川内店舗に商品を集約した。歩いて来ることができるパートだけが集まってきた。その後、電気が動いて、レジが打てた。お店にいると、「あ、〇〇先生、大丈夫でしたか?」といった会話があった。震災後、連絡がつかないパートもいた。パート三人だけしか来ないという日もあった。一四日は一〇人とわりと集まったが、その後は多かったり少なかったりだった。仙台から避難した人がいたり、短時間営業のため自宅待機を要請されたりで、かなり少人数で営業した。次の週は、やはり川内に歩いて来られるパート三人だけのときもあった。

販売する商品については、正規職員が調達してきて、毎日、午後二〜三時ぐらいまでは販売していた。大学生協の東北事業連合などから「今日は牛乳二〇本だ」と言って調達してきた、という感じだった。ドリンクコーナーのものが全部なくなったのを覚えている。本は残った(笑)。

最初は学生、先生、事務さん、その後はご近所の人が来るようになっていた。制限しないといけないと思った。ある客が洗剤などを買い占めていた。制限しないといけないと思った。売り上げのことよりも、多くの人に渡るように、というのが自分の考えだったからだ。

テレビを見て、津波の被害がリアルに感じられた。映画のようだった。津波の映像を見ると、なぜだかわからないけれど涙が出てきた。毎日二〜三時間の仕事だけだった。街中にはほとんど行かなかった。息子が行ったところでは、「歩いている人はリュックを背負い、表情が暗い。死の街だ。あんなの見たことない」と言っていた。

あるときの出来事。自宅の隣の家を訪ねてみたところ、留守のような様子だったが、実際には隣人は家にいた。会話をすると、風呂に入っていないようだった。それで水をあげた。金を出そうとすると、隣人は「そんなことはいらない」と言った。

生協では土日以外は、短い営業時間で基本的に動いていた。通常に戻ったのは四月に入ってから。ただし雑誌などが入ってこなかった。それと先生たちの注文する洋書も入ってこなかった。自分は洋書販売担当なので、入荷するものとしないものを確認した。七月に入ってからようやく落ち着いてきたのではないかと思う。

五月は大学が始まることもあり、教科書関係でバタバタと動いていた。仕事量も多かった。五月以降は一〇時間以上働いた気がする。わけがわからない状態だった。洋書について言えば、ある代理店の倉庫までは商品は届いているが、そこからいつ発送されるかが不明だった。その状況を、注文者の先生に個別に連絡しなければならない。しかし先生がいないこともあり、連絡が取れなかった。ある倉庫では、中で本が崩れていたらしく、入庫の情報は残っているが、倉庫の中で見つけられないという状態だった。キャンセルするのが難しい代理店もあった。震災のあった三月は本来、そろそろ教科書が入荷してくる時期だったが、全部動きが止まって、教科書担当はどうしようもない状態だった。

川内北キャンパスでは、川北合同研究棟の惨状を見て、地震を実感した。大学生協の建物では談話室の天井が落ちた。学生のアルバイト、とくに外国人留学生などは一時期いなかったが、結局戻ってきた。

大学がいつ再開するのかが一番の関心事だった。大学生協なので、大学が復旧しないと商売にもかかわるからだ。上の方はそのことでピリピリしている。研究費が少なくなると、商売が先行き悪くなるのも心配。震災後、事務書類上の処理が煩雑になった気がした。

五—二　取引業者

気仙沼の印刷工場が止まったので、納期がいつになるかわからないと連絡した

印刷会社・男
（二〇一一・七・一三）

東北大学川内北キャンパス～川内南キャンパス間の道路を、車で青葉山の工学部方面に進んでいたときに地震に遭遇。最初、今日はこんなに風が強かったかな？　と思うぐらいハンドルが取られる。何秒後かに、これは風ではないとわかった。前にいた大型ダンプがハザードをつけて停まった。自分もそれにならう。川内から工学部にのぼる道路の途中だった。ラジオをつけたが、入らなかった。対向車線の車もずらっと並んで停まった。車の外に出る人もいたが、自分は車にいた。揺れが収まってから車を動かした。崖沿いの道路だったので怖いなと思い、ここから動かなければと思った。道を進んでいくと、道路沿いにも地割れや段差があるのがわかった。広いところに避難しようとして、青葉山キャンパスの工学部本部に向かった。工学部本部の生協のある広場に避難させてもらった。携帯電話もつながらず、会社とも連絡が取れなかった。一時間ぐらいは、そこにいた。余震もひどかった。ラジオが動き出し、津波の被害がひどいとわかる。工学部の広場には、六〇〇人ぐらいはいただろうか。東北大学の職員が率先して「落ち着いてください」と言っていた。

会社が心配だったので、余震が収まってから、街に降りる。川内経由で行こうと思ったが、ひどい渋滞だった。仙台市青葉区木町通りにある事務所に着くまで、二時間かかった。事務所に着くと、誰もいなかった。鍵まで閉まっていた。鍵を開けて中に入ったらひどいことになっていた。パソコンも倒れていた。

妻は幼稚園の先生をしているが、自分は事務所にたどり着いてから家族の心配をし始めたと言っていい。ただし、連絡の取りようがなかったので、家に帰ろうと思っ

た。帰宅途中に、停電なのでロウソクが必要だと思い、会社近くのスーパーに買いに行く。ちょうど夕方五時頃で、行ってみると長蛇の列だった。一時間ぐらい並んだ。ロウソクだけのつもりが、他の客がいろいろ買うのを見て、自分も食料、総菜、カセットコンロ、ガス缶、それでできる鍋焼きうどんのセット、飲料水などを大量に購入した。それらを会社の車に積み込み、帰宅した。

自宅は仙台市若林区河原町駅の近く。若林区役所近くでもある。夕方六時半ぐらいに木町の職場を出て夜九時ぐらいに到着した。道中、車はなかなか進まないが、ラジオの情報がどんどん更新されて、不安が高まっていった。一方で、冷静に情報を聞くことができた時間でもあり、自分なりに情報を整理、理解し、本当にまずい状況なのだと確信した。

家に帰宅すると、同じ頃、妻も帰宅した。自分の車の中にあった懐中電灯を出して、家を見てみる。家の中はめちゃくちゃだった。食器棚も倒れていた。自分はこの地域が地元であるが、友人の中に水道屋さんなどがいて、心配して様子を見にきてくれた。実家も近いが、母親と弟がマンションに暮らしている。そのマンションが傾いて怖いということで、自分の家に避難してきた。四人で過ごす。避難所には行かず、自宅で過ごした。

一二日は親族と電話連絡を取ったり、安否確認をしたりされたりした。燃料関係の確保についての情報収集、ストーブの確保、食器棚の片づけで一日を過ごした。水や食料は心配なかった。水は止まらず。電気とガスが止まっていた。

一三日から、携帯電話が通じるようになった。会社からは「一週間ぐらい自宅待機せよ」と一斉送信で連絡があった。その後も携帯電話のメール一斉送信での連絡態勢。本社は東京で、物資を宮城県気仙沼市の工場に届けると連絡があり、その中継役として動いた。具体的には、ガソリンを確保したり、自家発電の発電機を確保したりした。ホンダの発電機を農機具屋さんで購入した。

気仙沼の印刷工場が止まったので、納期がいつになるかわからないと東北大学の関係組織に連絡した。一三日からの週の前半にはしたと思う。それで納得していただいた。東京の顧客については、納期を守ってほしいという要望も出た。そのため、工場にある印刷データの入ったパソコンのハードディスクごと東京に持っていき、東京方面の工場で印刷をするということもあった。

気仙沼の印刷工場の従業員とは、安否確認の連絡がなかなか取れなかった。従業員の無事はあとで確認できた。全部で二四七人。そのうち五七人が家屋全壊で、ほぼ全員が避難所生活となった。工場は、地震から二週間ぐらいしてから一部動かした。電気は自家発電。印刷するには水が必要だが、水は地下水を汲み上げて、それで急ぎの仕事に対応した。稼働率としては二〇%ぐらいで、この状態が二週間ぐらいだった。四月半ばに工場は復旧した。この時点で八〇%ぐらいの稼働率だった。それで東北大学の各組織から依頼されていた印刷を実施した。年度末の仕事だったのであらかじめ連絡。納期を年度末までにという要望がなくてよかった。

修理の人は、何トンもある機械の下で作業をやっていて、余震があるととても怖かった

印刷会社・男

（二〇一一・七・二九）

三月一一日は、宮城県大衡《おおひら》村で仕事だった。お客さんの事務所にいた。会社からもう一人一緒に来ていた同僚と、二人で被災。その事務所は高台にあったので、大丈夫だと言われた。建物の中ではロッカーなどが倒れてきた。地震後、片づけを手伝おうかと申し出たが、「帰った方がいい」と言われた。仙台への帰路では、国道四号線は信号がついていなかった。自宅は宮城県富谷《とみや》町《まち》。会社に戻る途中に自宅を確認したところ、妻が一人でいた。近所の人と雑談し、家も見たので大丈夫と思い、さらに仙台に戻る。ところが渋滞で、そこから二キロメートル進むのに二時間かかった。電話で会社に連絡すると、みんな自宅に戻ったとのこと。それで同行の同僚とともに私の家に戻った。その人の自宅は仙台市太白区長町だった。車を貸すと、自分が明日出勤できなくなるので、自転車とジャンパーを貸してあげた。その人は三時間もかかって家に着いたという。

自分は家の中で片づけをした。夕食は家の中にあるものを食べた。翌日は、会社に行った。道路も朝はすいていた。九時頃に若林区にある会社に着いた。事務所の中に入ると、他の人が片づけをしていた。もう片づけを終えて、帰っている人もいた。翌日も会社の周りを片づけた。その後、二日間ぐらいは自宅待機した。

工場では印刷の機械が壊れてしまった。工場にある機械は、単色機ではなく複色機なので、機械が複数連なっている。その噛み合わせがダメになった。直すのに三週間ぐらいかかった。メーカーが来ないとできないもので、しかも一機直すのに数百万円ぐらいかかるものだ。三月

末に直したが、四月七日の余震でまた壊れてしまった。機械はドイツ製なので、日本にはなかなかない。直している途中も余震があった。メーカーの修理の人は、何トンもある機械の下に入り込むかたちで作業をやっているので、余震があるととても怖かった。それ以外にも、紙などを収納しておく建具などが壊れた。

自宅には宅配式の水サーバー「アクアクララ」があった。たまたま、サービスでもらったそのボトルがたくさん我が家にあった。それで飲み水は問題なかった。とはいえ、トイレや食器洗い用の水の確保は大変だった。節約のため、食器を洗った後の水を浴槽に移し、それをトイレに使うという具合だった。避難所には行かず、自宅で寝泊まりした。反射式ストーブがあり、暖もあった。食べ物はストックがあった。冷凍庫にもあった。停電していたが、極力開けないで保管したらけっこうもった。休みの二日間は、スーパーに並んでカップ麺を買って、会社に持っていき、昼食にした。会社では社長が炊き出しをしてくれた。そのため、おにぎりとカップ麺があった。

水は二週間ぐらいで復旧した。自宅はオール電化で、電気は四、五日ぐらいで回復した。自分が暮らしているのは、いわゆる新興住宅地（団地）であるが、今回の地震を機会に、近所の人と交流するようになった。団地の中の公園で水が止まらない場所があり、そこは長蛇の列だった。噂を聞きつけた人の車の列が並んでいるという状況だった。

偶然にも、大学との直接の仕事はなかった。東北大学出版会との仕事で、三月末納期の冊子が二本あった。出版会の事務局長と話をして、一か月から一か月半の遅延納品でOKということになった。他の同業者にも聞いているが、多くの場合、納期を遅らせることはほとんど問題なかった。ただし、東京の学会関係の仕事で最初の納期どおりの納品を求められたので、山形の協力会社に依頼して印刷し、東京に運んだということはあった。

自分の工場で使う紙は、石巻の工場で製造しているもの。ロール紙は福島県いわき市のものである。一時期、これらの紙の入荷が滞った。通常だと、注文すれば中一日で入荷するが、このときは一週間ぐらいかかった。

ガソリンは従業員の足の確保や仕事のために、一週間毎日並んで確保した。自分の記録では八時間が最長。会社の車は軽自動車なので、一八～二〇リットルで満タンになる。それ以外に、携行缶を積んで行きガソリンを確保し、会社で分ける。会社内にフォークリフトがあり、携行缶があった。それ以外に、社員の中で自分で携行缶を持っている人もそれを持ってきた。営業の人間は、震災直後は仕事がなかったため、朝出社すると、まずはガソリンスタンドに行くという状況だった。

　顧客で、石巻の魚町にある漁業関係の会社があり、伝票などの帳票類の印刷を担当している。震災後、二週間ぐらいして訪問した。海からとても近く、建物の一階は、すべて流されており、社長の自宅を仮事務所にしていた。一か月半後に訪問すると、そのときは冷凍庫の中の魚を出していた。においがひどかった。状況を知らずにビジネス靴で行ったので、靴底ににおいがついていてなかなか取れなかった。

「白いもやのようなものが見えるね」と同僚と話していたが、よく見ると津波だった

印刷会社・女
（二〇一一・七・二九）

　地震のときは、仙台市若林区にある本社二階にいた。同期と一緒に打ち合わせをしていたところだった。すごい力で首の後ろをひっぱられるような感じの揺れだった。同僚と抱き合って、ダンゴムシのようにうずくまった。揺れが収まると、役員から「外へ出ろ！」と声がかかった。繰り返す余震。外に出ると、会社の場所がまるで盛り上がったような感じだった。

　他の課の人も逃げてきていて集まった。怖かった。ワンセグを見ると震度七とあり、「とうとう宮城県沖地震来た」とみんな話していた。片づけは翌日しようということになったため、午後三時頃に会社を出て、自宅へ帰ることになる。

　車で宮城県七ヶ《しちが》浜町《はままち》にある自宅（実家）に向かった。秋田出身の同期が「一人でいたくない」と言うので、同行することになった。出発するときに、帰宅のため、三本ぐらいのルートを考える。七ヶ浜は海に近いこともあり、万が一に備えて、昔からどう動くかを想定していた。親からも「万が一を考えろ」と言われてきた。

　自分の決めたルートに沿って、産業道路からバイパスに出て、さらに仙台市若林区鶴代町まで行き、鐘崎（かまぼこ屋）の看板の近くに来たところで、公衆電話があった。そこから自宅に電話するが、つながらず。母親の携帯電話にはつながったので、それを通じて家族全員の無事を確認した。母によれば、津波が来るので海沿いは避難命令が出ているが、自宅付近はその対象外だという。

それで、産業道路をそのまま通って帰宅することを決断した。

七北田川《ななきたがわ》ぐらいまでは渋滞していた。自衛隊の車両をたくさん見た。自衛隊車両なんか珍しかったし、道を譲ると敬礼されるのが面白かった。産業道路は大丈夫だと思っていた。そうしているうちに、三井アウトレットパークの方の車が減ってきて、さらに「白いもやのようなものが見えるね」と同僚と話していたが、よく見ると津波だった。運転席から前を見て、右側を見て、後ろ側もダメだった。そこで、車を歩道に乗り上げ、近くのガソリンスタンドに逃げた。ガソリンスタンドには、たくましいおじさんがいて、屋根にのぼるのを手伝ってくれた。まずエアコンの室外機、そして塀の上にのぼり、屋根から引っ張ってもらった。そこからそのまま、隣の建物の二階に移った。津波は一・五メートルほどあり、自分も膝下までは水に浸かった。ガソリンスタンドは、水面から浮上する山のようになっていた。

そのあと夕方五時ぐらいになっても完全には水が引かなかったが、おじさんたちのトラックに移り、家まで送ってもらうことになった。トラックはエンジンが高い場所にあるので動いた。とはいえ、水がなかなか引かない。それでも、夜七時に強行突破した。流木や流された車をたくさん目にした。JR仙石線の方に行くと、多賀城方面に行く道路が渋滞、仙台市宮城野区中野栄のインターチェンジからは、大人の背丈ほどの水があるとのことで、通行止めだった。中野栄の小学校に到着し、避難することになった。だいたい夜九時頃には着いた。

この間、運よく家族と連絡できた。ガソリンスタンドでも電話し、「今、屋根にいる」と伝え、さらに小学校に着いた後も家族に連絡できた。仙台で仕事をしていた父の安否は夜中の二時にわかった。避難所の小学校では、暖かい部屋は子どもと老人、廊下は大人と割り振られた。

次の日は晴れる。父と電話がつながり、「これから帰る」と伝えた。一一時半頃に小学校を出た。幸いにもタクシーをつかまえることができ、しかも七ヶ浜から来たタクシーだった。自宅付近は水があり、近づけず、家の近くのスーパーで降りる。その頃、正午の時報を聞いた。沿岸部に近い道路は泥だらけで、道路の上に家が流されていたのを見た。陸側は大丈夫だった。田んぼは水が来ていて、海のようになっていた。田んぼの周りの堤が堤防代わりとなり、自宅は浸水していなかった。

自宅に戻ると、「日石の製油所が爆発するかもしれないので、避難せよ」と書き置きがあった。実際に、前の夜に七ヶ浜の日石の精油場は爆発していた。火事は秋田から来た特殊車両が消火していた。避難所に指定されている汐見小学校に行くと、そこも爆発の恐れを理由に閉鎖されていた。常日頃、家族と決めておいた避難所の汐見保育園に歩いて行った。自分の姿は泥だらけのスーツだったので、道行く人から心配された。それで着替えようと思い、自宅に戻った。着替えていたら、偶然、父が帰ってきた。二人で保育園に向かったが、二人ともくたくただったので、途中のコンビニで休む。飲み物と父のタバコを大量に買う。レジは一五〇円のものを一〇〇円で計算するという状況だった。疲れたので家に戻って休んでしまった。そうしていると、偶然、保育所から兄が来て、一緒に車で保育所に行った。そこからは家族とともに過ごした。父は仕事で翌日には会社に行った。

自宅には、段ボール一〇箱以上の水の備蓄（二〇〇六年賞味期限）があり、食料も大量にあったので、まったく困らなかった。近くの西友が店長の判断で、無料で野菜、フルーツ、冷凍食品などの食品を配ってくれた。「これしかないけどごめんなさい」と言いながら配っており、それをもらった。並べば最後の人までもらえるように配っていた。それもあって困らなかった。

電気は四日目に復旧した。その旨は、町内放送でアナウンスがあった。自宅はオール電化だった。水道は四月三日ぐらいまで復旧せず、その間は風呂に入れなかった。

猫を飼っていたので、避難所には行かなかった。小学校の避難所はずっと閉鎖されていた。自宅では何かがあると怖いので、一階で寝ていた。家には暖房器具がなかった。ただ、猫が一匹コタツに入っていると、猫が暖房代わり。猫も怖いのか、常にコタツの中にいた。癒しという意味でも猫はよかった。

一七日に会社の電気が戻り、一八日は会社に行った。車は流されたので、上司に途中で拾ってもらった。次の週からは毎日出勤した。東北大学との関係では、片平キャンパスの組織とデザインの仕事があった。自分は企画課にいるので、顧客と会うときには、常に営業の誰かと一緒に動く。その大学の仕事は、原稿が集まらないということで遅めとなり、結局、納期は五月となった。最近、大学は年度末については前倒し気味に仕事を進めているので、そのことは幸いした。

建物内は電気がなかったので、しばらくはゴミを階段で運んだ

清掃会社・男

（二〇一一・七・二六）

地震当時は、東北大学川内南キャンパスにある法学部の建物の三階で仕事中だった。地震の後に、キャンパス内にあるメンテナンスの人用の詰め所に移動した。そこで安否確認を行っていた。多くは確認できたが、確認できない人もいた。午後四時まで待機し、自宅に帰った。

自宅は仙台市青葉区国分町にある一軒家。居酒屋を経営している。中はめちゃくちゃだった。しばらく呆然としていた。足の踏み場もない。店では酒の瓶が割れて、においが充満していた。両親は、開店するための仕込みをしている途中だった。当日の夜は、ロウソクで過ごした。家族ぐるみでつきあっている大阪出身の友人が、お母さんが大学病院に入院していたため、たまたまこちらに来ていて、そのまま一週間ぐらい一緒に過ごした。

電気は次の日についた。水は止まらなかった。お店の方は、地震から二～三週間ぐらいして、電気コンロを使って始めた。料理は少なめで、飲み物を中心に細々とやっていた。

大学の仕事は、一四日の月曜日から普通に動き出した。会社から電話が来て、「出られる人だけは来てくれ」と言われたので、出勤した。最初は、廊下や階段に落ちたものの撤去やゴミの掃除を行った。粗大ごみや本などの整理も大変だった。建物内は電気がなかったので、しばらくはゴミを階段で運んだ。一か月以上はそうした震災ゴミの掃除をして過ごした。自分の担当は川内南キャンパスの二つの建物（二つの学部）。破片などがすごく多かった。普段は一人で任されて、ゴミ収集を行うが、このときは複数で行った。このときの仕事量は多かった。普段の仕事のシフトは、月曜から金曜、朝六時半から昼一二時までである。川内南キャンパスでは、自分のような仕事をしている人が七、八人いる。

役に立ったのは、反射式ストーブ。暖かいし、料理もできた。店をやっているので、自宅に灯油の買い置きが十分あった。一緒に暮らしているのは、両親、兄と自分の四人である。食料はコンビニなどで並んで買った。弁当やおにぎりなどを購入した。青葉区一番町のスーパーに行ったり、デパートに並んだりもした。三〇分並んで、パン二、三個しか買えないときもあった。あるいは、弁

当五個ぐらいというときもあった。お店のものを食べることもあった。ただ、電気が消えなかったので、その意味ではよかった。家では、店の常連の県外にいるお客さんから食べ物を送ってもらったりした。ガスは四月七日あたりになるまでつかなかった。

地震当日のことだが、避難するときには、みんな意外と混乱していた。訓練のようには行かず、焦っていたという印象だった。対応が悪かったような気がする。混乱していたと思う。会社の対応は普通だった。

津波に流され建物に激突した車両が爆発炎上し、煙が館内に充満

テレビ製作会社(広報関連)・男

(二〇一一・九・二九)

・三月一一日　グルメコロシアムでの長い一日

地震発生時は、仕事で仙台港近くの「夢メッセみやぎ」の場内センター(展示棟)の休憩スペースで遅めの昼食をとり、休憩しているところだった。勤務している会社が、全国のご当地グルメ一〇〇店を集めた「グルメコロシアム」を夢メッセで企画したこともあり、企画側の人間として会場にいたのだった。正確に言えば、仙台放送が企画社で、自分がいる仙台放送エンタープライズは協力という立場。

グルメイベントの場合、人が集まるのは土日の昼時。一一日は金曜日だったが、それでも昼一時頃は二〇〇〇人ぐらいいたと思う。地震が起きた頃にはだいぶすいてきて、七〇〇人ぐらいになっていた。

午後二時四六分、地震が発生した。非常に大きな揺れがあり、身の危険を感じ、長テーブルの下へ身を沈め、揺れが収まるのを待つ。非常に長い時間揺れが続き、展示棟の会場上部に吊ってある水銀灯が落下しないか、とても不安だった。あれが当たったら死ぬなあと思った。

揺れが収まり、場内を見渡すと、あたり一面の大パニック。まず場内の来場者、出展者に声をかけ、外に出るように誘導を行う。会場係として雇っていたアルバイト何人かも同様に声を出して、冷静に外に誘導している姿があった。

ステージ付近に行くと、パニックで動けなくなっている来場者がいた。看護師さんが「誰か車椅子を持ってきて」と言っていたので、本部にあったことを思い出し、急いで本部へ向かい車椅子を取ってくる。途中、ブース

什器備品が散乱し、シャッターが折れ曲がった状況を見て、地震のものすごさを実感した。

車椅子を看護師さんに預け、パニックになっていた方を外へ誘導し、エネルギー棟の前で様子をうかがった。外には出展業者と来場者の方々が避難していた。外に出たときに会社からの災害メールに気づき、内容を確認すると、岩手・宮城・福島地方に大津波警報発令との表記を確認。焦った。近くにいたC君とアルバイト数名に、警報発令の旨を連絡。急いで、避難していた方々に「会議棟へ逃げるように」と大声で騒ぐ。アルバイトも機敏に動き、声を出していた。しかし、出展者の一部はあまり警戒感がなくその場に固まっていたが、私が「すぐ目の前が港で海だ」と言うと、みんなあわてて避難誘導に従うようになった。

駐車場に逃げ込む人たちも何名かいたが、アルバイトと警備員に声をかけさせ、会議棟へ避難するように指示をした。ほとんどの人が避難した様子を確認し、会議棟前へ移動した。会議棟は三階建ての建物である。なお展示棟は二階しかない。

会議棟前に行くと、夢メッセのスタッフが会議棟屋上へ人を誘導していたが、避難者が入りきれない様子もうかがえた。さらに別の建物で、六階建ての建物であるアクセル（ビル名）の上にも上がれるのではと考え、K氏に確認するように指示を出し、無線で連絡を取り合う。大丈夫だとわかり、屋外展示場付近にいた人たちをアクセルへと誘導した。アクセル側はK氏に任せ、会議棟前へ残る。

このような大型イベントのときには、必ず看護師が待機することになっており、そのためその日も看護師がいた。また二日前に大きな地震があったので、アルバイトのチーフ格に「地震の対応を考えておけよ」と言ったが、そのときには半分冗談で、このような事態が来るとは想像もしていなかった。とはいえ、前の日には、地震の対応をアルバイトのチーフ格と自分たちの会社、そして会場の夢メッセ側と相談し、避難の誘導や津波が来たときの対応については、やり方を決めておいた。また震度五以上の地震のときには、会社から社員の携帯電話に自動的に災害メールが流れるようになっていたので、大津波警報の発令をすぐに知ることができた。

先に記した建物、アクセルは避難場所として考えていなかった。状況に応じて判断したが、人を避難させる前に避難可能かどうか、アルバイトに確認させてから移動させた。

会議棟の前で事業部スタッフ、夢メッセのスタッフと今後の対応を協議。グルメコロシアム関係者のほとんどが避難したのを確認し、自分も屋上へ避難した。屋上には、二五〇人から三〇〇人くらいいたと思う。

仙台港を見ると、県内で製造したトヨタのたくさんの新車を積んだフェリーが出港したのが見えた。

屋上で、携帯電話のワンセグを確認。銚子港に津波到来とのニュース、また大船渡へは一五メートルの津波を確認と報道されていた。

夢メッセのスタッフに会議棟の屋上の高さを確認すると、一三メートルと聞き、このままでは流される可能性があると思い、アクセルにいるK氏へアクセル側に人が入れるスペースがあるか確認、何度かやりとりをしたと思う。C君もやりとりを聞いていたと思う。津波が来る前にアクセルへ何名かでも移動させたいとの気持ちが働いたのだろう。一度、避難者を誘導し、避難を開始させたが、会議棟入口で夢メッセのスタッフに制止された。このとき、指示系統がまちまちで統一した指示がなされていないことを痛感した。

その後、津波襲来。地震後五〇分ぐらいだったと思う。屋上で津波を目の当たりにし、愕然とする。波の襲来する速さ、勢いがものすごく、とても不安を感じる。水がどんどん盛り上がってくる。はっきり言って、このまま死ぬのかといった不安があった。

C君は避難者に対し、津波が建物にぶつかる際、身を低くしてとか、フェンス側から離れてとか、冷静に行動するようにとメガホンを通じて声をかけていたのを覚えている。また、警備会社の方が、女性、子どもなどをさらに高い塔の上に避難させた。一般の方も手伝って三〇人ぐらいはのぼらせただろうか。

その後、雪が降ってくる。かなり強い。とても寒かった。しかし、まずは今後の対応をと思い、建物内や避難者の状況を確認するため、二階と屋上を何度か行き来し、二階は浸水していないことを確認した。屋上はとても寒かったので二階へ避難者を誘導したいと考えた。二階の会議室、食堂を避難所にしようと夢メッセスタッフ、C君、アルバイト、避難者の男性らと話し合い、食堂の椅子やテーブルを脇に片づけさせてスペースを確保し、避難者何名かを誘導した。

その後、波と、波に流された多くの車が建物にぶつかった。建物が壊れるのではないかと思うほどだった。そうしているうちに、津波に流され建物に激突した車両が爆発炎上し、煙が建物内に侵入してきた。内部に相当においが充満してきたので、避難者を再度屋上へ誘導。このとき、海水面にガソリンが浮いているのも確認でき、ぞっとした。外は雪が降り続き寒く、にっちもさっちも行かない状況になった。

どれくらいの時間が経ったか定かではないが、館内に煙が充満し、建物への延焼も懸念されたため、ある程度水が引いてきたのが確認されるとアクセルへの移動を夢メッセ側が決断。全員、移動を開始した。

私は屋上へ上がり、誘導指示を行っていたが、車椅子の来場者が三、四名いたので、アルバイト、Eさんと共同で車椅子の方の対応を行った。

車椅子利用者を背中におぶって、会議棟屋上から移動したが、階段は濡れて滑るし、患者は筋ジストロフィー患者で一切力がなく、ものすごく重かった。アクセルの二階まで移動したとき、後ろからついてきたカップルの男性から「交代します」と声をかけられ、交代してもらう。すごくうれしかった。障がい者、妊婦などを三階の会議室へ誘導し休んでもらう。看護師さんが対応してくれたと思う。

その後インカムが入った。インカムとは無線のことで、このようなイベントのときには関係者の間で連絡に用いている。それで関係者全体（夢メッセ、仙台放送O局長、K部長、Yさん、C君その他）で対応策を検討した。四階会議室（一〇〇人程度収容可能）の開放、避難者の誘導を行う。アルバイトが中心となって誘導していた。

全体の指揮系統はK部長が行い、統括は夢メッセ理事長とO局長が取り仕切っていた。われわれはK部長の指示のもと、避難者の管理を行う。避難者は五階、四階、三階の廊下と会議室などに分かれ、五階は私、S氏、KN氏が担当。責任者となる人間一人にアルバイトが三人ぐらいつくというかたちで組を作った。アルバイトの連中はよく動き、避難者の対応、クレーム処理などをよくこなしてくれた。とはいえ、いったん避難すると、何日ここにいるのだろうかなどと思い始めたことも覚えている。

津波などの震災の被害状況は、待機した港湾事務所内にあったラジオにて確認した。確認した内容を避難者に伝えたりもした。

夜になり、落ち着いたあたりで携帯電話メールにて各方面へ状況報告。仙台放送OHより、仙台放送本社内で、グルメコロシアムイベントのスタッフの状況がわからないとのメールがあり、スタッフ全員の安否、避難状況などを簡単にメールで配信。その後も何度か確認が入る。出展者の会社から安否確認してほしいとの内容も入るが、確認できない状況だったので返信できず。でも、そのとき誰も状況を仙台放送本社に連絡できていないのかと思い、緊急の態勢がまったくできていないのではと感じた。しかし私から行えばすむとも思い、対応した。

今考えても、館内に何人避難しているのか、出展者が全員無事なのか確認する術がなかったと思う。

アクセルの中には、ビルで保管した水があった。また今年、夢メッセはたまたま一五周年で、記念祝典で用意したようかんが相当残っていることがわかり、水も含めて避難者に分けた。また出展者の一人も、車に食料が残っているかもしれないと言う。実際に、たまたま建物の陰に停めていたある出展者の車は津波で流されずに残っていた。そこからはロールケーキなどが出てきた。彼は水も車から出してきてくれて、それを配給した。携帯電話の電源もなくなってきたため、一時間おきぐらいにメール確認配信などを行い、状況を確認した。

こういうときにいろいろ対応していると、人間が見えてくる。わがままな人はわがままな要求をするし、自分の我を通す人もいる。頼まれれば、「なんとかしてみます」と一応答えるが、実際にはできないことも多かった。おむつがないかと言われたときには、事務にあったタオルを代用品で出した。いろいろあったが、だんだん静かになって夜は更けていった。

このビルの中には、宮城県の港湾事務所があり、その人たちがブルーシートを持ってきてくれた。しかも一人で使えるくらいの大きさに切ってくれた。それを毛布のかわりにし、段ボールや新聞紙も使って雑魚寝した。

朝になると水は引いており、水たまりがある程度だった。六時からスタッフミーティング。今後の対応について、避難者をどのように帰宅させるかが焦点。アクセルは指定避難所になっていないので、このままだと支援がここに来ないことがわかっていた。近くの三井アウトレットモールには消防車が来ていたが、こちらには来ていなかった。それで、自己判断で帰る人は帰すことに。これは夢メッセ、県の港湾事務所の判断を、仙台放送が受け入れたように私自身感じた。避難者への説明は宮城県の担当者が行ったので、これは正解だと思った。仙台放送は、たまたまイベントで会場を使用していただけだという立場だったからだ。

その後、O氏より仙台放送のマイクロバスで救出に行くとのメールがあり、K部長へ報告、これは部長も確認ずみだった模様。一〇時半ぐらいにマイクロバスが到着する直前に、津波警報が出た。ドライバーと携帯電話でやりとりしたがつながりにくかった。その後、津波は来ず、バスは到着した。来場者、出展者、スタッフの順で近くの駅、避難所へ送迎した。マイクロバスは二〇人乗りなので、何度も往復した。そうやって最後には、われわれも会社への帰途につく。会社に着いたのは午後三〜四時ぐらいだったと思う。自分たちにとっても長い一日が終わった。

・気づいた点

①事前の有事への対応を、アルバイトスタッフを含め、一緒に打ち合わせしていたことにより、スムーズに対応できていたと思う。

②個々のスタッフが冷静に対応し、適切な指示を来場者に送れた。

③看護師さんの動きがよかった。しかし場内では誰が看護師なのかがわからなかったので、それなりの服装をしてもらった方がよかった（腕章、白衣、ベストなど）。インカム（無線）も所持してもらった方がよい。

④車椅子を控室に事前に準備していたのはよかった。

⑤有事の際の全体の指揮系統がはっきりしていなかった（その分、個々の対応がよかったので大事には至らず）。

⑥アルバイトにより救われたと思う。アルバイトに感謝。

⑦車両が流されたりしたのはかわいそうなので、使用者としての誠意も必要ではないかと思う。

⑧未曾有の大震災の中で、怪我人、死者を出さず対応できたことは素晴らしかった。

五―三　東北大を訪問中に被災

試験監督の仕事ができないことを詫びる電話を入れようと思った

千葉大・教授・男
（二〇一一・三・二四）

・三月一一日

東北大学川内キャンパスのマルチメディア教育研究棟六階大ホールで総合地球環境学研究所シベリアプロジェクト全体会合開催中に、東日本大震災が発生した。地震発生時、当初は微動から始まり、次第に揺れが激しくなり、皆、順次机の下に潜った（後で知ったことだが、地球研SMさんの携帯電話に地震発生の数秒前に緊急地震速報メールが入ったとのこと）。揺れはきわめて激しくなる。上下動はあまり感じられないが、横揺れ（おそらく南北方向の揺れ）の振幅がきわめて激しく、立っていられない状態で、机の下でなす術もない。机には車輪がついているため、頭上から逃げていこうとする。そうならないよう、机にしがみついて離さないようにする（身体が床と擦れたためか、突っ張っていた左肘と右膝を擦りむいていた）。震動時間が長く、建物が持ちこたえるか否かが非常に心配になる。ニュージーランドの地震（二〇一一年二月二二日に発生したカンタベリー地震。マグニチュード六・一を記録し、日本人留学生二八人が犠牲となった）のことが頭をよぎる。いったん震動が収まったかに見え、何人かが立ち上がりかけたような物音がした（自分は名大Oさんと同じ机の下でじっとしていた）が、再び横揺れが始まった。二回目の振幅の方が大きいように思えたが、揺れるに任せる状態が続き、なす術がなかった。ふと目を窓の外にやると、学内のいくつかの建物が見えたが、それらが倒壊していない様子だったこと、この建物はまだ新しく築年数が少ないことに思い当たり、持ちこたえそうだ、という印象を持った。そうこうしているうちにようやく震動が収まり、階下に避難することとした（会合で配布されたレジメ、論文コピー、制作中の書籍の担当章の原稿が入ったファイルと

写真1　脱出時の川内マルチメディア研究棟6階

茶封筒は机からどこかに飛んで行ってしまったらしく、リュックに収めることなく現場に置いてきてしまった）。最初に撮った写真に記録された撮影時間が一四時五二分。五分間ほども揺れていたことになる。ホールから脱出する際、窓から東北アジア研究所の入居している川北合同研究棟の屋上にあるエレベーター格納屋の基礎部分が損壊しているのが見えたので、デジカメに収めた（二六三頁参照）。ホール前の廊下は、ホール入口の壁板が剥離して落下していた（写真1）。

後にNさんから聞いたが（発表中のNさんと司会のYG先生はすぐに机には潜れる状況ではなかったはずである）、発表時に使用していたTK氏のノートPCが教卓から床に落下した。ノートPCはのちに稼働が確認されたが、そこに刺してあったNさんのUSBメモリーが完全に分解されて基盤がむき出しになっていた（避難所でそれを誰かのPCに刺したら認識していたので、データは生きているかもしれない）。

階段を使って階下に移動、すでにヘルメットをかぶった要員（学生？）が二階付近で誘導行為をしていた。建物から離れるかたちで、南西側の段差の上に一同集合。各自、声もなく携帯電話を手にしたり周りを見回したりする。そうこうするうちに余震が何度も来る。屋上建物が損壊している東北アジア研の建物の上の避雷針が余震のたびに大きく振動していた。約二〇分ほどその場所にいた後、東北アジア研の西側の駐車場スペースに移動。途中、二輪車駐輪場に駐車してあったバイクと自転車はほとんど転倒していた（本来、私を除く一同はIN先生の送別会に行く予定で、その駐車場には、秋保《あきう》温泉の宿からの迎えのバスが一五時半をめどに来るはずであった）。そこではワンセグ放送受信可能な携帯電話を東北アジア研のYMさんが皆に見せてくれていた。ワンセグ放送は、すでに津波が県内の沿岸を襲っている光景を映し出していて、小さい画面に一同食い入るように見つめ、言葉を失う。

そこに三〇分ほどいた後、青葉区内の立町《たちまち》小学校が指定避難所であることを誰かが聞きつけてくれて、徒歩で移動を開始する。川内キャンパスの北方の道路を東方に移動、美術館の前を通り、大橋を渡ったところの交差点の北東側の小学校である。川内キャンパスを出る頃に雪が降り出し、移動中が一番激しく降りつけてきて、移動中の一同は雪が頭やコートに降り積もった。デジカメを持つ手がかじかんだ。

小学校のグラウンドにある体育館が避難所ということでその入口に至ったが、中はすでに満員状態。舞台上には「卒業パーティ」と書かれていたが、中にいる避難者の多くが若い女性、それもミニスカートや派手な服装、中にはメイド姿の子もいてちょっと異様な光景であった（写真2）。

写真2　避難所となった体育館

われわれは当初、その中には入らず玄関前にいたが、寒いこともあり、体育館奥の一角にシートを並べて場所を確保した。直後に小学校の教室の一部を避難所として開放するとのアナウンスがあった。Hさんたちが「低学年図書室」に場所を確保し、順次、倉庫にあったゴザやシートを手にそこに集結した（おそらく一七時頃）。そこは一般教室より小ぶりな部屋で、暖をとるという意味では好適な場所であった。また、床に弾力のあるシートが敷いてあり、もともと床に座って利用するかたちになっていたものと思われる。それが座って時を過ごすにはありがたかった。その後、食事もしていないことに気がつき、私、寒地土木研ＹＫさん、名大ＳＫさん、環日本海研のＳＧさんの四人で買い出しに出かけた（近くにローソンがあるとの情報を得た）。ローソンの店内は停電のため照明がついていなかったが、客であふれていた。とはいえ、多くの客がすでに商品を選んだ後、レジに並んでいる状態で、その行列は店内を一巡して末尾は入口付近であった。パンや弁当、おにぎり類はすでになく、食べ物で残っているのは、お菓子、つまみ類、納豆、豆腐くらいであった。飲み物も水はなく、ジュース類とお酒がけっこうあった。ＳＧさんに行列に並んでもらい、他の三人は買い物かごにめぼしい食料となりそうなものと飲み物を選んだ（チョコバー、納豆、サラミ、缶詰〔シーチキン、サバ、サケ〕、飲料〔ジュース類、お茶〕、プラスティックのコップ、割り箸、ライターなど）。合計一万二〇〇〇円。買い物時間には一時間半くらいを要した。買い物の途中、外にある公衆電話が使えそうなので、一〇円玉を入れたら受け皿に戻ってきた。ダメかと思ったら発信音がするので、そのまま自宅のダイヤルを回すと妻が出た。無事を告げた。首都圏もかなり揺れて、千葉市内の自宅の二一インチブラウン管テレビ（かなり大きい）が床に落下、木製のフローリングに小穴があいたが、幸いテレビは壊れなかった様子。それ以外の被害の報告はなかった。妻には無事を伝えることができて、お互い安心した。

買った物を持って避難所へ戻り、乾きもので夕食をとった。この頃すでに外は暗くなりつつあり、食事後三々五々就寝する者が出てきた。私とSGさんは二〇時頃まで座って話をしていたが、周りは皆、横になっているので、私も横になることにした。SGさんは新たな話し相手（YKさん?）としばらく話をしていた。

避難所にいる間も余震が一〇〜一五分おきにあった。そのつど地震の大きさを見て、横たわったままでよいか、半身起き上がるか、という選択に迫られた。学校の教員の若い女性がわれわれの部屋を担当しているようで、時折巡回してきた。ごみ袋やトイレットペーパーも持ってきてくれた。手にはペットボトルを切って逆さにしたものをロウソク立てにして持ち歩いていた。そうこうしているうちにいびきも聞こえ始め、これは就寝するのが勝ち、という思いで寝に入った。夜中にトイレに起きたら、なぜか廊下で毛布にくるまって横になる人が数人いた。中に入るのを躊躇しているのか、そこにいるように言われたのか、不明であった。このとき声をかけて中に招き入れなかったことに強い悔いが残った。その部屋の避難者は皆ブルーシートをかぶって寝た。初めは頭を出していたが寒いので、皆、頭からシートをかぶった。朝方になると寒さで寝られないような状態であった。

・三月一二日

朝五時頃になると起き上がる人が出てきたようだった。しかし、寒いので六時までは横になっていた。六時過ぎにSMさんが「駅に行って交通状況を見てくる」と言う。Fさんも加わってまさに出かけようとするときに、Hさんが「まだ早いのでは?」と疑義を呈した。私もそれに与した。折しも朝食のごはんの配布が七時から始まろうとするところで、それを食べてからにしようということになった。

朝食の配給が七時過ぎに始まる。ちょっと遅れて行ったら、一行よりだいぶ後になった。避難者は体育館、教室あわせて七〇〇〜八〇〇人はいたのではないだろうか。その全員に、薄いプラスティック製の弁当容器に入れられた朝食のアルファ米が配給された。いつの間にか、NGさんと旦那さんの遠洋水研（現・東海大学海洋学部）MTさんが整理係になって働いている。MTさんが「お子さん連れの人は優先しますので前へ行ってください」と言って列を巡回している。NGさんはごはんを手渡す係となって、避難者にごはんパックを手渡していた。途中、「ごはんがなくなり、ビスケットになるかも」というアナウンスがあったが、ごはんは私の所まではあった。それを一斗缶の焚き火の近くで頬張り、その足で公衆電話に向かった。時間は七時半。この日一二日は千葉大学文学部後期日程入試で、この時点では実施すると思っていたため、試験監督の仕事ができないことを詫びる電話を入れようと思ったからだ。早朝だが、総務グループに電話を入れると職員が出て、総務班の人に無事を伝えてくれるように伝言した（後期試験はいったん一七日に延期の後、中止）。

避難所に戻り、朝食に納豆とかバターピーナッツなどを食べて過ごす。五時半から情勢把握に出かけていたYKさんが戻る。朝食が配られたことを知ると受け取りに行く。戻ってきて、街の様子を伝えてくれた。つまり、仙台駅は損壊して立ち入り禁止になっている。鉄道は一切動いていない。バスについては情報はない。市内はおおむね損壊していないようだが、一部壁が崩れたりしている様子もある、等々の情報を伝えてくれた。また、途中で開店していたコンビニで、チョコバーを一人三本分くらい買ってきてくれたので、各自一本ずつ食べた。

朝食後、SGさん、地球研FさんにSMさんが加わって駅方面に情報収集に出かけた一行がなかなか帰ってこない。他方で市役所、県庁方面にも数名出かけて行った。一〇時前に、教員の方か区役所の方かわからないが、避難業務担当者が来て、一〇時に交代があって青葉区役所に戻る、それは市役所の隣にあるが、市役所から他の都市にバスが出るという情報があるので、一緒に同行してくれたら市役所まで案内する、と伝えてくれた。結局、われわれは情報収集に出た人を待つ必要と、市役所の場所はわかっているので、その方には同行しなかった。一一時頃か、これらの一行が戻ってきてそれぞれ情報を提供してくれた。とにかく仙台駅はそれ自体が損傷しているくらいであって、鉄道も地下鉄も一切動いていない、ただ仙台〜山形の高速バスが夕方から試験的に四台くらい出る、という話があった（SMさん）。その始発が県庁からという情報と駅前からという情報が錯綜して真偽が判明しない。これとは別にSさんが散歩してくるというので、市役所方面に行って情報を集めてくださいと依頼した。それより前だったと思うが、前夜、スーパーホテル（ビジネスホテル）に予約していたためそこに宿泊していたNさんが避難所に現れた。聞くと、停電のため客室には入れず、宿泊客全員がロビーで寝たそうだ。とはいえ寝具を客室から持ち込めたということなので、避難所よりはましである。ただし食事はほとんど出なかった模様。アパホテルに宿泊したINさんともうひと方の状況はわからない。後にSGさんから、やはりロビーで寝たようだ、という話を聞いた。

午後になると皆、外出したりして、避難所に残る人は半分くらいのようだ。そうこうしているうちに携帯電話が電池切れになる人が出てきた。私のもバリサン（充電フル）からバリイチ（残量わずか）になっている。情報通のSGさんが、ドコモの本店で携帯電源充電サービスをやっているという情報をもたらしてくれたので、私、YKさん、Nさんの三人でバス運行状況の情報収集と街中探索を兼ねて皆の携帯を預かって出かけた。午後二時半くらいだったか。まず広瀬通りに出た。朝は営業していなかったファミリーマート（コンビニ）が営業していた。消防関係車両が車列を組んで通って行った。晩翠《ばんすい》通りとの交差点の南西角の店舗の上の看板が歩道上に落下していた。Nさんはデジカメを取りに帰り、買物公園で再合流した。

一番町四丁目の買物公園は仙台一の繁華街だが、広瀬通りと交差する部分の両側のいくつかの建物のガラス窓が割れて歩道に落下した個所が立ち入り禁止になっていた。また横断歩道は信号が動いていないため、警察官が出動していた。繁華街はほとんどの店が営業していない。一部の店舗は、商品が床に落下していた（写真3）。また、外壁が剝がれ落ちているところもあった。また、ところどころで店舗の前に商品を出して販売している店もあった。三越も一点一〇〇円で一人五点までを限度として野菜、果物、缶詰などを街頭販売していた（写真4）。無料で料理を提供しているらしい料理店もあった。われわれは買物公園を通り過ぎて勾当台《こうとうだい》公園に至った。そこでは意外なことに水道から水が出ている。ペットボトルに水を汲む男性がいた。その近くの歩道は陥没していた。県庁前に至ると、自衛隊の支援車輛が県庁の駐車場に一〇台以上停まっていた（写真5）。また、テレビ東京の放送車が停まっていた。その中のテレビモニターは、今回の震災後に初めて見るテレビ画面であった。津波被害を報じていたが、足早にドコモビルに向かった。さらに歩いて高層のドコモビルに至る。充電を待つ行列には一

○○人以上は並んでいる。とりあえず並んでみて様子を見ると、一度に二〇人くらいずつ受け付けている。一回一五分の充電である。一人数台でも受け付けているようなので、皆から受け取った携帯を一人三～四台ずつ依頼することにした。三〇分ほど待ってわれわれ三人の持つ一〇台は無事受け付けてもらい、一五分後に充電を終える。自分のは一応バリサンが立っているが、そうでない携帯もあるようだ。その足で今度は県庁に情報収集に向かう。途中で路上に駐車した山梨ナンバーの支援車を目にした。県庁内は避難して毛布を被り床に座っている人、貼り出された交通情報に見入る人など、騒然としていたが、とくにパニック状況ではなかった。バスや鉄道の情報はなさそうだった。今度は市役所に向かう。そこは県庁より狭いロビーで、市役所職員に大声で何かを訴えている男性がいた。ＹＫさんがバス情報を職員に尋ねたが、とくに具体的な情報は得られなかった。

仕方なく、避難所に戻るべく、往路の逆を歩いた。途中、虎屋横町の所を右折したら、その左手で料理店が路上で炭火焼をしている。われわれは招き入れられるようにして近づき、歩みを止めた。好物のつぶ貝とかもあっ

写真３　書店店内（あゆみブックス仙台一番町店）

写真４　三越の緊急路上販売（買物公園）

写真５　県庁に出動した自衛隊車輌

たようだが、すでに売り切れのようだ。あるものではあら汁一〇〇〇円と値が高い。おにぎりは一個一〇〇円なので、三人であら汁を一つ取ってシェアしつつ、おにぎりとともに食べることにした。ところがあら汁は直前でなくなったので、おにぎり三個を頼んだら、あら汁の最後の残りを無料で分けてくれた。あら汁のだしのきいた温かい汁が腹蔵に染みた（「これは避難所の人には言えないね」と言いながら食べた）。次の通りを左折したら、別の料理屋が路上で食べ物を売っている。焼き鳥とソーセージを焼いていて、焼き鳥はひと串二〇〇円、ソーセージは四本で五〇〇円と割高だが、避難所の人に買って行こうということになり、焼き鳥一〇串、ソーセージ八本を買った。これらを持って東北公済病院の裏を通って避難所に戻る。途中、柱の外壁などが剝落して落下した建物があった。私はローソンの所の公衆電話で家に電話を入れてから戻った。

その後、外出していたSさんが部屋に入り、「夕食に出すおにぎりを握る人手が欲しい」と応援を頼むので、Nさん、Oさんと私が階下に向かった。しかし、調理場にはもう人出があって私は不要と言われたので、そのまま部屋に戻るのをやめて散歩することにした。まず、西公園の公衆トイレは水が流れるという噂があったのでそこに向かう。水は流れないが、外の水道が出るので、そこにあるポリバケツを使って流すということであった。その足でさらに公園の中にある桜岡大神宮という小社に向かう。何と、鳥居の下の参道に大きな石が鎮座していて通行止めになっている。一瞬わからなかったが、横の灯篭が中ほどから倒壊していて、最上の笠の部分の石が参道の中央まで転げているのであった。先を進むとほとんどの灯篭が倒壊していた。また狛犬が本殿の前に二体あるのだが、そのうち右側のものが一八〇度右を向いてしまっている。台座も破損していて、地震でそうなってしまったらしい。別の祠の狛犬も、向かって左側のものが台座ごと倒れていた。

そこからは青葉通りの一本北の小路を晩翠通りまで行き、そこをまた東北公済病院前まで行き避難所に戻る。途中、沖縄料理屋風の店が路上に床几《しょうぎ》と椅子を出して、卓上には飲み物と食事を無料提供していた跡があった（すでに食事は置いてなかった）。

部屋に入ると、一同はすでに立ち上がり、出発の態勢であった。夕方出る予定という山形行きのバスに乗るため、仙台駅前に向かうという。Hさんはドコモ支店に充電に行っているYG先生を待つということもあり、その場に残った。すでに第一陣は出発しているという（SG、

F、KB、KM、O、SM、東北大YG）。第二陣はKD、YM、SK、N、NG、MT、YK、間に合った私である。広瀬通りを直進、駅前まで行った。駅の前の歩道と駅ビルの間が段差ができて立ち入り禁止になっている（後に仙台駅自体がホームの屋根の落下等、相当な被害状況であるということを知った）。目標の二二番線は駅前ではなく、「さくら野」と「ロフトビル」の間であることがわかり、そこに向かうと、二二番線にはすでに一〇〇人以上の行列があった。第一陣は七〇〜八〇人の所。われわれはそれからさらに六〇〜七〇人の所である。一八時頃より、いつ来るかもわからないバスをずっと待ち続けた。二〇時前だったか、SGさんとYKさんが交差点のはす向かいにあるリッチモンドホテルに宿泊の照会に向かった。見ると、そのホテルには電灯がともっているので営業しているのでは？ という期待が持てる。帰ってきていわく、あそこは停電しておらず、宿泊客はロビーでもよければ受け入れる、とのこと。今のところ、われわれ一六人分は空いている、ということだった。しかし二〇時過ぎには動き出すというバスを期待して、われわれは動かない。SGさんともう一人は、別のホテルも探してくると言ってまた姿を消した。

この間、われわれはまだ山形の宿泊場所が決まっていなかったが、KB（の旦那様）の尽力で山形の宿の予約をしていただいた。その宿の名前は「仙台屋」（！）。そうこうするうち、山形行きのバスが一台到着した（たしか宮城交通のバス）。これは始発扱いらしく、客は乗っておらず、前方の客が多数乗り込んだが、第一陣の直前で満員となった（後列の客数人に譲ったのかもしれない）。またすぐ来ることを期待して待つ。次のバスはすぐに来たが、県庁始発らしく満員で、運転手が「もうすぐ次のバスが来ます」とアナウンスだけして走り去ってしまった。バスはその後さっぱり来ない。ようやく来たバス（山形交通のバスか）は満員ではないが、一〇人くらいしか空席がない模様。第一陣の全員はそれに乗れた。補助席の前方にはさきほどホテル探しに奔走されていたSGさんが乗車されているようだ。そこで、前方の客が運転手に対して怒りをぶつけた。満員のバスを回されてもいつ乗れるかわからない、われわれはちゃんとした情報を得てここに並んでいる、空の始発バスを回してくれるように本社に電話しろ、等々。女性も「私たちは一六時からここに並んでいるんです。駅で、こちらに並べばバスが来ると言われて並んでいるんです。乗れるバスを回してください」。皆、正当な発言だった。「ちゃんとしないと暴動が起きるぞ」と運転手に迫る男性もいた。このバスの運転手は十分誠実に応対し、バスから降りて携帯電話をかけていたが、「すみませんが本社に通じないんですが……」と繰り返していた。一五分くらいはこのやりとりが続いたが、バスは発車した。

その後、何分経ったか忘れたが、数人乗客のいるバス（山形交通のバス）が来て、われわれ第二陣はそれに乗ることができた。時間は二一時。とにかく山形に脱出できるという安心感と、バスの車内の暖かさに安堵した。バスは震災のため笹谷峠までは一般道経由、その後は山形北インターまで高速を通り、約一時間半で山形山交営業所に到着（ここが終着）した。宿まではタクシーに分乗した。

「仙台屋」では三つの部屋に分宿した。われわれ第二陣の男性はMT、SK、N、YK、KD、私の六人。一部が先着していた他の男性（H、SG、Y、YM、KZ各氏）と女性七名は、それぞれ別の部屋だ（当初、六人部屋にいた女性たちと部屋を交換した）。到着し一息ついたが、夕食をとっていない。宿の人に尋ねると、近辺の飲食店はもう営業していないかもしれない、ということだったが、そのときに宿の客が外出から戻り、屋台横町はまだ営業しているという情報が入ったので、そこに出かけることにした。宿でもらったチラシには屋台横町の店が記載され、ラーメン屋もあるのでそこでラーメンでも食べられれば、と思っていたが、SGさんが後ろから駆けつけてきた。結局八名で、何軒かやっている店のうち、入口のすぐ右側の店に入り、博多もつ鍋米沢牛のきも入りという鍋を囲んで久々の温かい食事（とビール＋マッコリ）をとったのだった（翌朝、声をかけなかった女性陣の知るところとなり、怨嗟の声を浴びた）。零時過ぎに宿に戻り、各自ネットを見たり、液晶大型テレビで初めてまともにテレビ情報を見て、津波被害の大きさに唖然とした。と同時に交通網がほとんど機能していないことも報道されていた。

・三月一三日

翌日朝、前夜は入れなかった風呂に男性陣は入った（女性陣は前日入浴したそうだ）。Hリーダーの指示の下、七時半に食堂に集合し、今後の方針を話し合う。帰着先は近畿、名古屋、東京、北海道であった。このときには、山形空港に行ってフライトを待つという者が大勢であった。出発は八時半となった。その間、私は在来線で新潟に抜けようと思い、山形駅に在来線の運行状況を照会に行こうとしたが、動いていないという情報もあったため、皆と行動をともにして空港に行くことにした。これとは別にSKさんの弟さんが新潟から車でおいでになる、ということで、乗客を募っていて、KZさん、KBさんはそれで陸路、新潟に向かうことになった。札幌組以外はタクシー三台に分乗して山形空港に向かった（札幌組は山形駅に向かい、在来線の運行がないことを確認後、鶴岡までバスで出て、その後、満員の特急で新潟に至り、無事札幌に向かったとのこと）。この日は快晴で、左方（西方）には月《がっ》山《さん》、葉山といった山塊、右方（東方）にも雪山が青空に映えていた。途中、車でも感じる大きな余震があった。九時に山形空港着。すでにキャンセル待ちの行列ができていた。八時半から受け付けている模様。HさんやFさんが行列に並んでくれて、われわれは椅子を見つけて場所を確保した。Oさんが土産物売店でいくつかお菓子を買ってきて皆にふるまってくれた。私も米菓子のようなものを買ってそれに追加した。朝食はまだだったのである。

小一時間は並んでもらって、全員がキャンセル待ちのチケットを手にした。大阪伊丹行きは七〇〜八〇番台、羽田行きの二人（私とKZさん）は一一六番と一一七番（後にこれはBカテゴリーで、その上に「S」と「A」カテゴリーがあることに気づかされた）。調べると、機材は七六人乗りのエンブラエルか五〇人乗りのボンバルディアで、東京は二便（一便臨時便）、大阪は四便（二便臨時便）という状況であり、羽田行きは圧倒的に不利（？）に思えた。

一四時頃だったか、羽田行き第一便はキャンセル待ちを三〇番くらいまで受け付けて飛んで行った。伊丹行きも第一便はそんなものだ。しかし大阪行きは便数が多い。今日中の羽田行きは無理と判断し、次善の策を考え始める。そうこうしているうちにKZさんは四人乗り合いのタクシーで新潟に向かった。東京行きが私だけになり、いよいよ孤立感が高まる。そのうちに（一五時くらいか）、空港待ち合いロビーの一角に交通情報サービス窓口が特設され、SMさんが情報を持ってきてくれた。北海道組が使った山形〜鶴岡間のバスの時間を知らせてくれた。庄内交通にも確認したら、予約は受け付けず、バス停での順番という。それを使うには山形市内に戻る必要があった。最終便が一九時半なので、それに乗れればよいかと思い、それまでは空港で次便のキャンセル待ちをすることにした。このときはすでに一六時くらいだったか。

一七時頃になると羽田行きのキャンセル待ちは一気に進み、ついに私の（Bカテゴリー）一一七番を含む一二〇番までがコールされた（一人で異なる行き先のフライトの数日分を一度にキャンセル待ち予約を入れていることも多く、番号のわりには早く順番が回ってきた、ということらしい）。

皆に挨拶をして、チェックインし、二階ロビーに移った。テレビを見ると、当初マグニチュード八・八と言っていた地震の規模が九・〇になったと報じていた。聞いたことのない数字だ。SMさんと二階ロビーで話し込んでいるうちに、すでに多くの客がセキュリティーチェックを受けていることに気づき、そちらに行く。

搭乗開始となり、廊下を進むとロビーからHさんと名大YGさんが大きく手を振ってくれた。機材は七六人乗りのエンブラエル一七〇（三月二一日現在、羽田〜山形間には乗客定員二〇〇人前後のボーイング七六七やMD九〇の臨時便を加えて合計九便が運航されているのを見ると、二便だけだった一三日時点と比べて格段に輸送力が増強された）。

羽田までのフライト時間は一時間半、山形空港を一七時四〇分くらいに離陸し、まだ周辺の雪山が窓越しに見える。あっという間のフライトで、一八時四五分には羽田に着いていていた。

機内ではドリンクサービスはなくなっていた（アナウンスでは、震災の影響で羽田の乗客にすべて配ってしまったため）。飴玉のサービスのみだった。この日は首都圏のJRは順調に動いていたようで、余震があるのでモノレールを避けて京急で品川、品川から総武快速線で津田沼、そして総武緩行線に乗り換え幕張まで順調に来て、千葉市内の自宅に帰宅できた（対照的に翌日は首都圏のJRはほとんど動かなかった。日曜日のこの日は、まだ「計画停電」なるものが始まる前であった）。

その後の情報で、仙台屋で別れた山形→鶴岡→（羽越線）→新潟ルートの北海道組、乗用車で山形→新潟へ向かった三名は無事各方面の目的地にたどり着いたそうだ。山形空港からタクシーで新潟に向かった一人は上越新幹線で東京着、そして同空港から伊丹を目指した人も全員、当日のフライトに搭乗できた。ただし、一人「関空行き」最終便になった名大YG先生の経験された顛末がある。

本人からの情報によると、当初、伊丹行きであるフライトの行き先を伊丹とするか関空とするかで混乱し、最終的に空港係官が乗客の「多数決」をとり、伊丹行きとなった。しかし離陸後、その伊丹空港から着陸許可が下りず関空に着陸した、ということであった。こんなこともあるのか、という事例だ。

思えば、一一日夕に実施予定のIN先生送別宴は当然ながら実施されずじまいになってしまった。IN先生は立町小学校避難所に一時立ち寄ってからはずっと別行動で、ご無事に帰宅されたとは思うが、内心さびしい思いをされているかもしれない。また別の機会を設けて慰労の機会を設けさせていただかなければならないと思う。

トンネル内に閉じ込められた新幹線車中で、救助のバスが来るまでの丸一日近くを過ごす

出版社（東京）・男
（二〇一一・一二・一九）

1　一瞬の偶然

震災前日の三月一〇日、東北大学川北合同研究棟内の東北アジア研究センターで行われた研究会への出席と出版の打ち合わせのため、東京から仙台に出張していました。無事に打ち合わせを終えて仙台市内で一泊し、翌三月一一日は朝から市内の書店への挨拶まわりに出かけました。六、七軒ほどの書店訪問を終えて、充足感とともに仙台駅に着いたのが午後二時過ぎだったと思います。六年ぶりの仙台だったので、せっかくだから少しは観光したいという気持ちもありましたが、年度末で業務が立て込んでおり、東京に早く戻って仕事を片づけるべきだ、と思い直しました。昼食がまだだったので、駅の食堂で食べようかとも考えましたが、駅の電光掲示板を見ると、午後二時二六分発の「はやて二六号」に乗れば四時過ぎには東京に到着予定、残席わずかとのこと。あわてて指定席の切符と駅弁を買い込んで、新幹線ホームへと向かったのでした。

そうして私がたまたま飛び乗ることになった「はやて二六号」は、仙台を出るとぐんぐんスピードを上げ、すぐに最高速の時速二七〇キロに達したと思います。二〇分も経たないうちに福島駅を全速力で通過し、一足先に出発していた「やまびこ号」を追い抜きました。と、その直後です。突然、車内照明が消えると同時にブレーキがかかり始め、そのままトンネルに突入。トンネル内を六、七キロくらいは走ったところでようやく停車しました。いったい何が起こったんだ、と考える隙もないうちに、「ドドドドドッ」というものすごい轟音とともに全身を突き上げるような激しい揺れが襲ってきました。

つまり、東日本大震災の本震の激しい揺れが起こる直前まで、私を乗せた新幹線は時速二七〇キロで突っ走っていたのですが、最初の揺れを感知した時点で自動的に停電し、非常ブレーキがかかったため、脱線することもなく奇跡的に一命をとりとめたのでした[1]。これがもしも直下型地震だったら、あるいは非常停止があともう一寸

遅れていたら、私の身体は木っ端微塵に砕けていたかもしれませんし、金属片の下敷きになって血まみれで泣きわめきながら息絶えていたかもしれません。

震災から半年以上が経過した今でも、この運命の偶然に思いをいたすとき、何とも形容しがたい複雑な気持ちにとらわれます。もしも仕事をさぼって奥松島観光にでも出かけていたら、私は津波にさらわれていたかもしれません。震災後に編集を担当した書籍で、宮城県東松島市の野蒜《のびる》海岸で避難誘導中に車ごと津波に呑まれた方の体験談に接したときには、生きた心地がしませんでした。また、もしも書店への訪問が一時間ほど遅かったならば、私は天井や書棚が崩れてきた店の中にいて大怪我をしていたかもしれません（あの日にお会いした書店の方々がどうやら無事だったらしいと知ったときには、どれだけ胸をなで下ろしたかわからない）。あるいは、もしも昼食をとることを優先して、一本後の列車に乗ることにしていたら、仙台駅の崩れ落ちた天井の下敷きになっていただろうと思います。先の体験談の本の中で、「生と死の境、生と死の明暗はまさしく皮膜が保っているか破れるかぐらいの一瞬の裏と表みたいなものだった(2)」という発言に触れたときは、まさしくそうだったと、激しく心揺さぶられました。

2 トンネル内での一昼夜

私を乗せた「はやて二六号」は、福島県二本松市内の長大トンネルに停車したまま、まったく動くことはなく、救助のバスが来るまでの丸一日近くをトンネルの中で過ごすことになりました。

トンネル内とはいうものの、携帯電話の電波は一応通じていたらしく、事態が長期戦の様相を見せてくるにつれ、周囲の乗客たちは家族や友人たちと連絡を取り始めました。しかしながら、広範囲におよぶ大震災による未曾有の混乱の中で、電話はやはりほとんど通じないらしく、メールが数時間遅れでようやく届く、といったありさまだったようです。「ようです」というのは、私は携帯電話を持っておらず（持ったことがなく）、周囲の人々が家族の安否確認に追われる中で、私一人だけが蚊帳の外に置かれてしまったからです。車内に設置された公衆電話は停電で電源を失い、何の役にも立ちません。私に携帯電話を貸してあげると申し出てくださった親切な方もいましたが、当然ながらすぐに電話が通じるわけもなく、貴重なバッテリーを無駄に消費するのは申し訳なく、また、混乱している通信回線に余計な負荷をかけるのは好ましくないはず、という思いもあって一度試行しただけにとどめました（関西出身者で阪神・淡路大震災を身近に経験している私は、不要不急の安否確認は通信回線を麻痺させ、救助活動や緊急避難の迷惑になるのでなるべく慎むべきだと考えていました）。結局、トンネルの外に救出されるまでの間、私は自分の生存情報を外部に知らせることができずじまいで、家族や職場の人間たちに大変な迷惑と心配をかけることになってしまいました。

閉じ込められたトンネル内では、しばしば不気味な地鳴りとともに激しい余震が列車を揺らしました。あまりの激しい揺れに、落盤が発生してトンネルから脱出不能となってしまうのではないか、このまま生き埋めになる可能性さえあるのでは、という思いがふと頭をもたげます。私は、運転再開は不可能だろうと思い、とにかくトンネルから出してほしい、福島駅まで徒歩で避難させてほしい、とばかり考えていました。しかし、車掌は「車内が一番安全です」「絶対に外へ出ないように」と繰り返すばかりで、周囲の乗客たちとともに、ある種の諦観の中でただひたすら運転再開への一縷の望みをつなぐのみでした。

トンネルの照明は停電で消えており、トンネル内は真っ暗でした。緊急停車後のしばらくは予備電源が車内を仄《ほの》かに灯していましたが、それも数時間で消えてしまいました。真っ暗な車中で余震に遭遇し、泣き出す女性や子どもの姿もありましたが、夜になってからはトンネルの照明が復旧し、わずかな明かりが車内に届くようになりました。

空調が切れた車内では、夜が近づくにつれて室温が低下していくことが懸念され、車掌からは防寒対策を呼びかけるアナウンスも繰り返し流されましたが、実際には室温はどんどん上がり、蒸し暑くなっていきました。車両は高速運転向けに徹底した密閉構造になっているらしく、客室通路のドアを手動で開けているだけではとうてい換気が追いつかず、酸欠状態にすらなってきました。陽が暮れてからは、もはや乗客が勝手に車外に出ることもないだろうと判断したのか、車掌がついに乗降用ドアを手動で開けてくれました。ひんやりとした外の空気が車内に流れ込んで一段落ついた後は、デッキ部分はタバコ族の喫煙所兼集会所（情報交換の場）になりました。

長時間化するにつれ、車内で大問題となったのはトイレです。最新型の新幹線車両においては、トイレにも洗面所にも手動（あるいは足踏み）の水洗レバーはなく、すべては電動のセンサー反応式なのです。よって、停電・停車した時点で、便器の水を流すことも、手洗いの蛇口から水を出すことも、一切が不可能となってしまったのです。つまり、今回のような未曾有の災害はそうそう起こるものではないにせよ、数時間を停電した車中に閉じ込められるという程度のアクシデントは、それなりの確率で起こりうることだと思うのですが、そのような事態への技術的な対策がまったくなされていない(というか想定されていない)わけです。大きな揺れが来る前に列車を停めるという素晴らしい科学技術の果実によって、九死に一生を得たとはいうものの、それと正反対に、停電発生の可能性すら一顧だにしないで目先の利便性だけを安直に追い求めた、あまりに脆弱な現代技術の愚かしさと危うさを目の当たりにし、腹立ちを禁じえませんでした。悪臭が漂い、汚物があふれた真っ暗闇のトイレで用を足す勇気のない女性は大勢いた模様で、だいぶ時間が経ってからわかったことですが、我慢しきれずに失禁してしまった人もいたようです。

個人的には、トンネルに閉じ込められている間に一番困ったのは、外部への連絡手段がなかったということですが、外部の情報が断片的にしか入ってこないということにも参りました。予備電源が生きていた間は、車掌からのアナウンスによって、未曾有の広範囲におよぶ大震災で東京の鉄道も全部止まってしまっていて日本全体が大混乱している、という程度の情報は入ってきましたが、実際にどのような被害が出ていて、その中で自分たちはどういう状態にあるのか、という客観的な情報がまったくわからないのです。ラジオやインターネットにアクセスできた乗客からの又聞きで、「千葉で工場が爆発して焼け野原になったらしい」、「東京の九段会館の天井が崩落して人がいっぱい死んだらしい」、「東京タワーが傾いたらしい」といった真偽の不確かな話は断片的に(あまりに断片的に)入ってくるものの、全体像がまったくつかめません。仙台でも東京でも大量の死者が発生して、自分の身内や知り合いが犠牲になったのではないかと心配しましたし、会社や自宅がどうなっているのかもとても不安でした。その一方で、津波の被害に関してはほぼ何も知らないまま丸一日を過ごすことになりました。また、原発事故のことも「福島の原発がなんだかちょっとヤバイことになってるらしいよ」という話は小耳に挟み、不安を感じたものの(何しろ今、福島に閉じ込められているのですから)、話の尾ひれとして「ハハハ」という笑い声がついていたこともあり、あまり深刻にはとらえていませんでした。

深夜二時くらいだったと記憶しますが、福島の保線区のJR職員が救援物資を運んできてくれました。一人あたりに支給されたのは、ペットボトル飲料一本、おにぎり一つ、ビスケット一片だけでしたが、外の世界がわれわれを見捨てているわけではなく、助けに来てくれたのだという思いは、乗客の精神安定には大いに役立ったように思います。またそれ以後は、保線区の人たちが、一部車両の乗降口への非常用はしごの設置作業などを開始するようになり、「いよいよ救出か」という期待が高まっていきました。すでにこの頃までには、車内にはすっかり連帯感が芽生え、至極自然な行為としての「助け合い」「励まし合い」の空気が醸成されていました。ただ、夜のうちはそれ以上の動きは何もなく、結局、朝が来るまで観念してじっと待つのみとなりました。

3　脱出行の途上

朝になり、ようやく救助のバスが来るらしい、という話が伝わってきました。しかし、連結している秋田新幹線を含めて一千人はいるであろう乗客のすべてをバスに乗せきるまでにはかなりの時間がかかります。待たされている間、大宮に向かうバスと仙台に引き返すバスがあるらしいから、どちらかを選ばないといけない、という噂話が伝わってきました。私は当然、大宮行きを選択しますが、私の隣席の男性は仙台行きに乗り、妻と子のいる青森の自宅へと向かうと言います。外の世界の状況がさっぱりわからないとはいうものの、東北各地で鉄道も道路もズタズタに寸断されているらしいという話が伝わっている中で、彼は果たして青森までたどり着けるのだろうか？　と疑問に思いつつも、一昼夜をともに過ごした仲間と、笑顔で別れることとなりました。

午前一〇時過ぎまで待たされた後、ようやく車外に出てトンネルの中を数百メートル歩き、そこからさらに工事用の側坑跡と思われる上り坂の非常用通路を歩いていくと、眩《まばゆ》いばかりの太陽の光線が射し込んできました。ちょうど丸二〇時間ぶりの外の光に、徹夜明けの目はうまく反応できず、少しめまいがした記憶があります。

そして乗り込んだバスは一一時過ぎに出発。乗客一同は大歓声をあげ、無事救出された喜びと解放感に満たされますが、しかしその淡い思いはまもなく、想像をはるかに超えた外の世界の被災状況の深刻さが判明してくるにしたがって、打ち砕かれることになります。

バス車中に流れていたNHK福島放送局のラジオニュースは、音量が小さくてよく聴き取れなかったものの、しきりに沿岸部の津波被害の甚大さを伝えていたように思います。連絡が取れずに東松島市で行方不明となったJR仙石線の電車を、海上保安庁が捜索しているとかという内容のニュース（そう記憶している）を聴いたときには絶句しました。

　バスが最初に立ち寄ってくれたバイパス沿いの道の駅（おそらく二本松市の「道の駅安達」）は、断水でトイレは使用禁止。男性陣はかまわず草むらの隅っこで用を足しますが、女性陣は我慢するしかありません。公衆電話は長蛇の列で、一〇分以上並んでようやく順番がまわってきたとき、どうせつながらないだろうと思いながら両親宅（奈良県）にかけたところ、たった一回ですぐにつながり、母に無事を伝えるとともに、東京の関係先への連絡を依頼しました。このとき、母の憔悴しきった口ぶりから、私が二〇時間以上も安否不明者扱いとなっていたことがわかり、どれだけの人に迷惑をかけてしまっていたかを初めて知ることになりました。

　バスで私の隣に座った女子高校生は、岩手の高校の卒業式を終えて、東京の大学の寮に一足先に移り住むため、一人で新幹線に乗っていたとのこと。ずっとトイレに行けなくて、丸一日、ひたすら我慢し続けているのだと告白してきました。驚いた私は、「次にどこかに停まったときには、必ず草むらで用を足すこと。皆でちゃんと見張っていてあげるから」と伝えるものの、なかなかバスは停まってくれません。実は、運転手はあちこち迂回しながらトイレのある施設を捜してくれていたのですが、商業施設は臨時休業が多く、また信号機さえも停電で作動していない状況下で、トイレが使える施設がなかなか見つからなかったのです。そして、ようやくたどり着いた本宮《もとみや》市役所は、幸い断水も停電もしておらず、トイレを貸していただけることになりました。そこで鏡を見た私は、自分の顔も手も真っ黒に汚れていたことに初めて気づき、洗顔と手洗いをすることができました。

　東北自動車道が通行止めになっているため、バスは国道四号線をひたすら南下していくことになりますが、しばしば渋滞に巻き込まれたほか、道路が寸断されて迂回を強いられる場所もあり、なかなか先に進みませんでした。正確な場所は記憶していませんが、とりわけ福島県内の郡山から須賀川《すかがわ》、白河にかけては、地震による直接的被害が甚大だったように思います。お寺の墓石や塀は道路上に飛び散り、民家の屋根瓦があちこちに散乱しているのはもとより、歩道や側道は数メートルの高さで激しく陥没し、マンホールが隆起していました。津波や原発事故の陰に隠れてあまり報道されなかったかもしれませんが、全壊した工場やビル、崩れ落ちた高架橋や道路の路肩、ぐにゃぐにゃに曲がった線路など、福島県の内陸部（中通り地方）の地震被害は相当ひどいものであったということは、ここに記しておきたいと思います。

なお、私の記憶が定かではないのですが、福島県内を通過していた間、ラジオのニュースは原発の事故についてはあまり報じていなかったような気がします。私たちも、頭の隅っこで気にはなりながらも、あまり気に留めてはいなかったように思うのです。ところが、後から考えると、そのときすでに福島第一原発一号機が水素爆発を起こしていたのです（午後三時三六分）。途中でラジオの音声が途絶えていたこともあり、どうもよくわからないのですが、私たちが水素爆発の事実を知ったのは、だいぶ後になって東京の民放ラジオの電波が入るようになってからでした（おそらく栃木県の那須高原を通過したあたりからでしょうか）。

夕方以降、車中に流れるラジオのニュースは原発事故一色になり、福島第一原発も第二原発も危険な状態だということで、避難を指示されるエリアがどんどん拡大していき、いやがおうにも不安をかきたてられます。しかし、渋滞に巻き込まれ続けたバスは、ノロノロとしたスピードでしか走ることができず、どうにか大宮駅前に到着したときには、すでに時計の針は夜の九時をまわっていました。二〇〇キロ強の行程を、丸一〇時間かけて移動したことになります。

ここまで無事運んでくれた福島ナンバーのバスの運転手に丁重にお礼を言い、足取り軽くJRの駅へと向かいましたが、運転手はどうやって福島へ帰るつもりなのだろう、そもそも帰れるのだろうかと心配にもなりました（運転手と雑談したところ、もはや福島のJRにもバス会社にも全然電話が通じないとのことでした）。

一見、何事もなかったかのように煌《きら》びやかなネオンが輝き、各路線の電車（上越新幹線までも）が動いている駅にたどり着いて、お化粧をして歩いている女性の姿を見たとき、心の底から「生きて帰ってきた」という実感がわいてきました。張りつめていた緊張感が一気に取れていくと同時に、なんだかとても複雑な気持ちにもなりました。

4　帰京後

夜遅くになって東京近郊の大宮までたどり着いたとはいうものの、自宅と会社の様子がどうなっているのかが、さっぱりつかめません。幸い、大宮駅の公衆電話は、被災地と違って誰一人として並んでいる人はおらず、他人に遠慮することなくゆったりと電話をかけることができました。何人かの人に東京の状況を確認したところ、私の借りている老朽木造アパートは余震に耐えられずにきわめて危険な状態なのではないかという忠告もあって、千葉県の親族宅に一泊お世話になることにしました。

深夜にたどり着いたそのお宅で、震災後初めてテレビを観ました。津波来襲時の凄惨な映像を観て、現実感のないまま茫然と立ち尽くしていたような記憶がありますが、丸二日間眠っていない疲れ果てた頭は、もう何も考えられなくなっていました。

翌日曜日（一三日）の午後に会社へ出向いてみると、社内の私のデスク周りは、書類や書籍がめちゃくちゃに散乱し、足の踏み場もない状態でした。何時間もかけて書類の整理をして、どうにか仕事ができる環境に戻した後、夜になって自宅に向かうと、建物は一応無事だったものの、ここもまた本棚の本が飛び散って、ファックス機やらさまざまなものが部屋中に散乱していました。結局、ラジオのニュースを聴きながら、一睡もせぬまま黙々と片づけを続け、余震に備えた脱出路と居住スペースの確保にも追われることになりました。余震が来ると非常に危険な状態だったので、迂闊に眠るわけにはいかない、という緊張感もありました。

その翌日の月曜日（一四日）は、東京は朝から大混乱でした。電気の供給が不足しているということで、電車は大幅な間引き運転（あるいは全面運休）となり、駅にあふれたサラリーマンたちが仕事場に連絡を取ろうとしたことで、またもや電話回線はパンク状態。私は出勤したものの、会社の電話はろくにつながりませんし、仕事になりません。そして午前一一時一分には福島第一原発の三号機が爆発し、大量の放射性物質が広範囲に飛散。その後の東京のパニック状態は、その場を体験した人間にしか理解できないでしょうが、被災地の大変さとはまた異次元の大変さに襲われることになりました。

私が必要最低限の身のまわりのものを買おうとしたときには、すでに店頭からたいがいの必需品は消え失せていました。電池もトイレットペーパーも食品も、カイロもビタミン剤も胃腸薬も、何もかもが品切れ状態となる中で、私は非常事態下の東京に軽い「適応障害」を引き起こしていたかもしれません。その後も食事も睡眠もろくにとらずに無理をし続けたことがたたり、かなりの長期間にわたって身体的、精神的な不調に悩まされることになりました。また、原発事故の影響で被災地の状況がどんどん悪化していく中で、自分だけが貴重なガソリンと食料を奪って被災地から逃げ出してきたのではないかという、何とも居心地の悪い後ろめたさも抱え続けることになりました。

正直なところ、新幹線車中に閉じ込められてから大宮に戻ってくるまでの丸一日半の出来事は、武勇伝的に少々自慢げに語ることができたとしても、東京に戻ってからの出来事は、いまだもって言葉に綴ることができません。私にとっては、いまだにトラウマ的なものとして残っているのだろうし、なかなか人に伝えることができない性質のものなのだろうなと思っています。

(1) 二〇一一年五月二〇日付の「毎日新聞」によると、「最初に来るP波(初期微動)が微弱で、地震計が捕捉できなかった可能性が高く」、「午後二時四七分三秒に一二〇ガルを超える地震の主要動(S波)を観測」した時点で早期地震検知システムが作動、「沿線に強い揺れが到達する一二〜七三秒前」に緊急警報を出し、「震度五弱以上の揺れが来る前に送電を停止して非常ブレーキも作動」したのだという。「強い揺れが断続的に襲って来る前にS波を検知できたのが奏功した」とのことで、つまり、初期微動ではなく、地震の主要動を感知してからシステムが作動したということになるが、直下型地震ではなく、揺れが断続的に強くなっていったために命拾いできたのではないかと想定できる。なお、「送電停止から列車の非常ブレーキ作動までには三秒のタイムラグがある」ものの、大きな揺れが来た時点で「二本松市近郊を走行中の『はやて二六号』は二七〇キロから一五〇キロ台にスピードが落ちたとみられる」と記事にあるので、列車が停止する前に、すでに相当程度の揺れが発生していたと考えられるが、走行中だったために揺れを体感した記憶はまったくない。

(2) 合田純人・森繁哉『温泉からの思考』(新泉社、二〇一一年)二三二頁、森の発言。

❖コラム　本を必要としてくれる人たちがいるかぎり

小早川美希
（東北大学生協文系書籍店）

三月一一日のあの日、学生を外に誘導し入口の扉を押さえながら、停電で真っ暗になった文系書籍店の中で、本がどさどさと床に落ちていくのをなす術もなく見ていた。揺れが収まった後、通路は足の踏み場もなく本で埋まっていた。

翌日、向かいの小さなパンショップに、食料を求めて多くの学生が詰めかける。並んでいたものはカップ麺からお菓子まで、何もかもなくなった。文系書籍店の商品で販売できたのは、わずかに置いていた電池くらいのもの。本は必需品ではない。本を片づけなくても、誰も困らない。だから後回し。食べ物や水に比べたら、本当に無力な存在に思えた。

震災当日、マンションに戻れなかった私たち家族は、近くの小学校の体育館に避難した。携帯はつながらない。テレビもラジオも電池もない。体育館に集まったほとんどの人がそういった状況だった。信じられないことに、あれほどの津波が来ていたにもかかわらず、「津波が来て被害が出ているらしい」ということ以上の情報は何も知らなかったのである。

その状況を変えたのは、翌日の新聞。一〇時頃に届いたその地方紙には、配達の遅れを詫びる文章が載っていたが、責める人など誰もいなかった。その一面の写真で、初めて津波のすさまじい被害を知った。届けられた新聞を、皆が順番にすみずみまで読んだ。

ライフラインがおぼつかない生活の間、ずっと新聞は届けられていた。最初は新聞を取っている人にだけ配達されていたのが、避難所に何部かまとめて届けてくれるようになった。

印刷って実はすごいのかもしれない。そのとき、アナログな方法はたしかに力を持っていたと思う。

学校も休校になり、ゲームもできず、外に遊びにも行けない子どもたちは、ひっくり返った家からマンガを持ち寄って読んでいた。「面白い」「続きはないの」「早く読んでくれよ」という声が笑い声に交じって聞こえてくる。私も、時間をつぶすのが苦手な弟に、「絶対面白いから」とスラムダ〇クを全巻貸した。

そういう私自身、明るいうちは職場に行き、書籍以外の仕事をして、夜は避難所で本を読むという生活をしていた。自宅の倒れた本棚から未読の本を持ち出し、一日一冊くらいのペースで次々と読んでいた。母も同じ。現実逃避だったのかもしれないなと今では思うけれど、ミステリも青春小説も関係なくがぶがぶ読んでいた。終わりまであと一〇ページというところで九時半の消灯時間になってしまい、避難所の片隅で毛布をかぶって懐中電灯の明かりで読む、なんてこともあった。

二二日になって、ようやくお店の片づけ。幸い、予想していたよりも痛んだものは少なく、棚の本はさほど減ることなく翌日の営業再開に漕ぎつけた。

二時間という短い臨時営業で、流通が完全に止まり新刊も入っていない店に、それでもお客さんが戻った。研究室が使えないから、できるだけ本を買って家で仕事をするという先生や、とにかく活字が読みたいという人が、少ないながらも情報を聞きつけて来てくれたのだ。

街中でも、営業再開できた本屋に人が殺到したそうだ。ほかに娯楽がないから、という理由であったとしても、本を見てみようと足を運んでくれる人がいることをうれしく思う。私のように、避難所で本を読んで過ごした人もきっと少なくない。

地震の直後、本は無力だったかもしれない。しかし、それでも本を必要としてくれる人はいて、その人たちがいる限り、本屋は頑張れます。

＊　小早川さんのこの体験記は、本書発行元が所属する出版団体「ＮＲ出版会」の月刊新刊案内情報誌にご寄稿いただいたものです。「書店員の仕事　特別編　東北発」と題する連載企画の三回目として、『ＮＲ出版会新刊重版情報』二〇一一年一一月号に掲載されました。編集部の求めに応じて転載をご快諾くださった小早川さんと、仲介の労を取っていただいたＮＲ出版会事務局長の天摩くららさんに、お礼申し上げます。（編集部）

Ⅲ 「とうしんろく」運営ボランティアの声

「3・11」を語り聴くということ
——自分への問いかけ

関美菜子
（文学部文化人類学専修三年）

「東日本大震災」、そう名づけられたあの日の出来事を記録に残そうという呼びかけを高倉先生からいただいたのは、震災から二か月近く経った五月のこと。よく晴れた日の昼下がり、東北大学川内南キャンパスにある萩ホール前の緑地スペースのベンチで、高倉先生、木村先生、滝澤先生と四人で眼下に広がる仙台市街地を眺めながら始まったこの試みが、こういったかたちになるとは当時はまだ予想もしていませんでした。

震災当日の夜、たどり着いた薄暗い避難所の中で、私はひたすら記録をつけていました。地震発生時の様子、どうやって帰宅したか、誰に連絡を取ったかなど。

「……マグニチュード八・八、阪神・淡路大震災よりも大きいらしい。東北六県、すべて停電。電気、ガス、水道も使えない状態。テレビもないから、視覚情報がない。渦中にいるから、全体像が全然わからない。まだ現実味がわかない。避難していることも、人が死んだことも。…（中略）…今も余震が続いている。あの地震に比べれば、どんな余震も小さく思えてしまう。本当に、死ぬかと思った。死ぬかと思った。」（二〇一一年三月一一日、二〇時四二分の手記より）

震災後しばらくは、私自身を含め、多くの人々が不思議な興奮状態の中にあり、それとどう向き合うか、どう消化していくのかを悩んだ時期が続いたように思います。私にとって、その状態は震災から九か月が経つ今でも続いています。そうした中、インタビューや日々の会話の中で、何度も何度も「3・11」を語り聴くうちに、だんだんと自分の中の「3・11」というものがかたちになってきたように思います。それが一つの「完成形」になることはおそらく生涯ないのでしょうが、「とうしんろく」の活動をとおして多くの人々の語る「3・11」を聴き、それを記録するということは、自分自身にとって「3・11とは何だったのか」、さまざまな立ち位置から「自分は今、何ができるのか、何をするのか」を問いかけることでもありました。

このたび、多くの方のご協力を得て、「とうしんろく」の活動を「3・11」の一つの断片として世に出す運びになりましたことは、私にとって大きな喜びです。「とうしんろく」の活動をとおして出会ったすべてのみなさまに、この場をお借りして感謝申し上げます。本当にありがとうございました。

「とうしんろく」の活動を振り返って

土佐美菜実
（文学研究科宗教学研究室博士課程）

三月一一日の東日本大震災発生時、仙台市内にいた私は、今回の地震がどれほどの大地震で、また同時に沿岸部でどれほど甚大な被害が発生していたのかなどまったくわからないままその日の夜を迎え、後の数日間も先の見当がつかないまま過ごしていたことを今でも覚えている。

私は五月頃から、「とうしんろく」の活動に参加するようになった。初めは「とうしんろく」の参加メンバーの間で、震災時の各々の状況を話し合うことが多かった。三月一一日以降、所属する研究室や自宅の後片づけをしながら日々過ごしていく中で、自分たちがあのとき、どこにいて何をしていたのか、そしてその後の数日間をどのように過ごしていたのかについて、お互いに話をすることはあまりなかったと思う。そのため、「とうしんろく」でのこうした語り合いの場は、お互いの経験を共有するためのいい機会でもあった。

そして徐々に活動の輪が広がり、より広範囲に東北大学関係者の方々からもお話が聞けるようになると、次第にその内容も多様化していくのを実感した。地震直後、何が起こっているのかよくわからない状況の中で、どのように行動し、そしてその後も何を頼っていかに過ごしてきたのかという個々の体験は、語る人の数だけ異なり、一つひとつが本当に貴重なものであった。

具体的には、地震発生直後の対処、電気やガスが使えない中での生活、家族や友人との連絡の取り方、公共交通機関の状況など、細かな内容をていねいに話してもらった。同じ仙台市内であっても、地域によって被害状況やライフラインの復旧具合も異なっていたし、商店や避難所の様子もまたさまざまであることがわかった。こうした詳細な体験談は、直接お話をうかがわない限り知りえないことばかりであった。

また、東北大学に関わる方々からお話を聞いたという本活動の特徴に関連して述べると、東北大学という一つのまとまりにおいても、その関わり方によって地震後の経験は決して一様ではなく、むしろ大きく異なっていた。一人の学生として籍をおく私にとっては、自分の経験と照らし合わせながら、それぞれが東北大学とのつながりの中で何を考え、どのように行動したのかを聞いて驚くことが多かった。そうした中で、一人ひとりの体験談を聞くことは、私自身のそれを振り返る上でも大きな意味があったように思う。

最後に、お忙しい中、本活動にご協力くださったみなさまに厚く御礼を申し上げたい。

癒しとしての「とうしんろく」

栗田英彦
（文学研究科宗教学研究室博士課程）

震災後、一時的に県外に避難した私は、一週間も経たないうちに仙台に戻ってきた。連日映し出される震災のニュースを見て、被災地に戻らないとおかしくなりそうだった、というのがそのときの正直な感情だった。ボランティアにも参加したが、今思えば、それは仙台に戻るための一つの口実であったかもしれない。自分でも、そのときの行動は論理的には説明できなかった。

しばらくすると、研究室内外で研究者として何らかのかたちで震災に関わるべきではないか、という話が現れるようになった。早くも四月には震災に関する人類学系のワークショップが開かれ、被災地に調査に行くことについて議論が行われていた。そこでは、ボランティアをしながら調査をしている人たちによる興味深い報告もあったが、同時に深刻な状況の被災者に対して簡単に聞き取り調査などできるのだろうか、という懸念も表明された。私自身、振り返ってみても、ボランティアの中で出会った人々の、大変な、という言葉で表すには足らないような状況を見て、とても聞き取りなんてできないと感じていて、この懸念はとてもよく理解できた。しかしながら、ただがむしゃらに仙台に戻ってきて何ができるか考えていた中で、「研究者として」何かできるならそれほどありがたいことはないと思った。

そんな中で、私は「とうしんろく」に出会った。高倉先生から、被災者であるわれわれが被災者として自らを記録していくところから広げていく、というコンセプトを雑談の中で聞いたとき、前述の懸念を乗り越えるよい方法だと思った。「自ら語り、自ら聞き、自ら記録して共有する」という声明文にもはっきりと述べられているように、最初の活動はまず自分たちが語ることから始まった。自分の震災体験を話すと同時に他人の震災体験を聞くことによって、自分の主観的な体験が即座に他人の体験と結びついていった。それによって、単なる情報の共有だけでなく、心情的にもより共感的に話を聞くことができ、さらに単なる共感で終わるのではなく、常に自分の主観的な体験を相対化することもできた。何より、それがたしかに自分にとって一種の癒しになっていることを実感した。私はふと、これこそが、仙台に戻らなければならなかった理由かもしれない、と思った。

言うまでもなく、震災時、テレビなどによるニュースは非常に重要であった。しかし、震災後に避難していた自分にとって、それはあまりにも遠すぎて、それでいて、いや、だからこそ異常なほどのリアリティを持って何かを迫っていた。それに対して、「とうしんろく」のセッションで聞いたのは、非日常なリアリティというより、現実的な行動の語りだった。帰仙して、ライフラインや原発の不安を抱きながらも、初めて焦燥感を抑えることができたのは、たぶん、そこで目にしたものがさまざまな現実的な行動だったからかもしれない。

こころのものさし

菊谷竜太
(文学研究科インド学仏教史研究室元助教)

「とうしんろく」の活動について知り、初めてセッションに参加したのは他のみなさんに比べて比較的遅く、第四回の通常セッション(五月二七月(金))でした。そのときのセッションでは、私のほかに二人の語り手がいましたが、互いに顔見知りということもあって、体験談を語る上でそれぞれのストーリーがからみ合う場面がたくさんあり、互いに持っている情報を確認しあうことで震災直後の情景を俯瞰し、当時の心的状態を再構築できたと思います。内容によっては、自分でもすっかり忘れていた出来事に改めて気づかされましたし、例えば同じ時間に同じ場所にいたとしても、個人個人によって視点や尺度がまったく違っていることもわかって、それから震災に関するとらえ方がずいぶん変わりました。セッション終了後、木村敏明先生と高倉浩樹先生から会の活動について改めて説明していただき、何か自分にもできることがあればと、「とうしんろく」の活動に参加しようと思うようになりました。

私の活動は主に速記録を取ることでしたが、中でも聞き取りをする側として初めて参加した片平キャンパス電通研図書室（六月二四日（金））のセッションは、とくに印象に残っています。その後も学内で、数回にわたり聞き取りを行いました。その中で、「震災の後、余震があるたび涙がこぼれて不安な気持ちになるが、津波で家族や家を失った人の痛みに比べれば、と思って自分では我慢しようとするけれども、結局、我慢しきれない。ただし、自分の経験を話すことによってこころのどこかを整理できた気持ちにもなるが、本当のところはわからない」ということを複数の方々からうかがったことは、当時（今も）自分に近しい人がまさしく同じような状況に陥り悩んでいたこともあって、はからずも非常に感じるところがありました。

震災を語るとき、一部のメディアをはじめとする人々は、いったい誰がどれほどの傷を負ったかということについてついつい優劣を定めがちですが、それが内面的な傷であればあるほど、各自のものさしでものごとを単純に分割し計ることはできないのではないでしょうか。そのことは、自身の傷の深さを自身の尺度で決めてしまうということともきっとつながってくるでしょう。もちろん、人によって考え方はさまざまですが、震災について誰かに何かを語ることが場合によってはこのものさしの幅をひろげ、そのことによって傷に対する負担を少しでも軽くすることにつながればいいと願い続ける次第です。

雑多な体験を拾い上げ、記録するということの意味

滝澤克彦
（文学研究科宗教学研究室専門研究員）

三月一一日の地震当日、私はイギリス出張中でケンブリッジの友人の家にいた。当日の朝起きてメールをチェックすると、知り合いのフランス人の先生から「Ｔｓｕｎａｍｉ！」というタイトルのメールが入っていた。それが私にとっての震災の第一報だった。

当時、私は研究室付きの助教だったこともあり、仙台の教員や学生の安否確認、連絡に明け暮れる時間がしばらく続いた。ネットから入ってくる情報は、絶望的で悲

惨なものだったが、東電の原発事故のことはともかく、震災のニュースを見ながら現地へ連絡するときの焦燥感などは私にとってはデジャヴだった。というのも、阪神・淡路大震災のとき、私は神戸の実家を出て関東に住み始めた一年目であり、そのニュースに驚いて不安と焦りの中で地元の家族や知人と連絡を取り続けるという時間を過ごしたからだ。だから、今回の地震の一報を受けてまず感じたのは「またか！」という思いであり、その後の気持ちや行動は、阪神のときを思い出しながら、そのときのプロセスを辿っているような感覚があった。しかし、阪神のときには、とくにそれ以上は震災と深く関わることもなく、時間が過ぎるとともに自分の中の衝撃も薄れ、気がつけば神戸の街も「復興を遂げて」いた。

おそらく今回も、自分自身が大した被災をしていないこともあり、ほどなく「通常」に復帰して、何事もなかったように日常へ戻っていくことも可能であっただろう。しかし実際には、今回は阪神のときよりもはるかに多くの活動に関わらざるをえなかったし、また、そうすることにとくに違和感もなかった。そこには、職務的な理由以外にも、フィールドワークを伴う社会科学を専門としているという研究者としての立場もあったと思う。

そういう意味で、今回の「とうしんろく」の活動を振り返ってみると、その意義はこのコラムの表題でもあるが、とにかく「雑多な体験を拾い上げ、それを記録する」ということではなかったかと思う。震災に対しては、多くの研究者が専門技能や知識を生かして、それぞれの立場から関わっている。多くの専門性は、確立された特有の視点で、対象を絞り込んでいくことによって発揮されるものかもしれない。それに対して、社会科学のフィールドワーカーとしての自分の役割は、こちら側の視点はさておき、まずは語り手の語りに耳を傾けることなのだろうという感じでいた。

そして、実際にさまざまな人の話をうかがってみると、想像のつかなかったような思いに触れることがしばしばである。例えば、瓦礫について考えてみたとき、それをいかに処理すべきかという問題が当然想起されるが、「処理のスピード」ということをひとつ見ても、それに対する感覚や感情は同じ「被災者」の中でもかなり多様であり、しばしば対立する思いが一人の人間の中においてでさえ同居している。

このような複雑さに目を向けることは、震災という現実が一つであったとしても、その体験や思いは主観的で多様なものである、ということを教えてくれる。しかし、おそらくもっと重要なことは、実際の「震災」というものが、多くの異なった現実で構成されているということに気づかせてくれるということではないだろうか。なぜなら、このことは、大きな社会的趨勢の中で特定の限られた文脈の中に「震災」が固定化されてしまうことによって、事実として起きていた一見些末な、しかし重要かもしれない「震災」の現実がなかったことにされてしまう危険性への警鐘ともなりうるからだ。例えば、「私は大した被災はしていないから」と、体験を話すことを遠慮しがちな人に対して、「どんな話でも聞かせてくださ い」と問いかけることは、そのような趨勢への抵抗の一つのかたちとも言えるのではないか（阪神・淡路大震災において、震災後遺症による障害者の問題がまともに取り上げられるようになったのは、震災後一〇年以上経ってからであったという話をうかがったことがある。その一つの理由として、「障害者は死んだ人よりもまし」といった暗黙の圧力などが、なかなかそれを表面化させなかったということである。社会的にも意識的にも死者と生者という対立軸の重みが強すぎたということだろうか。ともかく、声を上げるに適した場がつくられてこなかったのではと思う）。

「とうしんろく」の活動は、東北大学に何らかの関わりを持つ人間から震災の話を聞く、という枠しかないため、そのような複雑さ、見えない部分へ近づくためのプロジェクトとしては適していたと思う。当然、今回の事態は私自身が対処できる力量をはるかに超えており、そのため、語り手にほとんど依存している部分が大きいと思う。しかし、これから震災関連の調査を行ったり、あるいは震災について考えたり、被災者と接したりする際にも、「とうしんろく」の活動は大いに参考になるのではないかと考えている。そして、おそらく自分の個人的な研究とも無関係ではない。とにかく震災に関しては、研究に関わることでも、そうでないことでも、考えてもいなかったさまざまなことについて、これまでになかったようなレベルで考えなければならなかったのだから。

災害科学からみた「とうしんろく」

佐藤翔輔
（工学研究科災害制御研究センター助教）

「とうしんろく」の取り組みは、「災害科学」にとって重要な意味を持っていると考えています。私は、災害に関する研究を専門としており、当該分野のいち若手でしかありませんが、東日本大震災を契機に始まった「とうしんろく」と出会い、「とうしんろく」が持つ科学的な意味・役割の重要性に感銘を受けました。

すべての科学的な研究は、「科学的な記述（ロー・データ）」を集めることから始まります。災害の研究領域は、①災害を発生させる地震や降雨といった外力（ハザード）や構造物の耐力・被害を研究する「自然現象として災害」という理工学の分野と、②災害発生以降の応急・復旧・復興の過程における個人や組織の対応や対応のための計画や教育を研究する「社会現象としての災害」という人文・社会科学的な分野の二つに、大きくは分けられます。前者の領域は、観測や実験による数値的なデータに基づいて研究が行われます。後者は、社会調査や行動実験による定量的なデータに基づく研究のほか、「個人や組織の体験」といった定性的なデータに基づく研究も盛んに行われていいます。

この「個人や組織の体験」というデータを科学的・系統的に収集する手法として、災害研究の分野では、「災害エスノグラフィー調査」が確立されています。これは、文化人類学で行われている参与観察をベースとするような本格的な「エスノグラフィー調査」ではありません。なるべく多くの被災者や災害対応従事者の被災体験を合理的・系統的に収集することに特化して設計されたインタビュー調査の手法です。手法の詳細は割愛しますが、①問わず語りの傾聴であること、②災害の発生から現在までを時間の経過にそって語ってもらう、というのが手法の基本になっています。質問紙を用いた問いのあるインタビューではないという点がミソです。災害の体験は多様で、そこには、ほぼ毎回と言っていいぐらい新しい発見があります。問いが設定されてしまっていれば、質問者の頭の世界の中にある部分しか聞き取ることができず、被災の体験の貴重な部分が埋もれてしまいます。

このような中で林ら［2009］は、インタビュワーの予断を一切挟まず、被災を体験した人から時間の経過にそって経験を語ってもらうことで、被災のありのままの体験を合理的・系統的に集める手法に行き着きました。「とうしんろく」が行う震災体験の記録は、まさにこの方法であり、煩雑な単なる記録メモではなく、災害現象に関する科学的な記述としての記録であると言えます。プロジェクトの世話人である高倉先生や木村先生のご専門が、地域や文化と向き合う研究領域であることを踏まえれば、このような方法に至った点については至極当然のことと言えるかもしれません。

「とうしんろく」という言語記録は、「体験や記憶の共有」「記録化」といった第一義的な役割だけにはとどまりません。学内のみならず周辺の関係者を含めたプレイヤーのふるまいを広範囲に集めた体験の事実は、大学の災害対応を検証できる貴重な記述であり、次の災害に備える大学の事業継続計画（Business Continuity Plan: BCP）の策定に大いに貢献するものと思います。

参考文献

林春男・重川希志依・田中聡『防災の決め手「災害エスノグラフィー」――阪神・淡路大震災　秘められた証言』日本放送出版協会、二〇〇九年
内閣府（防災担当）『事業継続ガイドライン　第二版』二〇〇九年

「とうしんろく」の役割

今村文彦
（工学研究科附属災害制御研究センター教授）

今回の大震災に対して、「未曾有の被害」という言葉を使うことは不謹慎であるといわれるが、東北大学自体が被災した現状を踏まえて、強いてこの言葉を用いたい。沿岸各地のみならず内陸も含めて甚大な被害が生じ、現在もその影響が残されている。いまだ収束していない原発事故も含めて未曾有の被害になってしまった。

大震災以前より、宮城県沖地震などをターゲットに、地域住民や行政の方々とともに防災活動を実施してきたが、今回の地震動、とくに津波の規模は、はるかに大きいものであった。いざというときには、なかなか適切な行動や対応ができないことを改めて実感したとともに、あらかじめ準備しておいたからこそ、被害拡大を最小限にできた事実もある。

今回の震災の経験は、一生忘れることができないものであるが、時間とともに、不思議に記憶は断片化し、曖昧なものになっていく。当時の記憶は、われわれの中で消え去るものではないが、記憶の整理をしなければ、思い出すこともままならなくなる。また、時間がある程度経過した今、当時の対応や行動がどのような経過であったのか？　なぜそのような行動を取ったのか？　を再整理する必要もあろう。その中で、次への備えに対する教訓が生まれてくるはずである。

したがって、本プロジェクト「とうしんろく」は、この再整理と教訓の気づきを協働で行う場であると考えられる。一人ひとりの個人の体験から見られる大震災の実

態と教訓、さらには、多数の体験を重ねることにより見える実態もあると考える。

われわれは、巨大地震および津波による甚大な影響を受けた経験者・目撃者であり、この体験と教訓を後世に残していく義務があると思っている。

復旧の足跡

半田史陽（本部事務）

地震のあった週末が明けてまもなく、全学的に通知をしなければならない案件がいくつか発生しました。通知を出してみたところ、いつもどおりに（実際には「いつもどおり」ではなかったに違いないと思いますが）対応してくれた部局もあれば、電話がまったくつながらない部局もありました。同じ東北大学とはいえ、キャンパスごと、建物ごとに被害の度合いは異なるようでした。

こういった状況で全学に向けて同じ通知を出すということは、精神的に、容易なことではありませんでした。もちろん、何にしてもそういう通知というのは、全学に同じものを出さなければなりません。とはいえ、平常時と同じように研究者等から書類の提出を求めることが、果たして適切なことなのだろうかという思いが常にありました。

われわれが発した通知を受け取っている部局や研究者は、実際のところどんな状況にあって、どんなことをしているのか。私が「とうしんろく」に参加したのは、それを知りたかったからでした。

「とうしんろく」で聞いた話は、私が期待していたよりもよほど詳細な、震災そのとき（あるいはその後）の体験談でした。先に述べた関心については、私たちが発した通知がどういうものであるかにかかわらず、受け取る側では、なんとかこれに対応して、少しでも平常時の状態を取り戻そうとしていてくれていたことがわかりました。また、私や他の本部職員の話に対する参加者の方々の反応からは、震災後にどんな状況にあるのか見えないということは、研究者や学生の方々にとっての私たちもまた同様であったということが見えてきました。

あのとき、大学のあちこちで、非常に多くの人々が、それぞれ業務の範囲内外を問わず、平常時の状態を取り戻そうとなんらかの働きかけを行ったのだと思います。

東北大学はとても大きく、関係者の数も多く、大学との関わり方もさまざまです。だからこそ、あのとき、東北大学が「大学として」どういう状況にあったかをとらえることは難しいものと思います。しかしながら、「とうしんろく」が集めた一つひとつの体験談を束ねてみると、東北大学の「大学として」の復旧の足跡が、ほんのりと、部分的にはかなりはっきりと、像を結ぶのではないかと思います。そういう意味で、「とうしんろく」の試みは東北大学にとって、とても貴重な記録になるはずです。

「とうしんろく」に参加した後も、さまざまな部局・研究室が受けた震災の被害の話は耳に入ってきました。停電によりフリーザーに保存していた細胞や試料等（これらは過去数年分の研究・実験の成果であるそうです）が全滅したという話も聞きます。つまり、大学の中には、本当に震災から復旧したとは言えない場所もあるようです。

「とうしんろく」が記録するべき体験談は、まだまだあるものと思われます。「とうしんろく」の活動が今後も続いていくことを期待しています。

おわりに

「とうしんろく（東北大学震災体験記録プロジェクト）」の活動の成果をこうして書籍のかたちにまとめることができ、今は少しほっとした気持ちでいます。セッションでさまざまな立場の東北大学関係者のお話をうかがっていくうちに、これは私的な記録として本棚の片隅にしまいこんでしまうべきものではないとひしひしと感じるようになったからです。

その予感が確信に変わったのは、共同世話人の高倉さんと一緒に合宿をして、これまでの記録をすべて読み直したときでした。東北大学という一つの組織に集う者たちが、自然災害という外部の力にいかに巻き込まれ、あるいは抗しながらそこを生き抜いてきたかについての記録として、それは思った以上の厚みと迫力を持っていました。そして、そこには東北大学関係者のみならず、より広く大学人や、大学という制度を維持している現代社会を生きる人々に読み、考えてもらいたい問題が数多く提起されていることに私たちは気づいたのです。

例えば、話をしてくれた学生たちの多くは、親元を離れて仙台市内で一人暮らしをしていました。食料や水の備蓄をしていた学生は少なかったようですし、地域社会とのつながりもほとんど持たない中、彼らの多くはサークルや研究室の人脈を利用しながら震災後を切り抜けたようです。しかし、逆に言えば、当初、彼らに対する組織的な支援はほとんどなされませんでした。今回の記録でも個々の談話に目をこらせば、彼らが感じた不安や不満がそこには浮かび上がってきています。食料や水を手に入れるのに苦労した学生もいました。アパートの壁が倒壊して住めなくなった学生もいました。大学の防災対策も、どうやって学生を無事にキャンパスから送り出すかという問題に偏り、その後、学生がいかに被災地の中で生き抜くかという点についてはあまり考慮してこなかったように思います。これは大学だけではなく、地域社会がこのような若い人たちとどのように関わっていくかというより大きな問題にもつながっていると言えるでしょう。

もちろん、そのようなわかりやすい有用性を越えて、東北大学という一つの傘のもとに集う人々の多様な経験それ自体が貴重なものであることは言うまでもありません。本書が体験談を切り取って再編集せず、あくまで個人ごとの物語として掲載しているのはそのためです。それぞれの個人ごとに震災体験は驚くほど多様であり、それぞれにとっての東北大学の意味も違います。「東北大学は」という主語から書き始めるのではなく、むしろそういった多様な体験の交錯した軌跡として東北大学の震災体験を描き出してみることこそ、私たちが目指したことにほかなりません。その意味で、普通なら組織の被災記録から排除されるような人々、例えば取引業者やたまたま東北大学を訪れていた人々の体験も本書には収めてあります。彼らの体験もまた、東北大学の震災体験を構成する一つの飛跡として記録されるべきだと考えたからです。

また、書籍というかたちにしてしまうとどうしても見えにくくなりますが、「とうしんろく」は「聞く」活動でもありました。本書の文字の影には、身近な人々の語る震災体験に「えっ！」「へえー」「そうそう……」などと驚いたり頷いたりしながら耳を傾けるセッション参加者たちや「とうしんろく」メンバーがいたのです。とくに震災からまもない頃、他人の体験談を聞くことは、ごたごたにちらかった自分の経験を整理する役に立っていたと思います。私たちは他人の体験談の中に自分と共通した経験のパーツを見つけては、「うん、うん」と首を縦に振りながらそれを記録していました。揺れの異様な長さ、直後の高揚した気分、降り出した雪、きれいだった星、遠くに見えた沿岸部の炎、食料や水の確保、放射能の不安、寸断された交通、ガソリン不足、仙台からの脱出……。こういったパーツは、自分自身の震災体験を他人と共有できるものとして組み上げ、自分でも受け入れていくための土台となったと思います。本書はそのような見えない聞き手たちの記録でもあります。

＊

「とうしんろく」の活動では、本当にたくさんの方々のお世話になりました。何より、貴重な時間を割いて体験談を語ってくださったみなさまなくしては私たちの活動はありえませんでした。ありがとうございます。また、活動の趣旨に賛同いただき、職場やゼミで出張セッションを引き受けてくださった教職員、関連業者のみなさまにも感謝いたします。あのように充実したセッションを各所で開き、多様な体験談を聞くことができたのは、みなさまに会場や参加者の調整をしていただいたおかげです。

最後になりますが、「とうしんろく」の活動を当初から暖かい目で見守り、出版のために尽力してくださった新泉社編集部の安喜健人さんにこの場を借りて心からお礼を申し上げたいと思います。安喜さんが活動の社会的意義を指摘してくださったことが、「とうしんろく」を継続していく上でどれほど励みになったことでしょう。どうもありがとうございました。

二〇一二年一月

とうしんろく共同世話人　木村敏明

編者・監修者・スタッフ紹介

【編　者】

とうしんろく（東北大学震災体験記録プロジェクト）

学生，留学生，教員，職員，大学生協職員，取引業者，訪問者など，東北大学に関わる一人ひとりの個人は，2011年3月11日の東日本大震災にどのように遭遇し，その後の過程を経てきたのだろうか．それぞれの個人的で主観的な被災体験を実際に語ってもらい，聞く場を設けるとともに，それらを記録することで，より共有可能な記憶へと変えていこうとする試みとして，2011年5月に学内有志によって立ち上げられたプロジェクト．

ブログ：http://toushinroku.blog.fc2.com/
e–mail：toushinroku@gmail.com

【監修者】

高倉浩樹（たかくらひろき）

とうしんろく共同世話人．東北大学東北アジア研究センター准教授（文化人類学）．

学際的な視点から，シベリア先住民への温暖化の影響分析や，映像を使った異文化交流実践を行っている．震災後の印象的な食事は3月12日，自宅庭での七輪による焼き肉．冷凍庫一掃のため貯蔵分すべてを焼いた．

木村敏明（きむらとしあき）

とうしんろく共同世話人．東北大学文学研究科准教授（宗教学）．

インドネシア，スマトラをフィールドに，災害後の社会における宗教の動向を宗教学的視点から検討してきた．震災後最初に食べたのは，妻の厳命で帰路に探し回ってどうにか購入した菓子パン．

【とうしんろくスタッフ】＊50音順

今村文彦（いまむらふみひこ）

東北大学工学研究科附属災害制御研究センター教授．大学生のときに1983年日本海中部地震・津波の現場調査に同行し，津波防災に関心を持つ．東日本大震災の甚大な被害に大いに反省し，課題整理を行っている．震災後食べたもので印象的だったのは，大学に備蓄してあったカレーとライス．

菊谷竜太（きくやりゅうた）

東北大学文学研究科インド学仏教史研究室元助教，現専門研究員．インド・チベット学の立場からアジア文化圏における密教流派形成史，密教儀礼の解析作業を進めている．震災後最初に食べたものはパンとオレンジ．

栗田英彦（くりたひでひこ）

東北大学文学研究科宗教学研究室博士課程．近代日本宗教史を専攻．民衆宗教から霊性思想まで幅広く関心を持っており，中でもとくに大正期に流行した岡田式静坐法について研究している．震災後最初に食べたものはコンビニで買ったお菓子．

佐藤翔輔（さとうしょうすけ）

東北大学工学研究科災害制御研究センター助教．情報・社会の面から広く「社会現象としての災害」に関する研究に従事．3月11日は本学着任する前．直後に車で京都から仙台に．東北に入る前にコンビニで食べ，蓄える．

関美菜子（せきみなこ）

東北大学文学部文化人類学専修3年．岩手県盛岡市生まれ．大学進学までの18年間を盛岡で過ごす．関心は観光，国際・地域間交流，姉妹都市交流事業．震災後最初に食べたものは，避難所で配られたクラッカー．

滝澤克彦（たきざわかつひこ）

東北大学文学研究科宗教学研究室元助教，現専門研究員．研究テーマは現代モンゴルにおけるキリスト教流行現象，宗教と進化をめぐる問題など．地震発生時は英国に出張中だった．3月18日の帰仙時に，そば屋で温かい塩カルビ丼を食べることができた．

土佐美菜実（とさみなみ）

東北大学文学研究科宗教学研究室博士課程．マレーシア，サラワク州をフィールドに，先住民のアダット（慣習）とキリスト教の影響関係について着目して研究している．震災後最初に食べたものは，自宅近くのコンビニで購入した菓子類．

半田史陽（はんだしよう）

東北大学職員．3月11日は職場にて被災した．震災後最初に食べたものは，3月11日の午前中に職場の先輩から出産の内祝いとしていただいたバウムクーヘン．食料確保が困難になるのではないかと考え，妻と一口ずつ食べた．

The Great East Japan Earthquake and Tohoku University: The Recording Personal Experiences Project

Hiroki Takakura

This volume outlines the activities of the Tohoku University Recording Personal Experiences of the Great East Japan Earthquake Project and contains the accounts gathered through the project. The accounts were collected by a loosely knit group of Tohoku University faculty and student volunteers in meetings held mainly on campus. At the meetings, held during the noon recess or in the early evening, participants introduced themselves and told about their experiences. Other records were made in one-on-one interviews.

When the earthquake—its epicenter located off the Pacific coast of the Tohoku region—hit at 2:46 p.m. on March 11, 2011, immediately followed by the massive tsunami, where were people associated with Tohoku University? What did they experience? By what succession of events did they eventually find their way back to normal life at the university? The purpose of the Recording Experiences Project was to compile individuals' experiences at the time of the disaster and share them with others. The individuals included students, faculty members, and administrative staff of the university, people working with the university co-op (store) and other university-related facilities, employees of the companies involved in some way in work for the university, and even those who happened to be visiting the campus at the time of the earthquake.

From May to October 2011, we heard stories from people of various walks of life, their number reaching nearly one hundred. The transcription of their experiences totaled more than six hundred 400-character pages (the equivalent of approximately 108,000 English words). Of course it is possible, and may be necessary, to continue to hold meetings and interviews, but as we gathered more and more records of March 11 experiences we realized that we ought to compile them into a form accessible not only to the participants in the Recording Experiences Project but people who did not participate or who knew nothing about the project at all. That is how this volume came into being.

Major earthquakes and tsunami are natural phenomena of extreme force. Needless to say, no matter how powerful a natural force might be, it would not be called a disaster if it were not for human beings and their villages or towns. Disaster occurs when the forces of nature affect the daily lives of human beings. In other words, disasters occur within the contexts of social

systems and the cultural values of human communities. We launched this project believing that personal and subjective experiences, and memories involving these contexts ought to be set down in the historical record.

Natural disasters, which can be measured using universal criteria, vary in their impact on people depending on their social position, financial conditions, age and gender, what and where they were doing at the time the disaster occurs. The impact of an earthquake can be measured on an objective scale, and it is also possible to average out and explain—by means of certain social conditions or individual attributes—the actual degree of the damage caused. What is more important to better understanding of a disaster, we believe, is an accumulation of numerous encounters with experiences as told personally and subjectively.

Policy proposals for improved disaster management based on the results of a detailed categorization of the damage people suffered and the ways they behaved in response to various conditions may of course be desirable. Before doing so, however, we first need to listen to what actually happened to individual people like ourselves and try our best to understand their stories. That is only possible, although it may take time, by establishing contact with people one by one. We therefore created as many occasions as we could where people could share us with their experiences—their circumstances when the earthquake (and tsunami) occurred, how they survived, and how they spent the ensuing days and weeks.

The distinguishing feature of this project is that it centers on Tohoku University. Today, we see and talk to our fellow faculty members or students as they go about their daily lives in what might seem to be the same way as before March 11. Many of them, however, are back at the university after extraordinary experiences: some worked continuously with the relief and reconstruction efforts, some were among those temporarily evacuated from their homes, others learned about the earthquake while they were away overseas. By observing this broad spectrum of experiences—what happened to them on March 11 and what they have been doing before returning to a regular life at the university—provides a relatively clear picture of the impact of a major disaster on our university community. Recording the experiences and sharing them clarifies from an inside perspective the facts of the "disaster," especially for ourselves, as well as the realities of reconstruction in its aftermath.

This project made us keenly aware of the immense variety of people who gather at the university, although that is in a sense self-evident. The total number of the students in Tohoku University is sixteen thousand, while that of faculty members and administrative staff is each three thousand. The university has ten faculties, five graduate schools, three professional graduate schools, six independent research institute and center and is divided among five campuses. Adding in those connected with other facilities such as the Tohoku University library, archives, and hospital, we can begin to imagine how many students and faculty

members there are at the university, in how broad a range of fields—in the humanities, social sciences, natural sciences, and engineering. This very institutional diversity suggests the quite different conditions under which university-related people, whose daily activities widely vary by specialty and occupation, experienced the disaster.

March 11 fell during the university's spring break, so some students had gone back to their homes in other parts of Japan or were away on trips with classmates planned to celebrate their graduation (in March) when the earthquake took place. Others faced the tsunami after having returned home to stay with their parents. After the quake, some students lodged with relatives or friends who were evacuated from their homes. How did foreign students feel as they left Japan for their home countries or when they decided not to leave but to remain and continue their studies? Their experiences should not possibly be lumped together under the category of 'domestic' or 'foreign' student. How did teachers, in addition to confirming the safety of their students, deal with other worries, such as about their own children? How did those teachers who were overseas on business trips learn about the disaster and what did they do until they were able to get back to the university? All these things involved extremely multifaceted and complex processes.

Perhaps most eye opening for us organizers of the project was the experience of the administrative staff and the employees of the companies doing business with the university. They did not differ much from faculty members and students as far as the conditions faced immediately after the disaster. After that, however, they quickly responded to the situation, devoting their energies to restoring the university to normalcy. Some members of the administrative staff sent their children to live with grandparents or relatives in other parts of the country so that they could devote themselves completely to the restoration effort. How did the library staff feel as they toiled to put books scattered everywhere back on the shelves and restore the stacks and reading rooms to order? The tasks faced by the staff of the Facilities Department, which is in charge of repair and restoration, were prodigious. We probably would not have known anything about how these people felt and what they did had it not been for the project's chance to have them talk about their experiences.

Some of the staff specialize in cattle breeding at the university's Kawatabi Field Center (formerly the university farm) in northern Miyagi prefecture. There is another field center (formerly an experimental fishery station) in Onagawa, one of the towns that were completely destroyed by the massive tsunami on March 11. The captain of a maritime training vessel at this center is also an employee of Tohoku University. The concern of Kawatabi Field Center staff for the cattle and their efforts to procure adequate fodder for them, as well as the captain's brave decision to take the training vessel into the face of the tidal wave and then out to the open sea to protect it were part of the experience of our university colleagues.

We were unfortunately unable to interview people from many parts of the university—some of the faculties, research institutes, hospital, etc.—so there are still more types of jobs at the university, even than we have come to know through this project. I confess that I did not fully realize the many kinds of jobs involved with the environment in which we teach and conduct our research, nor did I grasp how profoundly the university is sustained by the sense of mission and efforts of so many people.

Also important to consider are the differences in employment status between full-time and part-time teachers or staff. This difference had some impact on individuals' decisions to return to work. I clearly remember a part-time worker whose employment contract is renewed each year saying with a sigh of relief, "I feel very fortunate that my employment will continue despite the disaster." The university is an organization with the social mission of providing higher education and conducting research, it is true, but it is also a social entity that employs people, an aspect of which I became acutely aware for the first time. The staff of the university co-op provided food and daily goods not only for university-related people but for the local community as well. We also learned about the dedicated efforts of employees of the companies that do business with the university in supporting the recovery process.

The interviewer-disaster victim relationship in our project would have been interchangeable, because the interviewers are also Sendai survivors of the earthquake and tsunami. The "group session" method itself did not make an absolute distinction between the two. The reason we adopted such sessions was because it would allow the people talking about their experiences and those listening to them to sometimes reverse their positions, and we hoped that this would induce a kind of healing process and sense of community among the people gathered. But among those who did interviewing some expressed hesitance to call themselves "victims." I myself think that the concepts of "victims" and "stricken area" are at once absolute and relative. As far as March 11 is concerned, I think we must record the disaster from the point of view of both individual people who suffered from it as well as individual communities that were stricken by the disaster.

Some readers may doubt whether the experiences of those who were not in severely affected areas are worth recording. True, there were people at the university who suffered almost no hardship or damage, but there are others who had very grievous and painful experiences. Some even died. What is important, I believe, is to keep in the record facts that show the enormous variety of experience among survivors at the university who have been trying to get back to normalcy.

How the heavily affected local communities will be reconstructed is, of course, extremely important. But modern society consists of many social nodes overlapping in multiple layers. A university as a place of learning and a place of work is also a practical community consisting

mainly of people who live far away and come voluntarily to this specific place for specific purposes. In that sense, our recording project is an endeavor to elucidate the facts of a society having undergone a major disaster as a community—a typical organization in modern society. It sought to show how diverse were the disaster experiences of those who made up that community and how they finally returned to it.

The memories told in this volume have a tendency to focus on how people faced the hardships triggered by the disaster and how they overcame those hardships. The memories of what happened may not have inherently been as positive as the accounts later portrayed them. This report, therefore, is no more than part of the disaster experience of people of the Tohoku University community. I hear that some, although they knew about the project, resisted the idea of talking about themselves and were reluctant to take part. Among the participants at the meetings there were some who only listened. Even among those who did talk about their disaster experiences, some refused to allow their stories to be made public, because re-reading their own accounts was psychologically too difficult to bear. As this indicates, the horror of the disaster is still very fresh. Many survivors find it difficult to look back at March 11 as a thing of the past, and we hope readers of this report will be aware of the strong emotions these memories still arouse. I believe you will find it worth reading, even though the accounts may only represent part of the truth, or rather, precisely because they only can present part of the truth. After all, it is only by chance that we are able to share the memories of these individuals, and this record is woven out of the fabric of such memories told under the conditions described above.

December 2011

(Translation: Center of Intercultural Communication)

聞き書き 震災体験——東北大学 90人が語る3.11

2012年3月11日　初版第1刷発行

編　者＝とうしんろく（東北大学震災体験記録プロジェクト）
監修者＝高倉浩樹，木村敏明
発行所＝株式会社 新 泉 社
東京都文京区本郷2－5－12
振替・00170－4－160936番　TEL 03(3815)1662　FAX 03(3815)1422
印刷・製本　シナノ

ISBN978-4-7877-1200-4　C1036

高倉浩樹 編

極寒のシベリアに生きる
――トナカイと氷と先住民

四六判上製・272 頁・定価 2500 円＋税

シベリアは日本の隣接地域でありながら，そこで暮らす人々やその歴史についてはあまり知られていない．地球温暖化の影響が危惧される極北の地で，人類は寒冷環境にいかに適応して生活を紡いできたのか．歴史や習俗，現在の人々の暮らしと自然環境などをわかりやすく解説．

赤嶺 淳 著

ナマコを歩く
――現場から考える生物多様性と文化多様性

四六判上製・392 頁・定価 2600 円＋税

鶴見良行著『ナマコの眼』から 20 年．地球環境問題が重要な国際政治課題となるなかで，ナマコも絶滅危惧種として国際取引の規制が議論されるようになった．グローバルな生産・流通・消費の現場を歩き，地域主体の資源管理をいかに展望していけるかを考える．村井吉敬氏推薦

木村 聡 文·写真

千年の旅の民
――〈ジプシー〉のゆくえ

A 5 判変型上製・288 頁・定価 2500 円＋税

伝説と謎につつまれた〈流浪の民〉ロマ民族．その真実の姿を追い求めて――．東欧・バルカン半島からイベリア半島に至るヨーロッパ各地，そして一千年前に離れた故地とされるインドまで．差別や迫害のなかを生きる人々の多様な“生”の現在をとらえた珠玉のルポルタージュ．

松浦範子 文·写真

クルド人のまち
――イランに暮らす国なき民

A 5 判変型上製・288 頁・定価 2300 円＋税

クルド人映画監督バフマン・ゴバディの作品の舞台として知られるイランのなかのクルディスタン．歴史に翻弄され続けた地の痛ましい現実のなかでも，矜持をもって日々を大切に生きる人びとの姿を，美しい文章と写真で丹念に描き出す．大石芳野氏，川本三郎氏ほか各紙で絶賛．

宇井眞紀子 写真·文

アイヌ，風の肖像

A 5 判上製・176 頁・定価 2800 円＋税

北海道・二風谷の山ぎわの一角にある伝統的な茅葺きのチセ(家)に各地から集まり，アイヌ文化を学びながら自然と調和した生活をともに送る老若男女の姿．20 年間にわたって二風谷に通い続け，現代に生きるアイヌ民族の精神の深部を，親密な眼差しでとらえた珠玉の写文集．

ハワード・ゼア 著
西村春夫，細井洋子，高橋則夫 監訳

修復的司法とは何か
――応報から関係修復へ

A 5 判・312 頁・定価 2800 円＋税

従来の応報的司法は犯罪加害者に刑罰を科す一方で，被害者を置き去りにしてきた．修復的司法は参加当事者の声に耳を傾け，被害者の救済，加害者の真の更生，コミュニティの関係修復をめざしていく．世界的な広がりをみせる新しい司法の取り組みを紹介し，その理念を追求する．

渡辺 芳 著

自立の呪縛
――ホームレス支援の社会学

四六判上製・416 頁・定価 3800 円＋税

ホームレスの増加と可視化が日本の社会問題となり，行政による就労自立支援施策が進められるなかで，いったい何が問題となっているのだろうか．ホームレス当事者，ボランティア，地域住民の三者に関する検討を通じて，ホームレスをめぐる支援の関係を社会学的に考察する．